映画と移民

Cinema and Immigration

在米日系移民の映画受容とアイデンティティ

板倉史明
Itakura Fumiaki

新曜社

映画と移民——目次

第四部　日本人移民による映画制作

凡例

一　年号は西暦をもちいる。
二　注の番号は章ごとに独立させて記した。
三　引用文中の漢字の正字・旧字は常用漢字に統一した。ただし人名のような固有名詞についてはこの限りではない。また、仮名づかいはそのままとし、算用数字は漢数字に統一した。
四　引用文中に現在一般的に使用されない言葉が含まれている場合は、歴史的な用語としてそのまま用いた。
五　引用文中の〔　〕は引用者の注記、また、断りがないかぎり強調の傍点も引用者によるものである。

装幀——難波園子

はじめに

この間、映画の『座頭市』を見たんですよ。おもしろいなと思って、味をしめちゃってね。とても歯切れがよくって、すばらしいんで、また見にいったんです。ワクワクする気持ちでいったところが、景色が目に来ちゃうんです。日本の景色、川だとか山だとかがきれいでね。(1)

戦前はフランスで、そして戦後はアメリカで活躍した洋画家の岡田謙三（一九〇二―一九八二）は、一九六六年の対談において、外国で見た日本映画の感想をこのように述べた。一九六二年から大映でシリーズ化された勝新太郎主演の「座頭市」シリーズは、国外でも人気の高いアクション時代劇であった。多くの観客が座頭市をはじめとする登場人物の表情や演技に注目して物語を消費するなかで、海外生活の長い岡田謙三は、登場人物よりも画面の背景に映り込んでいる日本の風景に意識が向いてしまう。

稀に観る日本映画に日の丸を振る場面ありて心をどるも(2)

この短歌は、戦前にアメリカへ渡った日本人移民である泊《はく》良彦（一八八七生まれ）が戦後に詠ったものである。彼の心を動かしたのは、映画館のスクリーンに映しだされた日の丸の小旗の映像であった。戦前からアメリカで生活を送ってきたこの歌人は、日本で生活する多くの日本人観客ならば特に意識することなく見過ごしてしまうであろう日の丸の映像に反応してしまう。

映画作品の〈意味〉は、映画観客の能動的な受容があってはじめて生まれるものである。たしかにそれぞれの時代や場所によって支配的な〈読み〉のコードは存在するものの、映像がもつ意味や解釈はけっして固定されたものではない。岡田謙三が日本の風景に視線を移し、泊良彦が日の丸の小旗に心ひかれるエピソードから見えてくるのは、歴史的な存在としての映画観客の受容の仕方は、その観客が生きるコンテクストによって、あるいは観客が生きる時代や場所によって、さまざまに異なるという映像体験の特質である。

本書は、戦前のアメリカで生きた日本人移民たちが、日本映画をどのように見たのか、そしてそれらの日本映画は移民たちにとってどのような役割を担っていたのか、ということを考察するものである。

二〇世紀は映画と移民の世紀であった。近代的な国民国家体制が完成する一九世紀後半に技術的・政治的な起源をもつこれら二つの現象に共通するのは、国家のナショナリズムを補完する役割を担ってきたと同時に、国民国家の境界を常に越えてゆくトランスナショナルな運動を内包していた点である。

映画が国民のナショナリズムを強化してきたことは、第二次世界大戦中に各国が製作したプロパガンダ映画が当時の国民に与えた大きな影響力を想像すれば容易に理解できる。また、複製技術によって生みだされる映画フィルムは、その黎明期からトランスナショナルなメディアとして世界を移動してきた。一八九五年、動く映像を大きなスクリーンに投影して不特定多数の観客に見せるという興行形態を定着させたリュミエール兄弟は、世界各地に自社のキャメラマンを派遣して、現地の風景や風俗を撮影させた。一八九六年に京都の実業家・稲畑勝太郎がリュミエールのシネマトグラフをたずさえてリヨンから帰国した際、稲畑につきそって来日したのは、リュミエール社の技師コンスタン・ジレルであった。ジレルは日本の風物や人物など数多くを撮影し、日本各地で上映画活動をおこなうとともに、撮影フィルムを本国フランスへ送った[3]。映画はその最初期から国境を越えて移動し、異なる国や文化を循環するメディアとして機能していたのである。

いっぽう、近代におけるおもな移民（および難民）は、一九世紀後半から激化する国民国家や民族主義の生成プロセスにおける付随物として発生した人口移動現象といえる。この人口移動は多くの場合、大規模な政治的・経済的・宗教的な社会変化が原因であった。たとえば、アメリカ合衆国（以下、「アメリカ」と略記。ただし引用文中は原文にそくして「米国」とも表記）に現在住んでいるユダヤ系アメリカ人の多くは、一九世紀末に東欧で頻発したポグロム（ユダヤ人虐殺）から逃れるために大西洋を渡ってきた人々の子孫であるか、または一九三〇年代に台頭したナチスの迫害を逃れて亡命してきた人々の子孫である。ある国家や社会という共同体においてナショナリズムが高揚したとき、その共同体を統合しようとする体制の枠に収まることのできない要素は、同化（assimilation）を迫られるか、さもなくば迫害（persecution）されるしかない。国境を越えて移動する〈移民〉とは、国民主義や民族主義という統合原理の裏面として、二〇世紀の歴史のなかで生まれざるをえない存在であった。このように映画と移民は、ともに国民国家の枠組みを強化する媒体として機能してきたと同時に、その枠組み自体を問題化し、揺さぶりをかける役割をも果たしてきた。

映画と移民の関係が二〇世紀を通じてもっともダイナミックに浮かび上がった国は、間違いなくアメリカである。建国から今日までつねに国外からの移民の流入によって成り立ってきたアメリカは、第一次世界大戦以降、ハリウッドという世界最強の映画産業を有し、多民族社会のなかで映画作品を製作・上映するとともに、世界を席巻する国際的な配給網を構築してきた。

では、アメリカにおいて映画と移民はいかなる関係を結んできたのだろうか。あるいは、映画は移民たちのアイデンティティの構築と変容にいかなる影響をあたえてきたのだろうか。たしかにこれまでの研究のなかで、映画というメディアが〈国民〉のきずなを強化し、再編成してきたことは詳しく論じられてきた[4]。しかし、映画と移民の関係性を取り上げた研究は一九九〇年代以降、ようやく少しずつ生まれてきたにすぎない（詳細は第一章を参照されたい）。

本書は、具体的には、越境性を本質とする映画と移民という二〇世紀的な現象の相互関係を、映画学的な方法論を基盤にして分析するものである。特に、二〇世紀初頭から太平洋戦争時のアメリカで生きた日本人移民（およびその子孫である日系アメリカ人）に焦点をしぼり、彼ら／彼女らのナショナル／エスニックなアイデンティティの特徴を、①アメリカにおける日本映画の配給・興行という受容の側面と、②日本人移民による映画制作の側面から考察してゆく。

一九〇〇年の時点で、全米（一八九八年にアメリカに併合されたハワイも含む）に約八万五〇〇〇人の日系人（一世も二世も含む）が居住していた。それが真珠湾攻撃によって太平洋戦争が勃発する直前の一九四〇年になると、およそ二八万五〇〇〇人にまで増加している[5]。アメリカで生活し、労働する日本人移民たちは、アメリカにおける人種的かつ民族的なヒエラルキーのなかで差別的な待遇を受けつつ、自分たちの身を守るための共同体をそれぞれの移民地に形成していった。そのような情況のなかで、日本人移民たちはアメリカで日本映画とどのように接し、また、みずからの手でどのような映画を、どのような目的で制作したのだろうか。そして日本人移民は、アメリカにおける「人種形成」（後述）と、帝国日本の「人種形成」の二重性のはざまで、映画というメディアと関わりながらいかなるアイデンティティを構築し、それを変容させていったのだろうか。このような疑問に答えることが、本書に与えられた命題である。

ただし、本書の目的は、単に二〇世紀前半にアメリカで生きた日本人移民の〈埋もれた歴史〉を映画史の側面から浮かびあがらせることだけではない。本書で得られた知見は、二一世紀の現代まで連綿と続く移民と映像メディアの関係性を、歴史的なパースペクティヴから分析的に捉えることを可能にするだろう。東西冷戦の終結によって東欧に勃発した民族主義の台頭はあらたな移民や難民をうみだし、従来の国民国家の枠組みを大きく変容させるきっかけとなったが、その時に重要な役割を果たしたのがテレビをはじめとする映像メディアであった。また、インターネットをはじめとする情報通信網が一九九〇年代後半以降、世界中に普及したことによって、ヒトと情報が流動化するグローバリゼーションの運動は日々進展し、私たちの世界観を刻々と〈更新〉し続けている。それにともなって、人々の国家的（ナショナル）かつ民族的（エスニック）なアイデンティティも複雑化し、多様化している。本書は、このような現代の状況に対して批評的な視点から考察するためのきっかけを生み出すことにもつながるだろう。

先行研究との関係、研究の方法

本書では、映画学における以下の分野において蓄積されてきた先行研究との議論をつうじて、映画を媒介とした日本人移民のアイデンティティ構築とその変容を論じる。具体的には、①映画作品がどのような環境やコンテクストにおいて上映されたのかを明らかにする映画の興行史（film exhibition history）、②どのような特徴をもつ観客層が映画を見たのか、またそれらの人々がいかなる歴史的な条件のもとで映画を受容したのかというオーディエンス研究（audience studies）や受容研究（historical reception studies）、③そして観客《オーディエンス》が映画作品に接するときの接し方の特徴（ポジショニング）の問題を歴史的に考察する〈歴史的観客性〉研究（historical spectatorship studies）などの研究手法を用いる。一九八〇年代以降、これらの研究手法が映画学の分野で活用され、洗練されたことによって、映画におけるエスニシティや人種の問題に着目した映画研究が蓄積されてきた。

欧米の映画学や他分野における関連する先行研究については、第一章で詳細に論じることとして、ここでは、日本における関連する主要な先行研究を振り返り、それらと本書との研究対象や着眼点の差異を明確にしておきたい。単著として刊行された書籍に限定すれば、関連する先行研究として以下のものを挙げることができる（刊行年順にしるす）。

（一）野上英之『聖林《ハリウッド》の王　早川雪洲』（社会思想社、一九八六）
（二）垣井道弘『ハリウッドの日本人――「映画」に現れた日米文化摩擦』（文藝春秋、一九九二）
（三）村上由見子『イエロー・フェイス――ハリウッド映画に見るアジア人の肖像』（朝日選書、一九九三）
（四）門間貴志『フリクショナル・フィルム読本3　欧米映画にみる日本1』（社会評論社、一九九五）
（五）細川周平『シネマ屋、ブラジルを行く――日系移民の郷愁とアイデンティティ』（新潮社、一九九九）
（六）横川眞顯『ハワイの弁士』（日米映画文化協会、二〇〇六）
（七）韓燕麗『ナショナル・シネマの彼方にて――中国系移民の映画とナショナル・アイデンティティ』（晃洋書房、二〇一四）

これらの先行研究は、映画作品の表象分析と、映画の上映・受容研究に分類できる。（一）から（四）が表象研究で、（五）から（七）が上映と受容に関する研究といえる。（一）は、ハリウッドで活躍した日本人俳優・早川雪洲の伝記であり、本書が追求する日系移民の映画受容をほとんど扱っていない。（二）は、同時代の日系人の映画制作者に対する精力的な聞き取り調査を含んだ労作だが、基本的にハリウッド映画に描かれた日本人／日系アメリカ人の表象（ステレオタイプ）の解説に焦点が当てられており、本書が対象とする戦前の日系移民の映画受容および制作についてはほとんど触れていない。（三）と（四）もハリウッド映画に現われた日本人表象の特徴とステレオタイプを分析したもので、日系人の映画受容や制作にはまったく触れていない。（五）は日系人の映画受容と制作に焦点を当てた画期的労作であるが、研究対象となっているのはブラジルの日系人に関する研究であるため、直接的な先行研究とはいえない。（六）は本書に関連する唯一の直接的な先行研究である。ただしハワイで戦前から活躍した四人の活動弁士（サイレント映画の解説者）へのインタビューを再録した部分が中心であり、戦前のアメリカ本土における日本映画上映と受容の問題は触れられていない。（七）は日本の映画学において移民と映画の関係をはじめて本格的に論じたものであるが、中国系移民としての華僑が、アメリカ、香港、マレー半島においてどのように映画制作とかかわり、独自のアイデンティティを構築したかというもので、本書の問題関心にきわめて近いものの、アメリカの日本人移民を論じたものではない。このように、これまでの日本語圏の先行研究のなかで、本書のテーマと共通するものは存在しないといってよい。

本書においては映画学の方法論をベースにしているが、より幅広い視点から位置づけると、日本人移民たちのアイデンティティを考察する際に重視しているのは、社会構築主義的（social constructionism）な言説分析（discourse analysis）である。(6) 本質主義に対立する社会構築主義の観点に立つならば、「日系アメリカ人」または「在米日本人」（次節「用語の定義」を参照）という集団は、それ自体に固有の本質がそなわったものではなく、それぞれの歴史的な状況において独自のアイデンティティを構築してゆく可変的なものとしてとらえられる。日本人移民のアイデンティティが日本映画とのまじわりのなかで形成され、変容してゆく力学は、彼ら／彼女らが生み出した言説を歴史的なコンテクストにおける布置のなかで分析することを通じて明らかになるはずである。(7) したがってアメリカの日本人移民に関する史料を批判的に読解することによって見えてくるのは、それらの言説が生み出された時代の支配的な言説編成——換言すれば、各時代の支配的な諸概念（ナショナリティ、エスニシティ、人種についての概念）をめぐる文化の政治学（ある社会や共同体における力関係の分析）である。

本書が対象とするおもな時代と地域は、アメリカの日系移民地に日本映画が輸出されはじめた一九〇〇年代後半から、一九四五年八月に終結する太平洋戦争までである（第三部では戦後も若干含まれる）。また、本書で取り上げるおもな地域は、アメリカ本土の西海岸地域（特にサンフランシスコ、ロサンゼルス）である。ただし分析のなかで必要におうじて、戦前・戦中のアメリカ領における最大の日系コミュニティが存在したハワイ諸島のほか、ワシントンDCやニューヨークなどといった東海岸の諸地域も考察の対象地域とする。

取り扱うおもな資料について、本書におけるもっとも重要な情報源は、戦前にサンフランシスコとロサンゼルスで日本人移民および日系人たちが発行していた日系新聞である。これらのエスニック新聞は日刊紙で、もともと日本語のみの紙面であったが、一九二〇年代後半以降は英語のページが少しずつ増えてくる。日本における日系アメリカ人研究の進展により、日本の大学や研究機関において日系新聞のバックナンバーをマイクロフィルムで容易に閲覧できるようになった。筆者は該当する時期のそれらのマイクロフィルムを網羅的に調査することによって、本書の基盤となる情報を収集することができた。そのほかにも、ロサンゼルスの全米日系人博物館が所蔵する伴武《ばんたけし》コレクション（第五章を参照）、アメリカ・メリーランド州の国立公文書館二号館に収蔵されている敵性財産管理局資料（第六章を参照）などが、本書に欠かすことのできない一次資料である。

なお、本書の調査過程において、数人の日系アメリカ人に対して聞き取り調査を実施した。現在、アメリカの日系人はおもに三世と四世の時代になっており、一世のほとんどはすでに鬼籍に入っている。したがって、本書の主要な分析対象である戦前の日本人移民（＝一世）に対する聞き取り調査は不可能であった（戦後にアメリカへ渡ったいわゆる「新一世」は、本書の対象ではない）。ただし、戦前・戦中の日系コミュニティの状況を記憶している高齢の二世がわずかに存命しており、本書では四人の二世の方に聞き取り調査をお願いした。彼ら／彼女らは日本映画配給業や日本映画の映写技師、あるいは映画館経営に関わられていた方であり、彼ら／彼女らが提供してくれた情報は、本書の議論を展開する上で重要な参照項となった。

用語の定義

誰かがなにかを〈名指す〉という行為は、つねにその行為をおこなう人が生きている時代のコンテクストのなかで生まれるものであり、そのコンテクストを無視して考えることはできない。特に社会構築主義的な言説分析を方法論とする本書において、〈日系移民〉や〈日系アメリカ人〉、または〈一世〉や〈二世〉という〈移民〉を分類するカテゴリーは、つねに歴史性と政治性を帯びたものとして理解する必要がある。したがって、本書で筆者が使用する用語の定義は、それらの呼称の歴史性を分析するための基礎的作業として必要不可欠なものである。

日本人移民、一世、二世、日系社会、在米日本人

アメリカに渡った日本人を「日本人移民」または「日系移民」（ともにJapanese immigrant）と呼ぶが、二つの呼称に意味上の違いはない。ただし、アメリカ国内に存在する複数のエスニック集団のひとつとして日本人移民を示す場合（たとえばイタリア系移民や中国系移民と対比させるとき）に、「日系移民」という呼称をもちいる場合がある。

日本からアメリカへ渡った移民の第一世代を「一世」と呼ぶ。一九五二年に「ウォルター＝マッカラン法」とも呼ばれるアメリカの移民国籍法が施行されるまでは、一世はアメリカに帰化する権利を付与されていなかった。したがって、戦前から戦中の日本人移民を分析対象とする本書において、「一世」という呼称は、字義通りの世代論的な意味を示す時に使用すると同時に、日本国籍を保持した「日本人」という側面を強調する場合にももちいる。

一世の親から生まれた子供（＝移民の第二世代）を「二世」と呼ぶ。国籍について出生地主義を採用するアメリカでは、アメリカ領内で生まれた二世は、アメリカ国籍をもつことができる。いっぽう、血統主義を採用する日本では、日本人移民の夫婦がアメリカで子供を産んだ場合、その子供はやはり日本国籍をもつことになり、ここに二重国籍問題が発生した（特に戦前・戦中において、日本国籍を持つ二世が成人すると兵役義務が生じたために、さまざま問題や軋轢をひきおこした）。

本書では個々人の国籍の差異に関係なく、アメリカにおける日本人移民（一世）とその子孫（二世や三世）を総称するときに「日系人」と記す。また、その「日系人」の「エスニシティ」（後述）を紐帯とした社会集団を、

「日系コミュニティ」または「日系社会」と表現する。現在「日系人」という用語は「Japanese American」（日系アメリカ人）の略語として現在の日本で定着しているが、この呼称はもともと戦後の日系アメリカ人研究者が、戦中のアメリカ政府がおこなった日本人移民（一世）と日系アメリカ人（二世）への強制収容に対する戦後補償を解決する運動のなかで、意識的に選択し、使用してきたカテゴリーである。

日系人研究のパイオニアのひとりである阪田安雄は、「日系人」という呼称の問題点を指摘し、「在米日本人」というカテゴリーをあらたに加えて区別すべきだとして、次のように述べている。

> 一九六〇年代以降に台頭したAsian American Movement（アジア系アメリカ人運動）の目的、スローガン、およびそれが強調する社会・政治的見解を反映してアメリカ合衆国で発表された研究では、「日系人」の呼称が一世を含む全ての「日本人移民およびその子孫（persons of Japanese ancestry）」を対象として使われるようになっている。しかしそのような戦後の用語では、「日系人」は、一九七〇年代以降に広く認識されるようになった「多民族国家」アメリカを構成するエスニック・グループの一つとしての「日系人」のアイデンティティ（identity）とエスニシティ（ethnicity）を、アメリカ社会の主流とみなされていたアングロ・サクソン系「白人」（White Anglo-Saxon Protestants、いわゆるWASP）と対比させて、誇示することが多い。（中略）そのように戦後の時代の流れの変化を明確に射影する新しい「造語」を、一九五《マ》三《マ》年の移民法の制定以前は「帰化不能外国人（alien ineligible to citizenship）」として「日本国籍」を保持しながらアメリカに「在住」することを強いられていた「一世」をも含めて、「アメリカに渡った日本人とその子孫」を示す言葉として使ってもよいものなのだろうか。寧ろ、戦前の一世の「特殊な」体験や歴史的な背景などの違いを表示するには、彼ら自身が使っていた「在米日本人（Japanese in America）」の呼称がそのまま使われるべきではないだろうか。(8)

本書でも阪田の指摘にしたがい「在米日本人」というカテゴリーも併用する。一九二四年にアメリカの移民法が改正され、日本からアメリカへの移民が事実上不可能になると、日系人は日本とアメリカを行き来する〈出稼ぎ志向〉のアイデンティティから、アメリカにとどまって生活の基盤を構築しようとする〈定住志向〉のアイデンティティを形成しはじめる。一世のなかでアメリカに定住する意志を持ち、かつ日本で生活する「日本人」とは異なるアイデンティティを構築した人々を指す場合、本書では特に「在米日本人」と呼ぶ。

エスニシティとナショナリティ

文化人類学者の綾部恒雄が定義するように、「エスニシティ」（ethnicity）という語は、狭義には「民族集団［ethnic group］あるいはその構成員が当該民族文化を背景として表出する民族的特性あるいは社会現象」[9]のことである。アメリカに住む日本人移民は、他民族（例えばイタリア系移民や中国系移民）に対する〈日本民族〉としてのエスニシティを保持している（と思われている）。ただしエスニシティは静的な概念ではなく、民族集団間の相互作用によってその境界がたえず変化する可変的かつ歴史的なカテゴリーである[10]。それゆえ本書では、日系人のエスニシティとはなにかという本質主義的な問いを発することはなく、いかに「日系人」のエスニシティが、アメリカのほかのエスニック集団と折衝するプロセスのなかで形成されてきたのかという構築主義的な視点から分析を進める。

「ナショナリティ」（nationality）は、通常、国籍や国民性と訳されるが、エスニシティ（民族的特性）との対比から、本書ではおもに「国民的帰属」または「国民的特性」の意味としてもちいる。アメリカに住む日本人移民は、他民族に対する「日本民族」としてのエスニシティを保持すると同時に、アメリカ人に対する「日本人」としてのナショナリティも保持していたといえる。日本人移民は場所と状況におうじて、カテゴリーとしてのエスニシティやナショナリティを戦略的に使い分け、活用しつつ、みずからのアイデンティティを構築した。そのようなアイデンティティのことを、本書ではそれぞれ「エスニック・アイデンティティ」「ナショナル・アイデンティティ」とする。

アメリカ化

「アメリカ化(アメリカニゼーション)」(americanization)とは、狭義には、一九世紀後半から二〇世紀初頭に、移民の大量流入に対する反動として全米各地で沸き起こった移民同化運動のことを指す。具体的には、東欧や南欧からの移民たちを、アングロ・アメリカ的な価値観に適応させようとする原理主義的な同化運動のことである。日系アメリカ人の文化変容(acculturation)とアイデンティティの関係を論じたアイリーン・タムラによれば、アメリカ化とは、「第一次世界大戦以降、移民とその子供をアングロ・アメリカ的な仕方に適応させようと強要するいっぽうで、彼らをアメリカ社会の社会経済的層の底辺にとどまらせようとする組織的な営み」(翻訳は引用者による)[11]という意味として使用されてきた歴史的な用語である。

また、アメリカ研究者の油井大三郎は、より広義に「アメリカ化」をとらえており、今日におけるアメリカ化を三つの類型(「内的」「外的」「境界的」)に分類している。「内的アメリカニゼーション」とはアメリカ国内の移民を同化/排除する運動である。これは、アメリカ国内に横たわる〈われわれ〉と〈かれら〉の境界線を策定するポリティクスとしてとらえることができる。それに対して「外的アメリカニゼーション」とは、アメリカ的な価値観(例えば自由主義や民主主義)やアメリカ的なシステム(大量生産システム)、そしてアメリカ的な大衆文化を、国外に浸透させる運動のことである[12]。また、「境界的アメリカニゼーション」とは、アメリカによる併合地域や占領地域などで展開するアメリカ化のことである。具体的には、一八九八年に併合されたハワイやフィリピン、そして米西戦争の結果としてアメリカ「保護領」となったプエルトリコの「アメリカ化」のことである。[13]

上記のような油井の「アメリカ化」の分類を踏まえるならば、本書で扱う日系人の「アメリカ化」とは、「内的アメリカニゼーション」の問題として区分できるものである。ただし本書では、〈日本人移民〉という外国人が、〈日系アメリカ人〉へと直線的に〈同化〉するという物語を前提としていない。日系アメリカ人研究者の米山裕が指摘するように、戦後の二世がアメリカ社会で絶え間なく生産してきた「モデル・マイノリティ」としての〈日系人〉の〈同化物語〉が強い圧力となっていたために、一九三〇年代の「在米日本人」がもっていたアイデンティティの多様性や越境性がつい最近まで否認されてきた。その意味において、戦後の日系アメリカ人が作り出してきた〈同化物語〉は、〈勝者の歴史〉として機能し、そのほかの多様な〈歴史〉を抑圧する危険性を孕んでいた。[14]したがって、本書で特に重視するのは、戦前日系人のアイデンティティのゆらぎや越境性を捉えるために、アメリカ国内のみならず、同時代の帝国主義政策を採っていた日本の歴史的・社会的状況も踏まえる点である。そのときの鍵になるのが、「人種形成」という概念である。

人種形成

戦前の一世と二世の複雑で不安定なアイデンティティを考察するには、植民地主義を採っていた戦前の帝国日本における「人種形成」と、多民族国家アメリカにおける「人種形成」との間でみずからのアイデンティティを調整していった彼ら／彼女らの葛藤に着目すべきである。エスニック研究のマイケル・オミとホワード・ワイナントは、アメリカにおける「人種形成」（racial formation）を、白人（ＷＡＳＰ）の支配する社会構造を強化するような人種的カテゴリー（racial categories）が「生み出され、居住され、変容され、破戒される社会的－歴史的なプロセス」であると定義した。[15]むろん、ここでの「人種」とは、生物学的分類による固定的かつ本質的なものではなく、社会的に構築される可変的なカテゴリーのことである。オミとワイナントが定義する「人種形成」と同様の構造およびプロセスは、アメリカ国内のみに存在したものではなく、多民族国家としての戦前・戦中の帝国日本にも存在した。すなわち、「大和民族」をヒエラルキーの頂点にすえることで、（琉球人やアイヌも含む）朝鮮、台湾などの被植民地の「帝国臣民」を、政治的・経済的・文化的に支配するような「人種形成」の存在である（日本国籍は保有していなかったが、日本の傀儡政権であった満州国の「満州人」も、この「人種形成」のなかに包摂されるだろう）。

したがって、戦前のアメリカにおける日系人社会には、次の二つの「人種形成」が葛藤をはらみつつ共存し、日系人たちはこれら二つを調整しながらみずからのアイデンティティを構築していたと仮定することができる。

① アメリカにおける白人を頂点とした人種的・民族的ヒエラルキー

② 帝国日本における「大和民族」を頂点とした人種的・民族的ヒエラルキー

筆者はオミとワイナントが定義した「人種形成」の使用領域を拡大し、日本に対してもこの「人種形成」という用語を使用したい。むろん、二つの「人種形成」は歴史的に異なるプロセスをたどってきたものであり、単純に比較することはできない。しかし、①と②のヒエラルキーを、ある社会体制における共通した支配形態の特徴としてとらえることによって、「人種形成」というカテゴリーは、二つの国の「人編編成」を同時に保持していた戦前の日系人のアイデンティティを論じることのできる重要な鍵概念となるはずである。戦前の在米日本人のアイデンティティの政治学を、アメリカ一国の「人種形成」だけで論じても不十分である。本書が目指すのは、日本人移民たちによる日本映画の歴史的な受容を解明すると同時に、アメリカと日本の二つの「人種形成」のせめぎあいのなかで彼ら／彼女らが生み出した「在米日本人」独自のアイデンティティ構築の様態を明らかにすることである。

本書の構成

本書は四部構成をとる。本書に関連する先行研究を批判的に再検討する第一部、日系人による日本映画の配給と興行の実践と、彼ら／彼女らの日本映画受容を論じる第二部、そして戦前の日系人がアメリカに輸入した日本映画のフィルムが、戦中と戦後にたどった〈循環〉の歴史をあとづける第三部、そして日系人による映画制作の実態を解明する第四部である。

第一部第一章では、アメリカの大学制度のなかで、日本映画および日系移民の研究がこれまでいずれのディシプリン（学門領域）において蓄積されてきたのかを整理する。具体的には、エスニック研究、日本学、映画学の各学問領域が〈国民国家〉の枠組みを前提として展開してきたことを明らかにすることによって、日系移民と日本映画の関係性を考察する本書の研究テーマがこれまでの人文学において等閑視されてきた制度的・構造的な理由をうかびあがらせる。

第二章は、アメリカにおけるユダヤ系移民、イタリア系移民、さらにアフリカ系「移民」（南部から北部への国内大移住）といった各移民グループの映画受容とアイデンティティ形成の関係について、先行研究をもとに考察する。「新移民」が急激に増加した一九一〇年ごろのアメリカでは、「ニッケルオデオン」と呼ばれた中規模の映画館が各地に乱立していた。その時期にはまだ「夢の工場ハリウッド」は誕生しておらず、フランス映画を中心とする外国映画がアメリカにおける映画興行の大部分を占めていた。この事態はアメリカ国内における「アメリカ化」の運動やアメリカ人のナショナリズムに影響をあたえることになる。二つの異なるエスニック・グループの映画受容に共通する特質を見いだすことによって、日系移民の映画受容の特徴を論じるための基盤としたい。

第二部は三つの章を通じて、アメリカにおける日本映画の配給と興行の実態、および日系移民による日本映画の受容を考察する。

第三章では、一九一〇年代における日系移民の日本映画興行と受容の実態を、日系新聞の調査をつうじて解明するとともに、一九一一年に白人が経営する映画館で開催された日本映画興行をケース・スタディとして、その興行に参加した日本人移民観客の〈不安定な観客性〉を明らかにする。

第四章では、一九二〇年代における日系移民の映画受容を論じる。日本国内だけでなく、アメリカの移民地においても日本映画の人気が高まり、アメリカに日系人が運営する日本映画の配給会社と興行会社が数多く設立される。最終的に複数存在した配給会社と興行会社は統合されてゆき、各日系移民地に日本映画が定期的に配給・興行されるネットワークが構築された。この時期の日本映画はすべて無声映画であるが、アメリカの移民地でも日本と同様に活動弁士（以下、「弁士」としるす）が活躍していた。本章では特に、日系社会のネットワークにおける弁士たちの社会的な役割を分析する。また、一九二六年、ロサンゼルスのリトル・トーキョーに、日本映画を専門に上映する映画館・富士館が開館するが、この日本映画専門館が日系移民社会に果たした（果たそうとした）さまざまな社会的・経済的機能についても考察する。

第五章では、一九三〇年代における日本映画の上映実践に内包された文化の政治学を、伴武というキリスト教牧師がおこなった二世に対する教育活動を具体例に考察する。一九三一年の満州事変以降、アメリカの一部の日系社会でも日本に対するナショナリズムが高揚しはじめる。伴武による日本映画の上映活動と、彼の言説を分析することによって、一九三〇年代の日系人社会における「人種形成」の力学と、「在米日本人」としての独自のアイデンティティ構築の特徴が浮かびあがってくる。

第三部の第六章では、日系移民たちがアメリカに持ち込んだ大量の日本映画フィルムが、戦時下のアメリカで接収・利用され、戦後に返還された歴史を解明する。一九四一年一二月七日（アメリカ現地時間）に日本軍がハワイの真珠湾を攻撃して太平洋戦争がはじまると、アメリカ政府はアメリカ国内に点在していた日本映画フィルムを接収（または没収）しはじめる。本章では、アメリカ政府がどのようなプロセスで日本映画を接収し、いかに日本映画を軍事利用したのかという点を、アメリカ国立公文書館に収蔵されている敵性財産管理局の一次資料を分析することによって解明する。

第四部では、時代をふたたび一九一〇年代にさかのぼり、二つの章にわたって日系移民による映画制作の実践をあとづけ、あらたな側面から日系移民のアイデンティティの特色を解明する。アメリカの日系移民は単に出身国で製作された映画を見るだけの受動的な存在ではなく、さまざまな目的と意図にもとづき、みずからの手で映画を制作していた。

第七章では、一九一〇年代の映画制作を概観する。一九一二年に北米ではじめて設立された日系移民による映画制作会社「ヤマトグラフ社」や、一九一四年に『写真結婚』という劇映画の制作を試みた「日米フィルム」の活動などについて、その実態を追跡する。そのことによって、日系移民みずからが生み出した〈われわれ〉の映像が、彼らのアイデンティティ形成に果たした役割を検証する。

第八章では、一九三〇年のロサンゼルスで制作された、日系人による初の日本語トーキー映画『地軸を廻す力』が分析の対象となる。残念ながらフィルムは現存していないが、映画作品の制作プロセスの解明と、作品をめぐって生みだされた言説の分析を通じて見えてくるのは、日系社会における二世の存在の不安定さと、〈日本語〉の真正性の問題である。このことは、「在米日本人」のエスニック／ナショナル・アイデンティティの複雑さを如実に示している。

本書は以上のような四部構成によって、アメリカにおける日本映画の配給・興行の歴史を通時的に紐解くとともに、映画を媒介とした日系人たちのアイデンティティ構築とその変容の力学を分析してゆく。

第一部

「映画と移民」研究の居場所

第一章　国民国家の枠組みを超えて

アメリカの大学における日本人移民と日本映画研究の〈居場所〉

映画を媒介にして構築される日系人のアイデンティティという本書の研究テーマは、従来のアメリカの大学制度のいずれの学問領域において研究されてきた（／されてこなかった）のであろうか。本章の目的は、戦後のアメリカで制度化された三つの学問領域（エスニック研究、日本学、映画学）の起源とその変遷をたどることによって、それぞれの学問領域が日本映画と日本人移民を研究対象から包摂／排除してきた政治的・社会的な要因を明確にすることにある。結論を先取りすれば、これら三つの学問領域は、近年まで〈国家〉という枠組みを分析の前提としていたために、移民と映画の関係性を十分に分析することができなかった。本章では、それらの学問領域の枠組みを横断することによってナショナルな枠組みを超える研究の可能性を見いだし、本書の理論的な基盤を構築する。

大学におけるそれぞれの学問領域は、当然ながら無から生まれるのではなく、固有の起源と歴史をもつ。国家や社会からの強い要請によって生まれる学問領域もあれば、既成の学問領域からの差異化を試みて生まれてくるものもある。本章で考察する三つの学問領域は、エスニック研究（Ethnic Studies）、日本学（Japan Studies／Japanese Studies）、映画学（Film Studies）である。アジア系アメリカ人研究（Asian American Studies）を包摂するエスニック研究は、一九六〇年代のアメリカ公民権運動に起源をもち、それ以降のアメリカにおけるマイノリティ集団の権利回復運動の一環として発展してきた学問領域である。日本学は、第二次世界大戦中にアメリカにおいて推進された〈敵国国民性研究〉に起源をもち、(1) 冷戦期には政策立案機能を果たす地域研究(Area Studies)の一分野として展開してきた。また、大学における映画学は一九六〇年代に生まれ、一九七〇年代に理論的洗練と研究の蓄積がおこなわれることで制度化した学問領域である。

以下の各節では、これら三つの学問領域が日本映画または日本人移民を研究対象から排除／包摂してきた力学を、当時の政治的・社会的文脈から考察してゆく。

1 エスニック研究の場合

エスニック研究の起源

アメリカにおけるエスニック研究は、一九六〇年代の公民権運動の影響を受けた大学カリキュラムの改善運動の成果として、一九六〇年代末に生まれた比較的新しい学問領域である。マーティン・ルーサー・キングやマルコムXに象徴されるアフリカ系アメリカ人の権利回復運動は、女性やそのほかのマイノリティ集団の権利回復運動へと展開してゆき、さらにそれらの運動はマイノリティ集団に帰属する学生たちによる大学のカリキュラム改善運動へと発展していった。つまり、私たちマイノリティはアメリカ人のひとりであり、アメリカの大学で自分自身の過去と現在と未来を学ぶ権利を保持しているのだ、という要求である。換言すれば、この国でより平等な社会をつくりあげてゆくためには、マイノリティとして生きている私たちアメリカ人が、この国で抑圧されてきた歴史と諸問題を専門的に学び、研究することのできる講座や研究所を大学内に設立すべきだという主張である。

カリキュラム改善運動の成果として、一九六〇年代末になるとアフリカ系アメリカ人、アジア系アメリカ人、ネイティヴ・アメリカン、ヒスパニック系アメリカ人(チカーノ／ラティーノ)を研究する講座や研究機関がアメリカの各大学に設置されはじめた。それらのマイノリティに関する研究は、いまでは「エスニック研究」という名称で数多くの大学に制度的に組み込まれている。

では、現在「日系アメリカ人研究」(Japanese American Studies)が活発に行なわれているアメリカ西海岸の大学において、日系アメリカ人研究を包摂するアジア系アメリカ人研究は、大学内でどのように位置づけられてきたのだろうか。

大学に対するアジア系アメリカ人講座の設置要求は一九六八年にはじまる。サンフランシスコ州立大学において、第三世界解放前線(Third World Liberation Front)のグループが、大学におけるエスニック研究の開講を要求してストライキを実施した。その結果、翌一九六九年の秋にエスニック研究学部(The College of Ethnic Studies)が設立され、そのなかにアジア系アメリカ人を研究する学科が生まれた。(2)

同じく一九六八年、カリフォルニア大学バークレー校で「アジア系アメリカ人政治同盟」(Asian American Political Alliance)が結成され、翌一九六九年にエスニック研究学部(Department of Ethnic Studies)が設立された。現在のエスニック研究学部は、アジア系アメリカ人研究(Asian American Studies)、チカーノ研究(Chicano Studies)、エスニック研究(Ethnic Studies)、ネイティヴ・アメリカン研究(Native American Studies)の各専攻分野から成り立っている。なお、アフリカ系アメリカ人研究は別個に独立した学部(The Department of African American Studies)が存在している。(3)

日系アメリカ人研究者にとってもっとも重要なコレクションのひとつ「日系アメリカ人調査プロジェクト・コレクション」(JARPコレクション)(4)を収蔵するカリフォルニア大学ロサンゼルス校(UCLA)は、日系アメリカ人研究の拠点であり、アジア系アメリカ人研究センター(The UCLA Asian American Studies Center)という専門研究機関を有する。このセンターは、もともと一九六九年にオープンした四つのエスニック研究センターのひとつとして設立された。そのほかの三つのセンターは、アフリカ系アメリカ人研究センター、チカーノ研究センター、アメリカン・インディアン研究センターである[5]。

一九九〇年代になると、当時の時代状況に反応するかたちで一部のエスニック研究は制度的な再編成に取り組み始めた。南カリフォルニア大学（University of Southern California）は現在、学部と大学院の教育プログラムをもつ「アメリカ研究とエスニシティのプログラム」（Program in American Studies and Ethnicity）が設置されている。この教育機関は、白人警察による黒人暴行事件（ロドニー・キング事件）に端を発する一九九二年のロサンゼルス暴動の直後に、旧来のアメリカ研究（American Studies）とエスニック研究を統合することによって生まれた新しいプログラムである。このプログラムは、アメリカ研究（American Studies）、アフリカ系アメリカ人研究（African American Studies）、アジア系アメリカ人研究、チカーノ／ラティーノ研究（Chicano ／ Latino Studies）に専攻が分割されており、さらに副専攻のひとつとしてユダヤ系アメリカ人研究（Jewish American Studies）も選択できるようになっている[6]。

以上、主要なアジア系アメリカ人研究機関における日系アメリカ人研究の位置づけ確認してきた。大学におけるアジア系アメリカ人研究に対して批判的な考察を展開するシルヴィア・ヤナギサコが指摘するように[7]、アジア系アメリカ人研究はそのはじまりから常に政治的であり教育的なものであった（そもそも「アジア系アメリカ人」という用語自体、一九六〇年代後半の権利回復運動のなかで、〈アジア〉を文化的なルーツとすると自認したアメリカ人たちが結束するために生まれた言葉である[8]）。「アジア系アメリカ人研究」が、「白人」の支配するアメリカ社会に対する批判として一九六〇年代後半に生まれたものであるかぎり、この学問領域が政治的かつ教育的なものになるのは当然である。したがって、従来のアジア系アメリカ人史の記述が、移民労働者階級の歴史に偏っており、かつ、アメリカ主流社会に対する〈反抗〉として生まれたがゆえに男性的（マスキュリン）であった、というヤナギサコの指摘は的確である。

アジア系アメリカ人研究におけるもっとも政治的な実践は、〈アメリカ史〉の根本的な書き直し作業にあった。

国民史（ナショナル・ヒストリー）が生み出されるさいに作動する包摂と排除の力学は、それぞれの時代の政治的・社会的・文化的コンテクストによって変化する。アジア系アメリカ人が〈アメリカ史〉を記述するときの戦略とは、アジア系アメリカ人とその祖先の歴史を〈アメリカ史〉という国民史のなかに統合してゆくことであった。一九八九年、日系アメリカ人研究のパイオニアであるロナルド・タカキは、アジア系アメリカ人の通史である『もう一つのアメリカン・ドリーム――アジア系アメリカ人の挑戦』[9]を発表した。タカキはそのなかで、従来の〈アメリカ史〉からアジア系移民とその子孫の歴史が排除されてきたことを批判する。タカキは、一九二〇年代にスタンフォード大学の調査員からインタビューを受けた中国系移民のエピソードを紹介したあと、次のように主張する。「彼ら〔中国系移民〕の体験談はこの国〔アメリカ〕の歴史であり、アメリカ史の本のなかに刻印されなければならない。アメリカという、移民がつくり上げたこの国の歩みのなかに、彼らはまぎれもなく参加していたのであるから[10]」。

タカキの試みは、アジア系移民とその子孫であるアジア系アメリカ人を〈アメリカ史〉という国民史に包摂することによって、ヨーロッパ系アメリカ人中心に記述されてきた従来のアメリカ史の〈グランド・ナラティヴ〉を修正することにあった。コーネル大学で日本思想史を教える酒井直樹は、アメリカにおける人文学（the humanities）は、ヨーロッパ系アメリカ人の研究を所与のものとしてきたいっぽうで、エスニック研究が研究対象とする非ヨーロッパ系マイノリティの研究を包摂することはほとんどなかったと指摘し、そこに西洋（〈普遍性〉）とそれ以外の地域（〈特殊性〉）の差異をうみだす学問的なヒエラルキーが温存されてきたことを、次のように指摘する。「結局のところ、違いは、エスニック・スタディーズや地域研究が、特殊なエスニシティの名前や地域の名前によって徴づけられているのに対して、人文科学一般は無徴であるというところにあり、このことは、ヨーロッパ系アメリカ人が合州国において無徴のマジョリティであるのと同じことだ[11]」。

その意味で、南カリフォルニア大学が一九九二年に従来のアメリカ研究とエスニック研究を統合して新しいプログラムを立ち上げたのは、ヨーロッパ系アメリカ人の歴史であった〈アメリカ史〉のなかに、各エスニック集団の歴史を統合するという〈政治的に正しい《ポリティカリー・コレクト》〉一九九〇年代のカリキュラム改革であったといえる。

一九八八年——日系アメリカ人研究の断層

エスニック研究の変遷をたどってみれば、アジア系アメリカ人研究のサブカテゴリーとして位置づけられてきた日系アメリカ人研究の目的が、日系アメリカ人のアメリカ社会における権利回復であり、かつ〈アメリカ史〉という国民史に日系アメリカ人の歴史を包摂することにあったことは明らかである。

ただし、日系アメリカ人研究の変遷を仔細にみると、①一九六九年の草創期から一九八八年までの時期と、②一九八九年以降の時期では、日系アメリカ人研究における中心的な問題関心と議題設定の重点が大きく変容していることがわかる。その変化がもっとも端的にあらわれているのは、戦前・戦中における一世に関する記述である。

一九五二年にウォルター＝マッカラン法（移民国籍法の改正）が成立するまで、アメリカ政府によって「帰化不能外国人」と定義されてきた一世の国籍は日本であった。しかし、一九六〇年代末に誕生したアジア系アメリカ人研究は、以下に解説する政治的な判断にもとづき、一九五二年以前に生きていた一世を、アメリカ国籍をもつ二世とおなじく「日系アメリカ人」（Japanese American）と名づけてきた。

むろん、一九五二年の法律改正によってすべての一世に対してアメリカへの帰化権が付与されたのであるから、一九六〇年代後半の時点で一世を〈アメリカ人〉と呼ぶことは間違いではない。しかし、戦前・戦中の日本人移民の歴史を記述するさいにも一世に対して「日系アメリカ人」と呼称することは、遡及的な名づけ行為である。したがって、このような名づけ行為を政治的におこなわなければならなかった日系アメリカ人研究者たちのコンテクストを確認する必要がある。

日系アメリカ人研究者が戦前・戦中の一世に対しても「日系アメリカ人」と呼称してきた理由は、戦時中にアメリカ政府が西海岸の日系人（一世も二世も含む）の一部を強制収容所に隔離したことに対する国家補償（リドレス）の問題が存在したためである。日系アメリカ人研究の断絶を一九八八年に見る最大の理由は、一九八八年にロナルド・レーガン大統領が「日系アメリカ人補償法」に署名し、アメリカ政府が戦時期の〈日系アメリカ人〉に対する強制収容の政策について公式に謝罪したからである（アメリカ政府はその時点で生存していた強制収容所体験者に対して、それぞれ二万ドルの補償金を支払った）。

日系アメリカ人の強制収容に対する補償問題は、一九四八年に当時のトルーマン大統領が「賠償請求法」に署名した時点でいったんは解決したはずであった。しかしその法律にはさまざまな問題点があり、十分な補償額を受け取ることのできない日系人が多く存在することになった。この補償請求運動が再燃したのが、まさにアメリカの各大学でアジア系アメリカ人研究の講座設置を求める運動が活発化していた一九七〇年であった[12]。

日系アメリカ人研究者たちが、戦前の一世に対しても「日系アメリカ人」とあえて呼称する理由は、この「戦後補償の政治学」と密接に結びついている。日系人たちが戦後補償の要求を実現するためには、強制収容所で一世と二世がともに多大な経済的・精神的な苦痛を受けたことを証明することが必要であり[13]、さらに一世がこれまでアメリカ社会に対して大きな貢献をしてきたこと、そして戦時中に一世たちがアメリカに対して忠誠を誓っていたことを明らかにすることが必要であった。一世たちのアメリカに対する忠誠が〈歴史〉として証明されれば、戦後補償はよりスムーズに実現するはずであった。それゆえ一九六九年以降の日系アメリカ人研究者は、一九五二年のウォルター＝マッカラン法成立以前の一世をも「日系アメリカ人」と戦略的に呼ぶことによって、一世の存在を積極的に〈アメリカ史〉のなかに包摂しようと試みたのである[14]。

一九三〇年代研究の不在

ただし、政治的な目的のもとで使用されてきた「日系アメリカ人」という呼称は、戦前・戦中の日系社会を論じる際の障害になってきたことも確かである。一九六九年以降の日系アメリカ人研究と、日系人による補償請求運動のあいだに政治的な共犯関係があったとすれば、補償問題の早期解決を阻害するおそれのある研究は、政治的に抑圧されざるをえない。この点は、日系人研究における「一九三〇年代研究」がある時期まで抑圧されてきた事実を振り返ることでよく理解できる。一九三〇年代研究とは、満州事変以降に日本で沸き起こった強烈なナショナリズムが、アメリカの日系社会にも飛び火した一九三〇年代を対象とする研究を指す。

阪田安雄は一九九五年の時点で、一九三〇年代の日系人史が従来生まれてこなかった理由として、①一世の沈黙、②日本語史料の破棄、③補償請求問題、の三つをあげている[15]。①については、戦前に差別的な待遇を受けてきた一世は、戦中にヨーロッパ戦線で勇敢に戦った「二世部隊」の活躍などもあり、ようやく戦後になってアメリカ社会に受け入れられるようになった。先述したように、一九五二年以降は法律の制定によって〈アメリカ人〉になることさえ可能となったのである。それなのに、いまさら一九三〇年代から戦時中の一部の日本人移民による反アメリカ的な行動（日本に対するナショナリズム運動）をわざわざ掘り返す必要はないではないか、という一世の心情が、彼ら／彼女らの沈黙を生んだのである。そのため一九七〇年代以降、一世に対する聞き取り調査が大規模に実施されたにもかかわらず、一世にとって「抑圧すべき過去」として存在していた一九三〇年代の歴史がありのままの形で語られ、公表されることはなかったのである。

②の「日本語史料の破棄」については、一九四一年一二月の真珠湾攻撃以降、日本の戦争遂行に加担していると疑われた多くの日系人たちがＦＢＩに逮捕された。逮捕されることへの不安と恐怖から、一部の日系人は自宅にある日本語の史料や〈日本的な〉モノを破棄してしまう。また、西海岸の日系人が強制収容所へ隔離される際、収容所へ持ち出せるものは限定されていた。そのため家財は二束三文で売りに出され、それ以前の日系人の貴重な史料が失われてしまったのである。

一九三〇年代研究の不在について、阪田は特に③の補償請求問題をもっとも重要な要素としている。先述した通り、日系人たちが戦中の強制収容所体験に対するアメリカ政府からの補償問題を円滑に解決するためには、可能な限り当時の日系人たちがもっていた日本に対するナショナリズムが隠蔽され、かつ、アメリカに対する忠誠心が強調されなければならない[16]。阪田は一九八五年に開催された国際シンポジウムを回想し、ある興味深いエピソードを紹介している。そのシンポジウムでは、当初「語られない一九三〇年代」というテーマが設定されていたが、一世のナショナリズムをテーマにした内容は差し控えるべきだという意見が提起され、最終的に「一九三〇年代に成人となった二世（Coming of Age in the 1930's）」というテーマに変更せざるをえなかったという[17]。日系アメリカ人研究者の米山裕もこの問題に触れ、ユージ・イチオカが一九三〇年代の一世が抱いていたナショナリズムに関する論文を一九八〇年代初頭に完成させていたにもかかわらず、それを公表したのは補償問題が解決した後の一九九〇年であったこと、さらに、日系アメリカ人史を研究するブライアン・ハヤシが一九八八年に一世のナショナリズムについて口頭発表したにもかかわらず、それを政治的配慮から文章として公表しなかった事実を挙げており、一世の日本に対するナショナリズムを研究し公表すること自体が、補償問題の反対論者に政治的に利用される危険性につながったと指摘している[18]。

以上のように、一九八九年以前に戦前・戦中の一世のナショナリズムを公けに論ずることは、政治的配慮から忌避されていたのである。実際、補償問題が解決した一九八八年以降の日系人研究において、一九三〇年代の一世のナショナリズムに特化した研究がつぎつぎと生まれている（詳細は本書の第五章を参照のこと）。

一九八八年以前の日系アメリカ人研究における日本映画の不在

これまで一九八八年以前の日系アメリカ人研究の推移を、一九六九年以降のエスニック研究の政治学に関連づけて振り返ってきた。その特徴とは、日系人の歴史を〈アメリカ史〉という国民史のなかに包摂する力学と、強制収容に対する戦後の国家補償の実現という政治学であった。

そのような特徴をもっていた「日系アメリカ人研究」という学問領域が、本書で対象とする戦前の日本人移民と日本映画の関係を研究対象にしてこなかった理由は明白である。第一の理由は、〈アメリカ史〉に日本人移民を包摂する際のテーマ設定の問題であり、もうひとつは、エスニック研究における言語習得の必要性の問題である。

第一の理由については、先述したように、日本国籍をもっていた戦前の一世が〈アメリカ史〉のなかで語られる場合、戦後補償の観点から、いかに一世がアメリカに忠誠を尽くし、いかにアメリカ社会で抑圧されてきたのかという点に力点が置かれてきた（したがってヤナギサコが指摘するように労働者の歴史記述に偏ってきた）[19]。たとえばフランク・F・チューマン（中馬）による日系アメリカ人史の古典『バンブー・ピープル』（*The Bamboo People*、一九七六）の冒頭部分では、「本書は百年前から現在に至るまで、アメリカの日系人に加えられた法的迫害に対する闘いを記録しようと試みたものである」[20]と書き起こされている。

日系アメリカ人研究者が意識する／しないにかかわらず、戦後補償という政治学を背景に日系人の〈苦難の歴史〉を強調しようすれば、日系人の文化やレクリエーション（娯楽）に関する調査や研究は後回しにされるだろう。日系人の娯楽史の解明は、補償問題を円滑に解決するための緊急の課題ではない。一九八八年以前に日系人の娯楽が積極的に語られるのは、在米日本人が自分たちの過去を振り返るために編纂・出版してきた数多くの「移民史」のなかのみであり、アカデミックなエスニック研究のフィールドにおいて日系人の娯楽が分析対象になることはほとんどなかった[21]。このような背景からわかるように、本書のテーマである戦前・戦中の日本人移民と日本映画の関係についての研究は、一九九〇年に発表されたジュンコ・オギハラの唯一の論文をのぞき、これまで完全に等閑視されてきたのである[22]。

とはいえ、エスニック研究の草創期から、映画のなかに現われるアジア系アメリカ人の表象の特徴を分析した研究、言い換えればアジア系アメリカ人のステレオタイプに関する研究はすでに存在した。ただし、それはアジア系アメリカ人がいかに抑圧されてきたのかという問題意識に動機づけられた研究であるか、あるいは逆に、いかに日系アメリカ人がアメリカ社会で受け入れられ、高く評価されるようになったのかという前提に基づく研究に限定されており、日系移民による映画の消費や受容に焦点をあてたものではなかった。一九七一年、アジア系アメリカ人表象に関する二つの先駆的な研究がうまれた。ひとつは映像作家アーヴィン・パイクがアジア系アメリカ人に関する論文集に執筆した「そのオリエンタルな印象」[23]であり、パイクはそこで、ハリウッド映画におけるアジア系アメリカ人表象のステレオタイプを論じた。もうひとつは、日系アメリカ人研究の草分け的存在で、現在はハワイ大学マノア校の教授であるデニス・オガワが執筆した『ジャップからジャパニーズへ――日系アメリカ人に関するステレオタイプの発展』[24]である。こちらはアジア系のなかでも特に日本人や日系アメリカ人に焦点を絞り、そのステレオタイプを分析した。タイトルがしめすように、この本は戦前の誤った日本人のステレオタイプ（ジャップ）から、戦中の二世部隊の勇敢なイメージや戦後の勤勉なモデル・マイノリティ像に象徴されるような「良い日系アメリカ人」イメージへとステレオタイプが発展（evolution）してゆくさまを、ハリウッド映画のなかに発見してゆくものである。

エスニック研究の分野だけでなく映画学の分野においても同様に、一九七〇年代後半から一九八〇年代にかけて、映画に表象されたエスニック集団のステレオタイプ研究が生まれた。[25]ユーゲン・ウォンによる『映像メディアのレイシズムについて――アメリカ映画におけるアジア人』（一九七八年。もともとは一九七七年にデンバー大学国際学大学院に提出された博士論文）はそのひとつである。[26]また、一九七七年のアレン・ウルによる南米人表象の研究や、一九八〇年にランダル・ミラーが編集した『万華鏡のレンズ――いかにハリウッドはエスニック集団を見たのか』[27]も初期の主要な成果である。これはタイトルのとおり、アメリカの各エスニック集団がいかにハリウッド映画のなかで表象されてきたのか、というステレオタイプの分析研究であり、アフリカ系、ネイティヴ・アメリカン、ヒスパニック、イタリア系、アイルランド系、ユダヤ系、スラヴ系、ドイツ系、アジア系に分類されて論じられている。

このように、たしかにこれまで日系人と映画に関する研究は存在したが、それはステレオタイプ研究に特化したものであり、かつ分析対象はハリウッド映画に限定されたものばかりであった。アメリカ国内の政治的課題に立ち向かうことがエスニック研究に与えられた第一の使命であったとすれば、その学問領域の内部において、〈外国映画〉としての日本映画は研究テーマの範囲外にならざるをえなかったのである。

エスニック研究内部において日本人移民と日本映画の関係性がこれまで論じられてこなかったもうひとつの理由は、学問分野の制度的な側面からも解説できる。エスニック研究がアメリカにおけるマイノリティの権利回復運動を基礎としてきたことからも分かるように、この学問分野は本来的に、アメリカ人によるアメリカについての研究として展開してきた。エスニック研究が地域研究（エリア・スタディーズ）と根本的に異なるのは、アメリカの移民エスニック集団が出身国で使用していた言語を習得することが必須ではない点である。先述した各大学におけるエスニック研究のカリキュラムを確認しても、そこでは〈外国語〉の習得は必須ではない（もちろん研究者のなかには、研究対象であるエスニック集団が出身地域で使用していた言語を習得している人も多い）。エスニック研究における日系アメリカ人研究についていえば、日本語が理解できなくとも研究は遂行できるのであり、戦前の日本人移民（一世）を扱う場合であっても、当時発行されていた日系新聞の英語欄を調査すれば、ある程度の研究成果をあげることができる（文脈は異なるが、日本において在日コリアン研究をおこなう際に、かならずしも朝鮮語を習得する必要がないことと似ている）。戦前の日本人移民がいかに日本映画と接したのかという情報は、おもに日系新聞の日本語欄に掲載された。日系新聞に日本映画上映の広告が掲載される際も、ほとんどの場合、日本語ページにのみ掲載されていた（上映される日本映画フィルムに英語のサブタイトルは付されていなかった）。以上のような理由で、エスニック研究の歴史のなかで、本書が対象とする戦前の日本人移民と日本映画の関係が問題化され、議論されることはなかったのである。

2 日本学の場合

「文化の型」としての国民性

アメリカにおける日本学は、第二次大戦中の敵国国民性研究として誕生し、戦後は冷戦体制のなかで「地域研究」のひとつとして、政策立案機能をもつ学問領域として展開してきた(28)。

戦中に展開した国民性研究において重要な概念は、文化人類学者のルース・ベネディクトが提唱していた「文化の型」(patterns of culture)である。この概念は、ベネディクトの師であるフランツ・ボアズが、旧来の進化論的な人類学に反対して唱えた「文化相対主義」に基づくものである。ボアズによれば、「文化」は「進化」の度合いによって序列が存在するのではなく、文化が生まれる環境によって異なるものであり、それぞれの文化は統一体としての価値体系(=文化の型)を有している。このボアズの思想を広く普及させる役割を果たしたのが、一九三四年にベネディクトが執筆した『文化の型(29)』である。

ある文化を全体論的かつ歴史的な文脈のなかでとらえる戦中の国民性研究の手法は、戦後の地域研究に継承された。実際、ベネディクトの弟子であるマーガレット・ミードは、戦後直後に政府から大規模な資金援助を得て、コロンビア大学でヨーロッパおよび共産圏の国々の国民性を研究するプロジェクトを実施した(30)。このプロジェクトの背後には、アメリカの仮想敵国たる共産主義国家の国民性を解明し、アメリカ政府の政策に反映させようという政府の政治的意図が存在した。

このような実践的かつ政治的な学問領域として展開した地域研究の学問的基盤となるのは、研究対象となる国または地域で使用されている言語の習得である。地域研究の一分野としての日本学の場合も、日本語学習はカリキュラムの必須項目である。したがって、先述したように日本語能力を必ずしも求められていないエスニック研究の研究者とは異なり、日本学者であれば、本書で対象とする戦前の日本人移民と日本映画の関係を研究することは可能であった。

しかし、日本学においてもやはり、これまで①日本人移民の研究が実施されることもなければ、②日本映画の研究もほとんど実施されてこなかったのである。それぞれの理由を探ってみよう。

①日本人移民の研究がなされなかった理由は、国民性研究を基盤にした地域研究の特色に由来する。〈日本〉という社会の「文化の型」を追求する日本学者にとって、アメリカと日本という二つの文化のはざまで独自の価値観を形成していった在米日本人や日系アメリカ人は、〈日本〉の「文化の型」を体現する存在ではない。従来の日本学が〈日本文化〉という国民国家の枠組みを所与のものとして研究しているかぎり、アメリカへ渡った日本人移民は、〈日本文化〉という統一体を破綻させる〈不純物〉でしかない[31]。

②日本映画は、なぜ日本学において研究対象にならなかったのだろうか。アメリカの大学における人文学の歴史を批判的に考察した吉本光宏は、従来のアメリカにおける日本学は、純文学や歌舞伎などのいわゆる「ハイ・カルチャー」（高級文化）を研究することによって〈日本文化〉という統一体を正当化し、そのことを通じてみずからの学問領域を権威づけてきたと指摘する[32]。それらの「ハイ・カルチャー」は、日本の過去にさかのぼることを通じて〈発見〉できるような日本の〈伝統〉と結びつくことでさらに権威を増幅させ、結果として日本文化の特徴（国民性）が実体化される。したがって「ハイ・カルチャー」の専門家を自負する日本学者たちは、わずか一世紀ほどの間に西洋から輸入された映画に関心をもつことはない。仮に日本学者が日本映画に首を突っ込んだとしても、それは〈日本文化〉の伝統を保障する歴史的連続性が破綻しないかぎりにおいてである。

実際、日本映画の研究は日本学の学問領域ではなく、後述する映画学の分野で展開していった。映画学における日本映画研究には、地域研究の一部である日本学と共通する点がある。それは一九七〇年代前半までの日本映画論の多くが、日本学的な〈国民性〉の概念を分析の基盤にしている点である。たとえば日本映画研究者で映像作家でもあったドナルド・リチーの『日本映画——映画のスタイルと国民性』(一九七一)は、タイトルが示すとおり、日本映画に描かれるテーマや表現のスタイルを、日本人の〈国民性〉という観点から分析するものであった。[33]

ただし、映画学と日本学の制度上のもっとも大きな差異は、語学の必要性であろう。映画学の場合、日本語能力がなくとも日本映画研究はある程度まで可能である。日本学の一分野である日本文学研究の場合、日本語の原著を読解することが当然とみなされ、英語の翻訳本はあくまで二次文献にすぎない。しかし、映画学においては、直接的に「一次資料」としての映像と音に接して分析することができるため、たとえ外国語能力がなくとも、すべての映画を「一次資料」として対等に分析する権利が映画学者にあたえられるのである。

このような研究環境の違いのなかから、日本学者は次のように考えたとしても不思議はない。つまり、なぜすでに権威ある学問領域として認知されている日本学の研究者が、わざわざ日本語能力がなくても分析できる映画研究に手を染めなければならないのだろうか、と。換言すれば、歌舞伎、能、文学といった、すでに「ハイ・カルチャー」として認知されている日本文化を研究している日本学の研究者が、単なる大衆文化にすぎない(と見なしている)日本映画にあえて手を出す必要はなかったということである。

以上、アメリカにおけるエスニック研究と日本学において、戦前の日本人移民や日本映画が研究対象としてほとんど取り上げられなかった背景を明らかにしてきた。これら二つの学問領域は、それぞれアメリカ(エスニック研究)と日本(日本学)という閉じられた国民国家の枠組みをそれぞれの〈フィールド〉として規定してきたために、そのフィールドから地理的に外れる対象、または歴史的な連続性を保持する文化の統一体を破綻させる不純な要素を、研究対象から除外してきたのである。

3　映画学の場合

映画学における移民研究の推移――移民の同化物語

一九六〇年代後半から一九七〇年代前半にかけて、アメリカの大学では映画学の講座が爆発的に増加し、ひとつの独立した学問領域として制度的に確立した。一九六七年におよそ二〇〇の大学（college）で映画学の講座（courses）が開設されていたが、その約十年後には、講座数が一〇〇〇にまで増加している（五倍の増加）。さらにアメリカン・フィルム・インスティテュート（ＡＦＩ）のデータによると、一九七八年の段階でおよそ四二〇〇種の映画学講座が全米の大学に開設されており、さらに約一五〇の学部（schools）が映画学の学位を与えていた[34]。

映画史記述の方法論を考察したロバート・アレンとダグラス・ゴメリーが一九八五年に『映画史――理論と実践』のなかで指摘したように、学問領域としての映画学が確立するにともなって、洗練された歴史記述の方法論が必要とされた。一九七〇年代は映画理論が大きな力をもった時代であるが、同時に映画史の記述について批判的な再検討が行なわれた時期でもあった。この時期に問題化されたのは、映画史初期の移民観客層をどのように位置づけるかという点である。従来の映画史における代表的な移民観客の記述として、一九三九年に発表されたアメリカ映画史の古典的著作であるルイス・ジェイコブズの『アメリカ映画の隆盛』（*The Rise of the American Film*）を確認してみよう。ここに典型的に示されているように、二〇世紀初頭における南欧や東欧からきた「新移民」の労働者観客は、アメリカ映画という社会的な装置によって、英語を学び、アメリカ的な価値観を学習し、その結果としてアメリカ社会への同化が促進されたというものである（ジェイコブズの歴史にアジア系移民は含まれていない）。ジェイコブズは、次のように移民労働者と映画の関係を解説する。

> 映画は観客に社会的な出来事や感情的な経験を提供するだけでなく、情報とアイディアも提供した。移民の流入は一九〇二年から一九〇三年がピークであった。映画は新参者に対して特に次のことを教えた。アメリカの法律と秩序に対する尊敬、市民組織（civic organization）に対する理解、市民であること（citizenship）、アメリカ国家に対する誇りである。映画は移民に国内外の最新の出来事を伝えた。判断力のない映画観客は、映画のなかで目にしたものに大きな衝撃を受け、それらを本当に起こった出来事だと理解したために、映画は非常に強力な説得力をもっていた。何にも増して映画は、移民や貧民そして国民に対して、アメリカの社会的な地勢図（topography）を顕わにしてくれる。このように、映画はそのはじめから日用品であり、発展する技術であり、そして社会的な代理人であった。[35]（翻訳および傍点は引用者による）

ジェイコブズによるアメリカ映画史の記述を考察するときに、この書籍が出版された一九三九年という歴史的な文脈を考慮する必要がある。一九三八年に非米活動委員会（The House Committee on Un-American Activities）が設立されたことが象徴するように、この時期のアメリカでは〈何がアメリカ的で、何が非アメリカ的なのか〉という問いを顕在化させるナショナリズムが強化された。同時代のジェイコブズにとって「新移民」とは、アメリカに同化し、当然アメリカ人に〈なる〉べき人々である。ジェイコブズによる自国映画史の記述には、ナショナルなものとして統合できない異質な要素であった移民労働者が、映画の力によって同化するという物語（ナラティヴ）が前提とされている。

ジェイコブズの本はその後アメリカ映画史の「古典」の地位を獲得したが、一九七〇年代後半以降に活性化した初期映画研究は、ジェイコブズが流布させた移民労働者観客の同化物語を再検討に付した。一九〇五年から一九一〇年代にかけてアメリカ全土に設置された中規模の映画館・ニッケルオデオン（nickelodeon）の大都市における分布を調査したラッセル・メリットやロバート・アレンなどの「（映画史）修正主義者」は、ジェイコブズに代表される映画史の言説——映画の黎明期の観客はおもに移民労働者であった——を批判し、映画の黎明期からすでに中産階級の観客が重要な役割を担っていたことを主張した。[36]

ただしここで注意しなければならないのは、ジェイコブズおよび一九七〇年代の初期映画研究者が言及する「移民労働者観客」とは、東欧から来たユダヤ系移民や、南欧から来たイタリア系移民などのヨーロッパ系「新移民」の労働者観客を指している点である。彼らにとってアジア系やヒスパニック系の移民は、アメリカ映画史に包摂する必要のない「他者」として、考察の対象から除外されていた。さらに、メリットやアレンは「新移民」労働者の重要性を指摘しているものの、それは映画観客の階級（労働者階級か中産階級か）に特化した議論であり、「新移民」の下位カテゴリーとしてのユダヤ系移民やイタリア系移民といったエスニシティの議論はしなかった。映画学の分野において、エスニシティやエスニック・アイデンティティの観点から移民映画観客が論じられるのは、ようやく一九九〇年代後半になってからである。[37]

直線的「同化」の物語からエスニシティの多様性へ

一九九〇年代以降の映画学における移民研究の特徴は、従来の映画史の前提となっていた移民のアメリカ社会への「同化物語」を批判し、各移民グループのエスニック・アイデンティティや出身国に対するナショナル・アイデンティティを積極的に論じはじめた点にある。たとえば、オランダ・ユトレヒト大学映画学部のジュディス・ティッセンは、一九一〇年頃のニューヨークにおけるユダヤ系移民の映画受容を論じた。当時、アメリカ国内で増加した「新移民」に対する拒否反応から、アングロ系アメリカ人によるアメリカ化の運動が全米で沸き起こった。そのアメリカ化に対する反応として、ユダヤ系移民の映画興行者は、みずから経営する映画館で上映するアメリカ映画の幕間に（当時はまだ一〇分から一五分程度の短篇映画中心の時代であった）、ユダヤ系移民の言語であるイディッシュ語のヴォードヴィル劇を上演することによって、ユダヤ系移民たちの文化的なアイデンティティを保持しようとした[38]。また、一九一〇年代初頭における在米イタリア系移民の映画受容を分析したジョルジョ・バーティリーニは、イタリア系移民がイタリアで製作された「歴史映画」をアメリカで受容することを通じて、「イタリア人」としてのナショナル・アイデンティティを確立していったことを解明した（詳細は次章を参照[39]）。

これらの研究は、一九九〇年代に活発になった映画学における「白人性」（Whiteness）研究の展開と軌を一にしている。酒井直樹の言葉を使うならば、従来「無徴」であった〈ヨーロッパ系アメリカ人〉のカテゴリーの歴史性が再検討に付されることで、そのカテゴリー内部の軋轢や多様性に焦点が当てられはじめたといえる[40]。

バーティリーニとティッセンの研究・調査方法に共通しているのは、アメリカで発行されていたエスニック新聞を調査している点である。バーティリーニはニューヨークの日刊紙『イタリア系アメリカ人の前進』（*Il Progresso Italo-Americano* = *The Italian-American Progress*）や『イタリアン・ヘラルド』（*L'Araldo Italiano* = *The Italian Herald*）といった一次資料から、イタリア語の映画記事や映画広告を抽出して分析した。また、ティッセンは、『前進』（*Forward*）や『日刊ユダヤ新聞』（*Yidishes Tageblatt* = *Jewish Daily News*）といったイディッシュ語の日刊新聞を調査した。

一九九〇年代以降に起こった研究者のトランスナショナルな流動化は、アメリカの従来のエスニック研究や地域研究、そして映画学の学問領域に刺激を与え、旧来のナショナルな枠組みによって制度化されてきた学問領域の再編成を加速させている[41]。先述したとおり、従来のエスニック研究では、〈アメリカ〉の問題に特化した研究がなされてきたために、各移民集団の出身国で使用される言語の習得は研究者に必須のものではなかった。また同じく、映画学がアメリカ以外の国民映画を研究対象としていても、その対象国の外国語を習得することは必ずしも求められていなかった[42]。その意味において、バーティリーニやティッセンの研究は、アメリカにおけるエスニック研究に刺激をあたえただけでなく、これまで外国語能力をあまり必要としなかったアメリカにおける映画学と、映画という大衆文化を冷遇してきた地域研究に揺さぶりをかけるものであり、従来のナショナルな枠組みを前提としてきた各学問領域の限界を超える画期的な試みであった。そして本書も、二人の研究者の研究手法に連なるものとして位置づけることができるだろう。

これまで本章では、ナショナルな枠組みを前提として展開してきた戦後の三つの学問領域（エスニック研究、地域研究、映画学）の限界を指摘してきた。ナショナルな枠組みを前提にした場合に隠蔽されてしまうのは、トランスナショナルなヒトとモノの運動であり、国民統合の力学に馴致されることのないアイデンティティ構築の複雑さである。

本書の第二部以降で考察するのは、アメリカに渡った日本人移民と日本映画の関係性である。この関係性を的確に論じるためには、さまざまな要素をナショナルなものに統合してゆく力学そのものを問題化し、それを批判的に再検討する必要がある。より具体的には、日本とアメリカ双方の「人種形成」のあいだでみずからの立ち位置を調整していた在米日本人独自のアイデンティティの特徴を、日本映画受容という側面から浮き彫りにしてゆかなければならない。

第二章　「同化」物語からの解放

一九世紀末から二〇世紀初めにかけて、おびただしい数の移民がアメリカに押し寄せてきた。アメリカ政府による移民統計が開始された一八二〇年から約一五〇年の間に、およそ四二〇〇万人の移民がアメリカに流入したが、その約三分の一が、一八九〇年代から一九〇〇年代までのわずか二〇年間に入国している。一年間の入国者数が最大となった一九〇七年には、一二八万五〇〇〇人が入国しており、そのうちのおよそ八一％が東欧と南欧からきた、いわゆる「新移民」（具体的にはユダヤ人とイタリア人）であった。[1] また、二〇世紀初頭は一年間にアメリカへ入国する日本人移民の数がピークを迎える時期であると同時に、アメリカ国内において南部諸州のアフリカ系アメリカ人が、北部の大都市へ「大移住」をおこなった時期でもあった。

しかし、大量の移民を受け入れ続けたアメリカ政府であったが、フォード式の大量生産体制が確立し、非熟練労働者が以前ほど必要とされなくなってきた一九二一年になると、移民の入国数を制限する「緊急割当法」を成立させ、さらに一九二四年に移民法を改正することによって、東欧や南欧からの移民の入国者数を極端に制限した（「帰化不能外国人」と認定されていた日本人の移民労働者も同時に入国できなくなった）。

移民の大規模な流入が起こっていた二〇世紀初頭は、映画という新興メディアが演劇やヴォードヴィルなどの先行する娯楽を駆逐し、二〇世紀最大の娯楽として君臨しはじめる時期でもあった。一九〇五年以降、中規模の映画館・ニッケルオデオン（当初五セント（ニッケル）で入場できることからそう呼ばれた）がブームになり、全米の各都市に乱立した。大多数のアメリカ人と同様、移民たちも映画に魅了されてニッケルオデオンへ熱心に足を運んでいたことは、多くの先行研究が示している（なお、ニッケルオデオンのブームは一九一〇年代中盤まで持続するが、その後、贅沢な装飾をほどこした大規模なムーヴィ・パレスに変容してゆく）。そして第一章でしめしたように、従来の教科書的な映画史において次のような「物語」が普及することになった。つまり、大量の移民労働者はニッケルオデオンでアメリカ映画を受容し、そこでアメリカの価値観やモラルを学習し、アメリカ社会への同化が促進したのだという「物語」である。

ただし、このような「物語」が正当化されるためには、少なくとも二つの前提が存在しなければならない。つまり、①ニッケルオデオンで上映される映画はアメリカ映画であった、という前提。そして、②ニッケルオデオンでは映画だけが興行されていたという前提である。しかし、前提①に関して、近年の「初期映画研究」（論者によって若干の幅があるが、おもに一八九五年の映画の誕生から、一九一〇年代中頃までの時期を対象とした映画研究を指す）が明らかにしたのは、おおよそ一九〇四年から一九〇八年の間にアメリカの映画館で上映されていた映画は、おもにフランス・パテ社の作品であり、アメリカ映画が上映される割合を圧倒的に凌いでいたという事実である[2]。一九〇八年頃にアメリカ人映画興行者は、当時の移民排斥運動に同調しながら、ニッケルオデオンからフランス・パテ社の映画を排除して、映画館の空間を「アメリカ化」しようと試みたのである[3]。では、前提②についてはどうだろうか。無声映画期の映画興行のプログラムは、映画作品を上映するだけでなく、短篇映画の上映の合間に、ヴォードヴィルや芸人によるパフォーマンス、そして絵と歌詞が書かれたスライドがスクリーンに投影され、その歌詞にあわせて観客が舞台上の歌手たちと一緒に歌うイラストレイティッド・ソングズ（illustrated songs）など、多様なライヴ・パフォーマンスが混ぜ合わされたものであった[4]。

無声映画期の「観客性」（spectatorship）を考察した映画学者のミリアム・ハンセンは、ユルゲン・ハーバーマスの「公共圏」の概念を援用しながら、「無声映画とは、重なり合いつつも不均衡に葛藤するような公共性が立ち現われる場（site）だった」と定義して、次のようにいう。

〔無声映画期の〕映画興行をライヴ・パフォーマンスとして捉えること〔中略〕によって、即興性や解釈、予測不可能性といったものの占める余地《マージン》が生み出された。そして〔映画〕興行は、語の強い意味での公共的な出来事となり、そして複数の経験する主体〔つまり観客〕が、産業的な過程を経た経験を再流用できる集団的な地平となった。こうしたことが意味するのは以下のことである。映画館の地域性や地位の差異によって、映画をよく見に行く人々の民族的・人種的な背景の差異によって、ジェンダーや世代の混交によって、さらには〔映画〕興行主や〔ライヴ・パフォーマンスを〕演じる職人の野心や技術の如何によって、〔それぞれの観客は〕映画作品に対してさまざまな見方をするようになり、そこから生まれる意味にもかなりの幅がでてくると言うことである。(5)

つまり、無声映画期の映画館は、映画作品が観客に対してある固定した意味や解釈を強制するような場ではなく、映画の上映とライヴ・パフォーマンスとの相互作用によって、観客に多様な解釈の可能性がゆだねられる場だったといえる。本書にそくしてより具体的にいえば、東欧のユダヤ系移民がつどう映画館では、アメリカ映画の上映とともにイディッシュ語のヴォードヴィルが上演され、アフリカ系アメリカ人（以下便宜的に「黒人」と表記する場合がある）のための映画館では、映画上映とともに黒人の音楽であるジャズやブルースが演奏された。このように、それぞれの〈移民〉による映画受容には、それぞれのエスニック文化が色濃く刻印される余地があったのである。(6)

本章では、映画学における先行研究を参照しつつ、映画館における「アメリカ化」の圧力に対して、ユダヤ系、イタリア系、アフリカ系の各〈移民／移住民〉がおこなったエスニックかつナショナルなアイデンティティ構築の特徴をまとめてみたい。結論を先取りすれば、二〇世紀初頭の移民観客にとって、ニッケルオデオンは、単にアメリカ社会への同化プロセスを促進させる場ではなく、同時に、アメリカ化に抵抗し、移民たちのエスニックかつナショナルなアイデンティティを構築し、強化するような、複雑な政治的・経済的・文化的闘争の場であった。ユダヤ系移民は、映画館におけるアメリカ化に抵抗しながらユダヤ人の「伝統」をあらたに創造した（1節）。また、イタリア系移民は、祖国イタリアで製作された映画を移民地アメリカで見ることによって、はじめて〈イタリア国民〉としてのアイデンティティを構築した（2節）。さらに、シカゴの黒人専用の映画館では、白人が生み出したハリウッド映画を〈異化〉するような、黒人によるライヴ・パフォーマンスが実践されていた（3節）。

本章の最終的な目的は、先行研究によってしめされた各移民エスニック・グループの映画受容を比較することによって、映画を媒介にして形成されるエスニックかつナショナルなアイデンティティの共通点を明らかにし、本書のテーマである日系人の映画受容を分析するさいの参照軸とすることにある。

1　アメリカ映画の支配に対するユダヤ系移民の抵抗

一九世紀後半、東欧に住んでいたおおくのユダヤ人がポグロムの影響によって故郷をあとにした。一九二〇年、アメリカにおけるユダヤ系移民の人口は、四〇〇万人にまで達していた。そのうち、およそ八〇％が、一九〇〇年前後に東欧からアメリカへ渡ったユダヤ人であった。[7] 東欧のユダヤ人移民はニューヨークのローワー・イーストサイドをはじめ、各地にエスニック・コミュニティを形成し、ミュージック・ホールなどで上演されていたイディッシュ語のヴォードヴィルや演劇を上演するなど、東欧ユダヤ人たちの言語であるイディッシュ語の文化をアメリカの地で醸成させていった。しかし一九〇七年、ローワー・イーストサイドでニッケルオデオンが乱立しはじめると、イディッシュ語のヴォードヴィルは映画の人気に圧倒されてしまい、一九〇七年末までに、ほとんどすべてのミュージック・ホールがニッケルオデオンに変わってしまう[8]。

これに関して、二〇世紀初頭のユダヤ系移民と娯楽の関係を検証したジュディス・ティッセンが指摘しているのは、次の二点である。

① ユダヤ系移民たちが刊行したエスニック新聞である『前進』(*Forward*)紙の編集長エイブラハム・カーハン(Abraham Cahan)のニッケルオデオンに対する態度が、寛容から批判へと変化した点

② 映画の人気に押されていったんは駆逐されたイディッシュ語ヴォードヴィルの上演が、一九〇九年頃になると、ニッケルオデオンで映画上映のあいまに上演されるアトラクションのひとつとして復活した点[9]

この二つの事態は何を意味しているのであろうか。①については、『前進』の創刊者であり小説家でもあったカーハンが執筆する社説は、ユダヤ人コミュニティにおけるオピニオン・リーダー的な役割を果たしていたが、ローワー・イーストサイドで映画が流行しはじめた一九〇七年に、カーハンはニッケルオデオンに対して批判的な態度をとっていなかった。しかし、一九〇九年になると徐々に態度が変化し、カーハンはニッケルオデオン内部の環境の悪さや、上映される映画内容の不道徳さを批判しはじめる。

前節で解説したように、おおよそ一九〇四年から一九〇八年のあいだにアメリカで上映されるほとんどの映画はフランスのパテ社の作品であった。そのようなパテ社の支配に対してアメリカの映画製作者と興行者は映画館の「アメリカ化」を加速させるが、その運動が激しくなるのが、まさに一九〇九年頃であった。したがって、カーハンがニッケルオデオンを下品で堕落した娯楽だと批判しはじめた時期は、ニッケルオデオンにおいてフランス映画が駆逐され、アメリカ映画が覇権をにぎりはじめた時期とかさなる。つまり、カーハンによる一九〇九年

のニッケルオデオン批判は、映画館の「アメリカ化」に対するユダヤ系移民の抵抗をしめす言説として読解できる。

したがって、一九〇九年頃にイディッシュ語のヴォードヴィルが復活したという②の要因もあきらかである。ニッケルオデオンで「アメリカ化」が進行しつつあるまさにそのときに、「アメリカ化」への抵抗として、ユダヤ人によるユダヤ人のためのイディッシュ語ヴォードヴィルが、ニッケルオデオンのなかで再び上演されはじめたのである。

ティッセンが注目しているのは、このような「アメリカ化」とユダヤ性（Jewishness）との文化闘争のプロセスのなかで、ある文化的な価値の再編成がおこった点である。一九〇二年ごろのユダヤ系コミュニティにおいて、イディッシュ語ヴォードヴィルは、アメリカの不道徳な文化の悪影響を受けたものとして批判の対象となっていた。しかし一九〇九年頃になると、イディッシュ語ヴォードヴィルは、ユダヤ人のエスニックな遺産を継承する〈伝統〉として、いわば〈格上げ〉された。そのいっぽうで、これまでイディッシュ語ヴォードヴィルが占めていた位置へと〈格下げ〉されたのが、その頃のニッケルオデオンで支配的になりつつあったアメリカ映画だった。こうして、一九〇九年ごろから、ユダヤ系のエスニック新聞紙上では、アメリカ映画が不道徳で下品なアメリカ文化を象徴するものとして、しばしば批判されるようになる。[10]

このようなユダヤ文化におけるヒエラルキーの再編成が発生したもうひとつの要因は、当時のニッケルオデオンにつどっていた観客層にある。一八七〇年から一九二〇年においてマサチューセッツ州ウースターの移民労働者が体験した娯楽を分析したロイ・ローゼンツヴァイグによれば、ニッケルオデオンの観客層の大部分は、移民の子供たちや子供を連れた女性たちであった。[11] その状況はローワー・イーストサイドのユダヤ人コミュニティでも同様で、一九〇八年の『前進』紙には「何百人もの人々が列を作って並んでいる。〔中略〕映画は三〇分ほど続く。もし忙しくなければ何度も見ることができる。映画館は午後一時に開館し、女性と子供が中心の観客は、うわさ話をし、果物やナッツを食べて楽しむ[12]」と描写されており、当時のユダヤ系の映画館の主要な観客が女性と子供だったことが分かる。カーハンにとって、アメリカにおけるユダヤ人コミュニティの将来を担う子供たちが、ニッケルオデオンで当時増加しはじめたアメリカ映画に耽溺することは、ユダヤ人の伝統や文化の継承が阻害され、ユダヤ人コミュニティの連帯を弱める危険な事態に映ったのである。

このような状況下において、ユダヤ人コミュニティの映画興行者は、ニッケルオデオンでアメリカ映画が上映される合間のアトラクションとして、〈われわれ〉の言語を用いたイディッシュ語ヴォードヴィルの上演を介入させ、映画館の「アメリカ化」に対する抵抗をおこなった。

しかし一九一三年頃になると、イディッシュ語ヴォードヴィルの上演がニッケルオデオンから消えてしまう。その理由は、この時期にアメリカ製の劇映画が、フィルム一巻分（一〇分―一五分程度）の短篇作品から、複数巻のフィルムによる長篇作品に変化したため、短篇映画の合間に上演することが可能であったイディッシュ語ヴォードヴィルが上演できなくなってしまったからである[13]。

アメリカ映画の長篇化が進行することによって映画館からイディッシュ語ヴォードヴィルが消えてしまったが、それでも〈ユダヤ性〉を映画館のなかに介入させるための文化闘争は形を変えて継続した。ユダヤ系移民の二世で映画興行者として活躍したチャールズ・スタイナー[14]は、みずからが経営する映画館において、ユダヤ人観客の興味をひくアメリカ映画を選別して上映した。一九一四年四月から六月までの二カ月間に、スタイナーは『ベッスリアの女王』（*Judith of Bethulia*, Biograph）、『英雄サムソン』（*Samson*, Universal）、『エジプトにおけるヨセフの裁判』（*Joseph's Trials in Egypt*, Eclectic Film Co/ Pathé, すべて一九一四年）など、少なくとも九本のユダヤ人の好みに合う映画作品を選択して上映した[15]。

ここまでおもにティッセンの論文に依拠しながら、ユダヤ系移民の「アメリカ化」に対する文化的抵抗の様態を見てきた。当時のニッケルオデオンは、映画館における「アメリカ化」とユダヤ人コミュニティの「伝統」とがつばせりあいをおこなう闘争の場であった。そのような闘争のなかで、ユダヤ人社会において下位文化的な位置を占めていたイディッシュ語ヴォードヴィルが、ユダヤ人の〈伝統〉としてあらたに再定義されたのである。映画館におけるこのような文化闘争は、トーキー時代を迎えた一九三〇年代にも、イディッシュ映画の隆盛とともに再燃することになる（詳細は第七章を参照）。

2　イタリア系移民の「歴史映画」受容とナショナル・アイデンティティ

ユダヤ系移民と同様に、イタリア系移民の流入も一九世紀末から二〇世紀初頭にかけて爆発的に増加した。一九〇一年から一九二〇年までのわずか二〇年間に三〇〇万人以上がイタリアからアメリカに渡っている。[16] イタリア系移民の特色は、そのほとんどがイタリア南部の貧農の出身であり、しかもアメリカへ入国した移民の多くはいわゆる「出稼ぎ」労働者で、アメリカで数年間働いたのちに故郷へ帰るものも多かった。移民たちの多くはニューヨークに居住し、イタリア人コミュニティを形成していった。

『ゴッドファーザー パートⅡ』（*The Godfather Part 2*, フランシス・フォード・コッポラ監督、一九七四年）には、二〇世紀初頭のニューヨークにおけるイタリア系コミュニティの様子が描写されている。[17] コッポラはこの映画を製作するさい、イタリア系コミュニティの生活を可能なかぎり忠実に再現しようとした。映画のなかで、主人公のヴィト・コルレオーネとその友人が、イタリア系移民の生活を題材にしたイタリア語の演劇『母もなく』（*Senza Mamma*）を観劇するシーンが挿入されている。[18] このシーンから容易に想像できるように、アメリカのイタリア系移民もユダヤ系と同様、母国語のイタリア語によるさまざまな文化・芸術を成熟させた。

ニューヨークにおけるイタリア系移民の映画受容と彼ら／彼女らのアイデンティティの関係を論じたジョルジョ・バーティリーニは、イタリア南部出身の移民の多くは、アメリカに来てはじめてみずからを〈イタリア国民〉として認識したという。それ以前にイタリア系移民たちがアイデンティファイしていたのは、イタリア南部の故郷（たとえばナポリ、シシリア、サルデーニャなど）に対してであった。

このことは、イタリアにおける近代的な国民国家の成立事情に起因した特徴だといえる。イタリア南部の人々は、数々の侵略された歴史によって次々と支配者が変化したため、一八六〇年に南部がイタリア国家の一部に編入されたあとでさえも、自分たちを〈イタリア国民〉として意識することは少なかった。したがって、第一次世界大戦以前のイタリア系移民を、〈イタリア国民〉というナショナル・アイデンティティの観点だけでとらえることは、移民たちのアイデンティティの複雑さを取り逃がしてしまうことになるとバーティリーニは主張する[19]。つまり、イタリア系移民は、アメリカに来た当初はみずからをナポリ人、シシリー人、サルデーニャ人として意識していたのであり、彼ら／彼女らがアメリカ社会で生活するプロセスのなかではじめて、みずからをアメリカ社会のなかのひとつのエスニック・グループ——イタリア系移民——の一員として意識するようになった。そしてバーティリーニは、〈国民〉としてのアイデンティティ形成に大きな役割を果たしたのが、当時イタリアで製作され、世界各国へ輸出された一連の「歴史映画」——イタリアの過去の英雄や歴史的な大事件、そしてイタリアの古典演劇や文学を題材にしたスペクタクル映画——であったと指摘する。イタリアの映画製作者は、「歴史映画」を製作するときにイタリアの歴史的な建築物をそのまま撮影に活用できる利点をもっており、壮大なスケールの歴史絵巻をスクリーン上に描くことができた。『ネロ、燃えるローマ』（*Nero; or, The Burning of Rome*, 一九〇九年）、『ポンペイ最後の日』（*The Last Days of Pompeii*, 一九〇八年、一九一三年）、『スパルタカス』（*Spartacus*, 一九〇九年、一九一三年）、『アントニーとクレオパトラ』（*Antony and Cleopatra*, 一九一三年）、『クオ・ヴァディス』（*Quo Vadis?*, 一九一三年）、『カビリア』（*Cabiria*, 一九一四年）などが、当時のイタリア歴史映画の代表作である[20]。

イタリアで製作された初の長篇劇映画『ローマの占領』（*The Taking of Rome*, 一九〇五年）がイタリア国家の歴史を高らかに謳い上げるナショナリスティックなものであったように、イタリアの映画史はその始まりからナショナリズムと密接に関わっている。なかでも「歴史映画」の製作をイデオロギー的に後押ししたのは、第一次世界大戦直前のイタリアをとりまく政治的な状況であった。イタリアは一九一〇年に建国五〇周年をむかえ、一九一一年にはイタリアがリビアに侵攻して帝国主義的な野心を発揮するなど、イタリア国民のナショナリズムを刺激する出来事がつぎつぎに起こった。イタリア国民にとって自国の歴史映画は、イタリア国家の〈想像上の〉起源を再確認するものとして機能したともいえる。ベネディクト・アンダーソンが「「むかしからある《アンティーク》」と考えることは、歴史のある時点における「新しさ《ノヴェルティ》」の必然的結果だったのではないか[21]」というように、近代国家の成立とともに、イタリア人は古代ローマをイタリア国家の「起源」として再創造し、その運動は「歴史映画」にも流用されたのである。

　では、イタリア南部出身の在米イタリア系移民は、母国の「歴史映画」をどのように受容したのだろうか。一九〇八年から一九一五年の間に、およそ一六〇〇本ものイタリア映画がアメリカに輸入されているが、そのなかには数多くの「歴史映画」が含まれていた[22]。それらの「歴史映画」は通常、ニューヨークの〈高級な〉映画館で封切られたあと、イタリア系コミュニティの近辺にあった二番館で公開された。すでにアメリカ人の精神的なルーツのひとつとして神話的なイメージを賦与されていた古代ローマであるが、アメリカの映画批評家やアメリカ人観客は、ローマを舞台にした「歴史映画」を一種の〈高級な映画〉として受容し、しばしばそれらの作品を賛美の対象としていた。「歴史映画」に対するアメリカ人の高い評価は、すぐさまイタリア系のエスニック新聞紙上に、〈イタリア国民〉としてのプライドをくすぐるような記事となって掲載された（バーティリーニが参照しているのは、『イタリア系アメリカ人の前進』〔*Il progresso italo-americano*〕紙や『イタリアン・ヘラルド』〔*L'Araldo Italiano*〕紙である[23]）。興味深いことに、イタリア系エスニック新聞に「歴史映画」の記事がひんぱんに掲載されはじめるのは、一九一〇年頃のことである。「歴史映画」がニューヨークで上映されると、エスニック新聞には映画の広告や批評記事が掲載され、「イタリア人なら見逃すなかれ」といった文句がそえられ、移民たちのナショナルなアイデンティティが刺激された(24)。

以上のように、イタリア南部出身の移民たちは、アメリカに輸入された「歴史映画」を媒介として、〈イタリア人〉としてのナショナル・アイデンティティを構築していった。そのさい、イタリア系エスニック新聞がはたした役割はおおきく、新聞紙上でしばしば使用された「イタリア人」という言葉は、イタリア南部出身の移民が保持していたアイデンティティを〈一地方人〉から〈イタリア国民〉へと変容させる力をもっていた。ただし、これによって南部イタリア移民が故郷の地域に対するアイデンティティを失ったわけではなく、ローカルであり同時にナショナルであるような、重層的なアイデンティティが移民のなかに形成されたといえよう。そして、〈イタリア国民〉としての意識を強化された移民は、同時に、アメリカ社会のなかにおける〈イタリア系移民〉としてのエスニックなアイデンティティをも構築していったのである。

3 アフリカ系アメリカ人の「大移住」とオルタナティヴな映画受容

二〇世紀初頭は東欧や南欧からの移民だけでなく、アメリカ国内においてもおびただしい数の〈移住民〉が生まれた。アメリカ南部のアフリカ系アメリカ人たちが、安価な労働力として、または貧困と差別からの自由を求めて、シカゴやニューヨークといった北部の大都市へ移住した。一九一〇年から一九二〇年の間に、デトロイトのアフリカ系人口は五〇〇〇人から四万八〇〇〇人へと増加し、ニューヨークでは九万一七〇〇人から一五万二四〇〇人へと急増した。一九三〇年までに、約二〇〇万人のアフリカ系が北部の大都市へ移住したのである(25)。

シカゴの場合、一九〇〇年にはおよそ三万人しかいなかったアフリカ系人口は、一九三〇年になると約二三万人にまで増加した。アフリカ系のほとんどはサウス・サイド地区（通称「ブラック・メトロポリス」）に居住していたが、シカゴでも激しい人種差別が存在していたため、アフリカ系人口が急増したにもかかわらずアフリカ系の居住地域はほとんど拡大しなかった。(26) 南部諸州では、一八九六年の「プレッシー対ファーガソン訴訟」の判決によって、「ジム・クロウ法」という名の人種隔離政策――「分離すれども平等」の原則――が徹底されていたが、このような隔離政策は北部の白人が経営する映画館においても同様に〈実践〉されていた。アフリカ系観客と白人観客の入口が分離されていたり、アフリカ系観客が二階のバルコニー席に強制的に移動させられたり、また二階に隔離されない場合でも、一階客席の通路にカーテンが設けられて白人がアフリカ系と顔を合わせないような〈工夫〉がなされた。(27)

このような人種差別の存在を考えた場合、ブラック・メトロポリス内に存在したわずかな数のアフリカ系アメリカ人が経営する映画館は、アフリカ系の観客にとって安心して快適に映画を楽しめる安息の場であった。一九〇九年の資料によると、全米に一一二館のアフリカ系用映画館（観客層がアフリカ系という意味）が存在したが、そのうちアフリカ系が実際に経営している映画館は約半数の五三館しか存在しなかった。(28) ブラック・メトロポリスにおけるアフリカ系のための映画館の歴史と、それらの映画館がアフリカ系のコミュニティに果たした役割を分析したメアリー・カーバインによると、シカゴにはじめてアフリカ系が経営するニッケルオデオンが開館したのは一九〇五年のことである。アフリカ系のエスニック新聞『シカゴ・ディフェンダー』には、アフリカ系が経営する映画館の広告のキャッチコピーとして、「有色人種の家」（Home of Colored Race）、「有色人のために作られた〔映画館〕」「サウス・サイド地区のホーム・シアター」という言葉が使用されており、アフリカ系によるアフリカ系のための映画館が、〈われわれの〉娯楽施設として重視されていたことがわかる。(29)

ただし、アフリカ系が経営する映画館がアフリカ系コミュニティに果たした役割は、たんなる安らぎだけではなく、白人社会から受ける差別と隔離政策のなかで、自律的なアフリカ系コミュニティを創造するための経済的な役割も担っていた。『シカゴ・ディフェンダー』紙や『シカゴ・デイリー・ニューズ』紙には、アフリカ系観客はアフリカ系が経営する映画館を応援すべきだという記事がしばしば掲載されている。[30]つまり、アフリカ系観客が（白人経営の映画館ではなく）アフリカ系経営の映画館を選択することをつうじて、アフリカ系コミュニティの経済的な繁栄に貢献することが期待されていたのである。

さらにアフリカ系が経営する映画館は、南部から移住してきたアフリカ系の文化的なルーツを再確認し、強化する場としても機能した。ユダヤ系移民が集まるニッケルオデオンにおいてイディッシュ語のヴォードヴィルが上演されていたように、アフリカ系が集まる映画館においては、映画上映の合間にアフリカ系の俳優が出演するヴォードヴィルの上演や、ジャズやブルースの演奏など、エスニックなライヴ・パフォーマンスが実践されていた。[31]映画館内にながれる南部起源のジャズやブルースは、〈移住民〉であるアフリカ系観客のエスニックなアイデンティティを再確認するアトラクションとして機能した。

とりわけ重要なのは、白人社会からの差別を受ける日常のなかで、アフリカ系が経営する映画館が、ハリウッド映画に対するオルタナティヴな映画受容の場として機能していた点である。一九二六年の『シカゴ・ディフェンダー』紙に次のような記事が掲載された。ある白人が経営するアフリカ系用の映画館において、アフリカ系の楽士たちが伴奏音楽を奏でていた。上映されたハリウッド映画のなかに登場人物が死ぬ悲しいシーンがあった。その時、アフリカ系の楽士たちは、悲壮な場面にはそぐわない、陽気なジャズ音楽を奏でたというのである。[32]

この新聞記事を書いた『シカゴ・ディフェンダー』紙の（おそらくアフリカ系の）記者は、アフリカ系楽士がハリウッド映画のシーンを誤って解釈してしまい、場面にそぐわない音楽を演奏してしまったと批判した。しかしカーバインは、この記事から逆に次のような結論を導き出す。〈ユダヤ系を含む〈白人〉が支配する〉ハリウッド映画の悲しいシーンに対して軽妙なジャズを流すことは、アフリカ系の楽士たちが映画の内容を誤解したからではない。ジャズ演奏は、ハリウッド映画が強制する支配的で「優先される読み」（preferred reading）を疑問にふし、アフリカ系の観客に映画の風刺的な解釈をうながすようなオルタナティヴな受容の可能性を生み出したのである、と。

以上のように、南部からの〈移住民〉にとって、アフリカ系観客専用の映画館は、〈安心〉の場であり、かつ、アフリカ系コミュニティの自律的な発展に貢献する経済的な意味を担った場でもあった。そして映画館におけるジャズなどのライヴ・パフォーマンスは、白人からの差別が蔓延する環境のなかで、南部移民としてのエスニックなアイデンティティを強化するとともに、ハリウッド映画に対する支配的な解釈を〈異化〉するものとして機能したのである。(33)

以上、ユダヤ系、イタリア系、アフリカ系の各〈移民〉グループによる無声映画期の映画受容について、先行研究を参照しつつ考察してきた。それぞれの映画受容の特色を振り返り、日系移民の日本映画受容を考察する際の叩き台としたい。

三つのエスニック・グループのうち、もっとも日系移民と類似点が多いのは、アフリカ系であろう。白人が経営する映画館における差別的な待遇や観客席の分離は、程度の差こそあれ、日系とアフリカ系に共通している点である。また、観客たちが安心して映画を享受できるアフリカ系／日系観客専用の映画館が必要とされた点や、エスニック・コミュニティを繁栄させるためのツールとして映画館経営が注目されていたことも日系移民のケースと類似している（これらについては次章以降で詳細に論じる）。

無声映画期の映画館は、映画上映とライヴ・パフォーマンスをミックスした興行形態をとっていたため、映画上映の合間にそれぞれのエスニック文化を反映できる余地が残されていた。先述したように、ユダヤ系やアフリカ系の観客がつどう映画館では、それぞれのエスニック文化を反映した濃厚なアトラクションが積極的に上演された。このことは、日系移民地における弁士の存在を考えるさいに多くの示唆を与えてくれるだろう。

また、移民がみずからの出身国で製作された映画作品を見ることを通じて、出身国に対するナショナル・アイデンティティが強化されたイタリア系移民の例は、アメリカの日系移民たちが日本映画を見た時のアイデンティティ形成の特徴を考察するさいの参照軸となる。

ミリアム・ハンセンが指摘するように、無声映画期の映画館はまさに政治的・経済的・文化的な諸要素がぶつかり合う抗争の場であった。本章で確認してきたのは、各エスニック・グループが、映画館における「アメリカ化」の圧力に抗して、エスニックな〈伝統〉や出身国へのナショナルなアイデンティティを構築してきたありさまである。これらの特徴を踏まえれば、私たちは、ルイス・ジェイコブズのアメリカ映画史に代表される初期移民観客の「物語」――アメリカ映画は移民の「アメリカ化」を促進させたという物語――を、〈国民映画史〉が執筆されるときに〈国民統合〉の力が強力に作動し、移民やマイノリティの多様な映画体験を排除することで成立した歴史的な言説として、批判的な視点で振り返ることができるだろう。

第二部

日本人移民による日本映画受容

第三章　一九一〇年代のアメリカにおける日本映画上映

本章の目的は、一九一一年に京都の映画製作会社・横田商会（翌年にほかの三社と合併して日活となる）が、自社のフィルムをたずさえてアメリカの複数の都市で映画興行をおこなったさいの、日本人移民の歴史的な観客性（historical spectatorship）を分析することにある。サンフランシスコ（以下「桑港《そうこう》」とするす場合がある）で発刊されていた『新世界』や『日米』の日系新聞の紙面には、横田商会が実施した映画興行の記事が複数掲載されている。それらの言説において問題化されたのは何だったのだろうか。また、一九一一年のアメリカの日本人移民にとって、映画館という場は、どのような意味と機能をもっていたのだろうか。

本書に直接関連する唯一の先行研究は、ジュンコ・オギハラによる「無声映画期のロサンゼルスにおける日系アメリカ人のための映画興行」[1]のみである。オギハラ論文はその後の研究書でしばしば引用される重要な論文であるが[2]、計七頁の論文であるため、アメリカの日系移民による日本映画受容史のごく一部しか考察していない[3]。

オギハラは、一九一〇年代と一九二〇年代のリトル・トーキョーに存在した日本人移民が経営する映画館（「萬国座」と「富士館」）の興行実践を当時の日系新聞調査から明らかにした。オギハラは、それらの映画館が日系社会と日本人移民に果たした文化的機能を次のようにまとめている。

日系人は日本映画を見ることでアメリカの日常生活から逃避（escape）し、故郷に数時間のあいだ戻ること

ができた。日本映画はまたたく間に観客を故郷へ運ぶ媒介（vehicles）となった。[4]（翻訳は引用者による）

ここでオギハラが強調しているのは、日系移民たちにとって日本映画が現実逃避的な機能をもっていた点である。たしかに日本人移民を排斥する運動（排日運動）によってアメリカ社会から虐げられていた日本人移民にとって、日本映画の上映館とは、暗闇のなかで数時間、現実の辛苦を忘却することができる逃避の場として機能したはずであり、同時に、あたかも故国の日本にいるかのような感覚を与えてくれる慰安の場であっただろう。しかしオギハラの論文に、映画館が日系移民たちにとって安心できる場所だったことのより具体的な背景やコンテクストが記述されているわけではない。[5]はたして映画館は単なる逃避の場という消極的な役割しか果たしていなかったのだろうか。本章では、オギハラの研究の先駆性に敬意をはらいつつも、そこで論じられなかった日系社会をとりまく一九一〇年代の情況を当時の日系新聞から読み解くことによって、日本映画が日系移民たちにはたしたさまざまな役割について分析したい。まずは、一九一〇年代頃のカリフォルニア州において、日本人移民が映画（館）とどのように関わっていたのかという点を素描したあと、一九一一年に実施された横田商会による日本映画の興行時に、いったい何が問題化されたのかを明らかにする。

1　混ざり合う複数の観客層

サンフランシスコとロサンゼルスで発行された日系新聞を調査したかぎり、アメリカ西海岸の日系コミュニティにおいて、日本から輸入された日本映画が不定期ながらも興行されはじめるのは、一九一一年ごろである。ただし日本人移民がビジネスとして映画館の経営に従事することは、一九〇〇年代後半からすでにはじまっていた。次頁の表1からわかるように、一九〇八年の時点において、日本人移民がカリフォルニア州だけで五つの映画館

（ニッケルオデオン）を経営している。なぜ、この時期の日本人移民にとって、映画館経営は比較的ポピュラーな職業だったのだろうか。

日本人移民がはじめて経営した映画館は、一九〇四年のロサンゼルスのリトル・トーキョーに建設された萬国座（International Theatre）だといわれている[7]。萬国座は通常は欧米映画を上映していたが、日本映画がロサンゼルスに輸入されたときには、臨時に一日または二日間だけ日本映画の興行を実施した（日本映画興行時のみ、当時の日系新聞に紹介記事や広告が掲載された）。新聞記者だった鷲津尺魔は、萬国座の経営者のひとりである谷文五郎から直接聞いた話として、当時の映画観客層について記している。「谷文五郎が活動写真館を始めた頃は白人中にもその同業者が未だ少なかったので第一街〔1st Street＝リトル・トーキョーのメイン・ストリート〕の観覧所〔映画館〕では白人メキシカンなどが最大の観客であったといふ[8]」。

古典的ハリウッド映画期（映画学では一般的に一九一七年から一九六〇年の間にハリウッドで支配的だった美学的・産業的システムを指す[9]）以前に存在した多様な「観客性」（spectatorship）[10]を論じたミリアム・ハンセンは、

表1　カリフォルニア州における日本人経営映画館数[6]

1908年	5館
1912年	9館
1914年	11館
1917年	7館
参考：1920年	8館（ワシントン州）

図1　1904年のリトル・トーキョーに設立された日本人移民による初の映画館・萬国座の経営者・谷文五郎

「プレ古典映画期」の観客の混交性と多様性を次のように強調している。

〔初期映画において〕人種的に多様で、社会的には無秩序で、また性別も混交していたオーディエンスたちが映画を享受していたということから浮かび上がる問題によって、語り（narration）のモードや観客の位置に関する古典的な図式が今一度問い直されることとなる。とはいえ、古典映画の産業的な（映画館の高級化や上映の合理化を伴った）興行を主要な決定因として考えているわけではない。むしろ私が見るところ、無声映画とは、重なり合いつつも不均衡に葛藤するような公共性（publicity）が立ち現われる場（site）だったのである。[11]

図２　1910年９月頃の萬国座のエントランス。右端が谷文五郎

日本人移民だけでなく「白人」や「メキシカンなど」の観客も多かったという当時の萬国座は、ミリアム・ハンセンのいう「プレ古典映画期」の映画館の状況とみごとに一致する。古典的ハリウッド映画は、視線ショット（point of view shot）や切り返しショット（shot/reverse shot）、そしてアクションつなぎ（match-on-action）などの映像技法を洗練させ、さらに一九三四年にハリウッドの自主審査規定である「ヘイズ・コード」の罰則強化によって、映像描写は、政治的、道徳的なあらゆる意味において無難なものになった。これらの技法と制度によって、古典的ハリウッド映画は、映画観客を物語世界へと没入させ、比較的単一で安定した観客性を強化させた。

それと比較すれば、「プレ古典映画期」の映画館は、前章のユダヤ系・イタリア系・アフリカ系〈移民〉の映画受容がしめすように、観客が物語世界へ没入することをさまたげるアトラクション的な要素に満ちた場であった。多様な文化的・社会的・政治的背景をもった各エスニック・グループが集まる映画館は、まさに「重なり合いつつも不均衡に葛藤するような公共性が立ち現われる場」であったといえる。

以下、日系移民たちが映画館経営に携わっていた理由をいくつかの観点から考察したあと、日本人移民による日本映画受容の特徴を明らかにする。

まず問題にしたいのは経済的な要因である。一九〇〇年代末から一九一〇年代にかけて、日本人移民による映画館経営がポピュラーだったのはなぜであろうか。萬国座の例で分かるように、その時代の映画観客層は日系移民だけではなく、「白人」や「メキシカンなど」のさまざまなエスニック集団が混在していた。したがって日本人の映画館経営者は、比較的簡易に日系コミュニティ外の金銭を日系コミュニティ内へ流入させることができた。つまり、映画館経営は日系コミュニティの経済的な繁栄に寄与していたため、日系移民による映画館経営が比較的ポピュラーな職業として確立していたのだ。実際、一世の西野内盤盛《いわもり》は、当時の映画館経営が非常に高い利益を生む職業であったと回想している。一九〇六年、西野内は一八歳の時に渡米し、一九一〇年から一九一四年までの四年間、カリフォルニア州フレズノ（Fresno）において映画館を経営した。経営する映画館には白人も日本人も訪れたという。入場料は洋画で五セント。のちに一〇セントになり、特別番組の際は二五セントになったという。多いときには一晩で四〇〇ドルの「水揚げ」があったと回想している。(12)

このような映画館の経済的機能は、日系移民以外のエスニック・コミュニティにとっても同様に重視されていた。以下の引用文は、一九一一年のカリフォルニア州中部のワトソンビルの「支那街ブロクリン座」に新しい映画が到着したことを記した日系新聞の記事である。

なお日本人支那人むけの絵〔映画〕が最も多きよしにて場内清潔〔を〕むねとし特に日本人を歓迎するよし。(13)

つまり、中国系の映画経営者が、チャイナタウンの「ブロクリン座」に日本人観客を呼び寄せようとして、わざわざ日系新聞の記者に「特に日本人を歓迎する」と伝えているのである。日系移民観客を呼び寄せることは、日系移民が中国人経営の映画館に金銭を落としてくれるので、中国系コミュニティの経済的反映につながったのである。(14)

この時期の映画館が、多様なエスニック・グループの混ざり合う空間であったことは、以下の短歌でも象徴的に描写されている。

南欧の移民の群れの荒くれ男　ニックルショウにヂゴマ見し夜よ　（在ポートランド市　播磨桜城(15)）

この短歌は一九一三年、サンフランシスコの日系移民が発行していた『日米』新聞に掲載された。「ニックルショウ」とは「ニッケルオデオン」における映画上映（「ショウ」）のことであり、「ヂゴマ」とは、一九一一年にフランスで製作され、同年日本でも封切られた犯罪活劇映画『ジゴマ』（*Zigomar*, エクレール社）のことである。『ジゴマ』は日本でも大ヒットしたが、不良少年の犯罪を助長するものとして社会問題化し、一九一二年に警視庁が上映禁止の措置をとるにいたった。(16)

この短歌は、西海岸の主要な日系コミュニティのひとつであるオレゴン州ポートランドの日本人男性が、ある夜、故国日本で話題になった映画を見ようとして、南欧から来た移民（つまりイタリア系）が集う映画館に足を運んだ体験を詠んだものであり、次のように解釈することが可能であろう。この短歌の作者は、日本で話題になっているフランス映画『ジゴマ』を見るために、映画館へ足を運んだ。映画館のスクリーンに映しだされている

『ジゴマ』を見ながら、この映像は日本で多くの日本人が見ている映像と同じなのだろうと、故国日本に思いを馳せ、日本人観客の熱狂ぶりを想像する。しかし短歌の作者がふと周りを見ると、そこに日本人はおらず、日本語でも英語でもなく、イタリア語を話す移民観客たちにかこまれて見ていたことに気がつく。短歌の作者は突然、二重に「異国」にいることを意識する。つまり、日本ではなくアメリカにいるという意識と、イタリア系移民のなかに日本人である短歌の作者がひとり紛れ込んでいるという意識である。さらにこの作者は、イタリア系移民たちも、自分とおなじようにさまざまな事情で故郷をはなれてアメリカまでやってきた移民なのだと、親しみと哀愁を感じたのではないだろうか。

この短歌において、当時の日系新聞でひんぱんに使用されていた「白人」という人種用語ではなく、あえて「南欧」という単語でイタリア系というエスニック・グループを読者に連想させようとしているのは、移民同士のシンパシーを強調するための選択であったに違いない。

2　日本人移民の悪習を戒める「同化論」

本節では、映画館が多様な観客層の集まる空間であったがゆえに、映画館が〈文化〉や〈人種〉をめぐる葛藤の場になっていたことを解説する。

一九一二年の日系新聞『新世界』の記事を見てみよう。カリフォルニア州ストックトンにおいて、歌舞伎を上演する「団九一座」が、「メソニック・ホール」で公演した際の記事である。

> 皆さんが飲んだり食ったり場内でなすったものですから、ホールの持ち主は日本人には御気毒だがホールは貸すことはできぬと断然拒絶せられましたよ。〔中略〕口には一等国民だ列強国だ排日をするのは不当なぞ

と仰言つても、ひとつのホール位までも対等で借る事ができぬ様では、口では何と言ふても、一等国民として伍班《ママ》に列する事は難しいかろうと思いますよ。皆さん本国ではともあれ、この国にいる間は「郷に入って は郷に従へ」と申言葉通りにせねば、自然と品性を下等視せらるるの当然《ママ》です、その結果は遂に排斥の声を聞く事になるのです。(17)

この記事を書いた新聞記者が批判しているのは、日本人移民観客が、日本における芝居小屋の慣習をそのままアメリカにもち込んだ点である。一九世紀以前の歌舞伎の芝居小屋は、俳優の演技を見る場としてだけではなく、観客同士が〈見る／見られる〉の関係を構築する一種の〈社交場〉としても機能していた。(18)日本の芝居小屋では、桝席や桟敷席に火鉢が置かれ、観客は料理をしたりお酒を飲んだりして皆で騒いで語り合うことすら可能であった。そうした芝居小屋の慣習を日本人移民観客がそのままアメリカの劇場にもち込んだために、白人が経営するホールを借りることが禁止されてしまったのである。

同様の事態は一九一五年にも確認できる。ロサンゼルスにあった白人経営の「ヒッポドロム劇場」において、アジア系移民観客に対する差別が発生した。それに対して日系移民がとった行動は、劇場主に直接改善要求を談判することであった。その結果、劇場主は陳謝したものの、その際に、「使用人等の弁明する所によれば、東洋人はとかく白人間の風俗習慣を軽んじてほかの観客の嫌悪を買うのみならず、座席においてピーナッツの皮を放棄したり、甚だしきは唾を吐いたりするから、自然に差別的待遇をするようになった(19)」のだといわれたという。やはり観劇習慣の文化的な差異が原因であった。(20)

これらの事件が起こった一九一〇年代前半は、日本人移民の急増によってアメリカで排日運動が各地で繰り広げられた時代であった。まず一九〇七年から一九〇八年にかけて日米政府が取り交わした「日米紳士協定」によって、あらたな日本からの労働移民が制限された。その後さらに排日運動が激しくなると、各地の日本人会およびエリート移民層は、対応策として「矯風運動」を展開し、アメリカへの同化論・永住論を唱える傾向が強まる。たとえば一九一一年、サンフランシスコの在米日本人会は、日系移民たちのアメリカへの同化を円滑に進めるため、アメリカのマナーを学び、アメリカでは受け入れられない日本の慣習を矯正しようとする〈啓蒙運動〉を推進した(21)。先ほどの引用文中の「郷に入っては郷に従へ」とは、まさに当時のエリート層の日本人移民が唱えていた同化論・永住論者の基本的な立場をあらわす言葉なのである。

一九一三年、排日運動はカリフォルニア州が施行した「外国人土地法案」によって、ひとつのピークを迎えた〈最終的には、一九二四年のいわゆる「排日移民法」の成立によって、戦前のアメリカへの日本人移民は終焉を迎える〉。排日運動の波は映画館や劇場にもおよび、一九一三年のストックトンにおける白人経営の映画館では、〈オリエンタル・クオーター〉と呼ばれるアジア系移民に対する〈差別席〉が設置された。

排日的土地案が通過したためではなかろうが、近来当市〔ストックトン〕の白人活動写真場〔映画館〕のいずれにても「オリエンタル・コーター《ママ》」と日本式の行燈に似た看板を場内の一隅に必ず設けて、われわれ日本人を支那人と同一にその場所へ追い込まれるのであるから、せっかく観覧の目的にいった同胞は一種いうべからざる不快の感に打たれるのは誰しも忍びむ《ママ》所であろう、よってこの際同胞はある機会の到来するまでは、かかる劇場へ出かけるのを断然止めて、挙げて同胞経営にかかる金川氏の富士活動写真場へでも行くがよかるべしと記者の老婆心よりお薦めするほかなし(22)。

新聞記事を読めば、〈オリエンタル・クオーター〉とは、南部諸州のアフリカ系アメリカ人が映画館の二階のバルコニー席に追いやられたように〔前章参照〕、中国人観客や日本人観客といったアジア系移民を白人観客と分離するために設けられた人種隔離的な観客席であったことがわかる。

映画館における〈オリエンタル・クオーター〉の存在とともに注目すべきは、引用文中において新聞記者が、われわれ〈日本人〉と〈支那人〉の間に明確な線を引き、差別化をおこなっていることである。つまり、日本人と中国人が同じ〈オリエンタル（東洋人）〉として、「白人」たちからカテゴライズされていることが問題視されたのである。

東栄一郎は、この時代の一世指導者や日本の外交官たちが、「日本人と中国人を異なる文化（文明）レベルという視点から区別（差別）し、さらには「下賤階級」「みすぼらしい百姓ども」『無知な愚者』として軽蔑していた地方出身の日本人移民と自らの間に一線を画していた」と指摘する。[23] この新聞記者の記事に露呈しているのも、まさに日本人と中国人との差別化である。一八八二年のいわゆる「中国人排斥法」の制定によって、中国人移民はすでにアメリカへの帰化権を奪われたエスニック・グループとして位置づけられていたが、排日感情が高まりつつあるとはいえ、日本人移民はまだアメリカ社会へ同化する可能性をもった存在だ、と多くの日本人移民は希望をいだいていた。[24] また、帝国主義的な領土の拡張を進めていた当時の日本における中国人蔑視の言説（帝国日本における「人種形成」）が、日系移民コミュニティのあいだにも広がっていたことを示す言説としても解釈できるだろう。このように、日系社会は常にアメリカと日本のそれぞれの「人種形成」が混交した交渉と抗争の場であった。日本人移民たちは、それらのあいだでみずからの立ち位置を巧みに調整しながら、在米日本人としての独自のアイデンティティを構築していったのである。

この新聞記事においてもうひとつ興味深い点は、「同胞経営にかかる金川氏の富士活動写真場へでも行くがよかるべし」という部分である。「富士活動写真館」は、一九一二年五月一日にストックトンに開館した映画館で、金川保吉が経営していた。[25] 通常は日本映画以外の作品を興行していたが、日本から日本映画のフィルムが不定期に入ると、臨時に日本映画も併映した。[26] 富士活動写真館は日本から来た芸人たちの芸能を提供する場としても機能しており、映画興行だけでなく、浪花節の興行も実施していた。[27]

以上のように、一九一〇年代の映画館を含む劇場内では、異なるエスニック・グループの混交が起こっており、それが日系移民たちの経済的な野心へとつながっていた（1節）。また、観劇慣習の違いから、文化的な摩擦（ホール・レンタルの拒否）と客席の差別化（オリエンタル・クオーターの設置）が白人経営の映画館において進行していた（2節）。このような映画館における文化摩擦と緊張関係のなかで、次第に日本人移民による日本人移民のための安全な劇場の必要性が叫ばれるようになる。

3　日本人経営の劇場という場

地方各地において大抵日本人ホールを有するにかかわらず、桑港《そうこう》〔サンフランシスコ〕同胞間にひとつもその設備なく、芝居、義太夫、浪花節等興行のある度毎に白人ホールを借り入るる費用も少なからず、日本より名士なぞの来る際にもただちに白人に金を出して会場を借り入る等、その経費は年内非常に多額に達するをもって、むしろ日本人ホールを建設するの便利なるはいうまでもなく、かつまた桑港同胞の繁昌策としても非常にホールの必要〔後略〕(28)。

この記事が執筆された一九一三年当時、サンフランシスコの在米日本人会は、みずからの集会場所やホールを保有していなかった（ほかの都市の日本人会ではホールを所有している所もあった）。この記事で記者が危惧しているのは、「白人」が経営するホールを毎回借りてしまうと、日系移民コミュニティの資金が外に流出してしまう点である。もしサンフランシスコに日本人が所有する劇場やホールが存在するならば、日本人会が支払うホールのレンタル料が日本人の劇場経営者のふところに入り、結果的に日系移民コミュニティの経済的な繁栄につながることを記者は示唆している。

ただし、排日運動が盛んなアメリカで生活する日本人移民にとって、日本人が経営する映画館や劇場が果たした役割は、たんに経済的なものだけではなかった。一九一一年の『新世界』紙に掲載された以下の記事を見てみよう。

〔前略〕日本座の活動写真へ小さな子供を置き去りにしてゆく親たちがたくさんあるようだが、日本座の主人はここは幼稚園じゃないから少しは注意してほしいとこぼしていた。(29)

図３　1908年のサクラメントに開場した日本人経営の映画館・日本座

「日本座」とは、一九〇八年のサクラメントに開場した日本人経営の映画館である。(30) この「置き去り」事件は例外的なものではなく、日本人が経営する映画館に日系移民の母親が子供を「置き去り」にすることがしばしば発生していた。一九一二年、先述したストックトンの富士活動写真館においても同様の置き去り事件が発生しており、「子をもてる親達は子供を置き忘れぬよう、またひとりにて夜中外出を免《ゆる》さぬがか《マ》るべし《マ》」という注意書きが新聞記事に記載されているほどである。(31) これらの「置き去り事件」の記事から推測すると、これらは「事件」ではなく、母親たちが意図的に子供を日本人経営の映画館に預けていたと思われる。多様なエスニック・グループが共存しているアメリカにおいて、同胞の日本人移民が経営する映画館という空間は、日本人移民の母親がまるで託児所に預けるかのごとく、子供を安心して〈置き忘れる〉ことができる場として機能していたのである。

次節では、日本の映画製作会社・横田商会の映画作品が、一九一一年にカリフォルニア州オークランドの白人が経営する劇場で興行されたさいの、日本人移民の歴史的な観客性を分析する。

4　日本映画興行と不安定な観客性

一九一一年までに、アメリカ西海岸の各日系移民地では不定期ながらも日本映画が興行されるようになっていた。一九一〇年までに日本の映画会社は日本国内に撮影スタジオを建設し、コンスタントな劇映画の製作が可能になっていた（たとえば吉沢商店は一九〇八年、M・パテー商会は一九〇九年、福宝堂は一九一〇年、横田商会は一九一〇年にそれぞれ撮影所を建設した）[32]。また、一九一一年になると、日本の四つの映画会社が各都市に映画館を数多く建設しはじめ、日本国内の映画観客を奪い合うという熾烈な過当競争が発生していた（その結果、翌一九一二年にそれら四社のトラスト会社として日活が設立された）。京都の横田永之助が一九〇一年に設立した横田商会は、国内市場が頭打ちになっていた一九一一年初頭に、海外市場の拡大を画策する。一九一一年九月三〇日の『日出新聞』（のちの『京都新聞』）によると、横田商会は国内各地に三〇数カ所の映画常設館を保有しており、加えて地方で映画興行をおこなうための映画巡業隊を一〇隊ほど展開していた。また、自社作品の輸出先として、ハワイ、カナダ、サンフランシスコ、ニューヨークなどを挙げており[33]、一九一一年の段階ですでに北米の市場を開拓していたことも分かる。さらに、この新聞記事から約三カ月後の一九一二年一月一日の時点では、横田商会はドイツ、カナダ（ヴィクトリア）、アメリカ（サンフランシスコ）に「海外特約店」を設置するまでに海外展開を成功させていた[34]。

横田商会の社長であり、のちの日活の社長にもなる横田永之助（一八七二―一九四三）は、一八八九年にサンフランシスコへ渡り、「スクール・ボーイ」として家事労働をしつつ英語を習得した。その後、サンノゼで行商人をして再びサンフランシスコに戻り、南方熊楠も通っていた夜間学校「パシフィック・ビジネス・カレッジ」に学んだ。このように、横田は北米における日系コミュニティの状況を実体験していたからこそ、移民地における日本映画の需要を確信し、北米への自社映画の輸出（および巡業隊の派遣）を早期から実践することができたのである。横田永之助による自筆の年譜によれば、一九一〇年には「南支那及印度南洋方面ヨリ注文アリ始メテヒルムノ輸出ヲ見タル　此時以後日本劇映画ガハワイ其他日本人支那人ノ在住スル国々ヨリ注文出来始メタリ」とあり、日本国外の日系移民コミュニティ向けに、自社フィルムの輸出を開始した時期が具体的に記されている(35)。

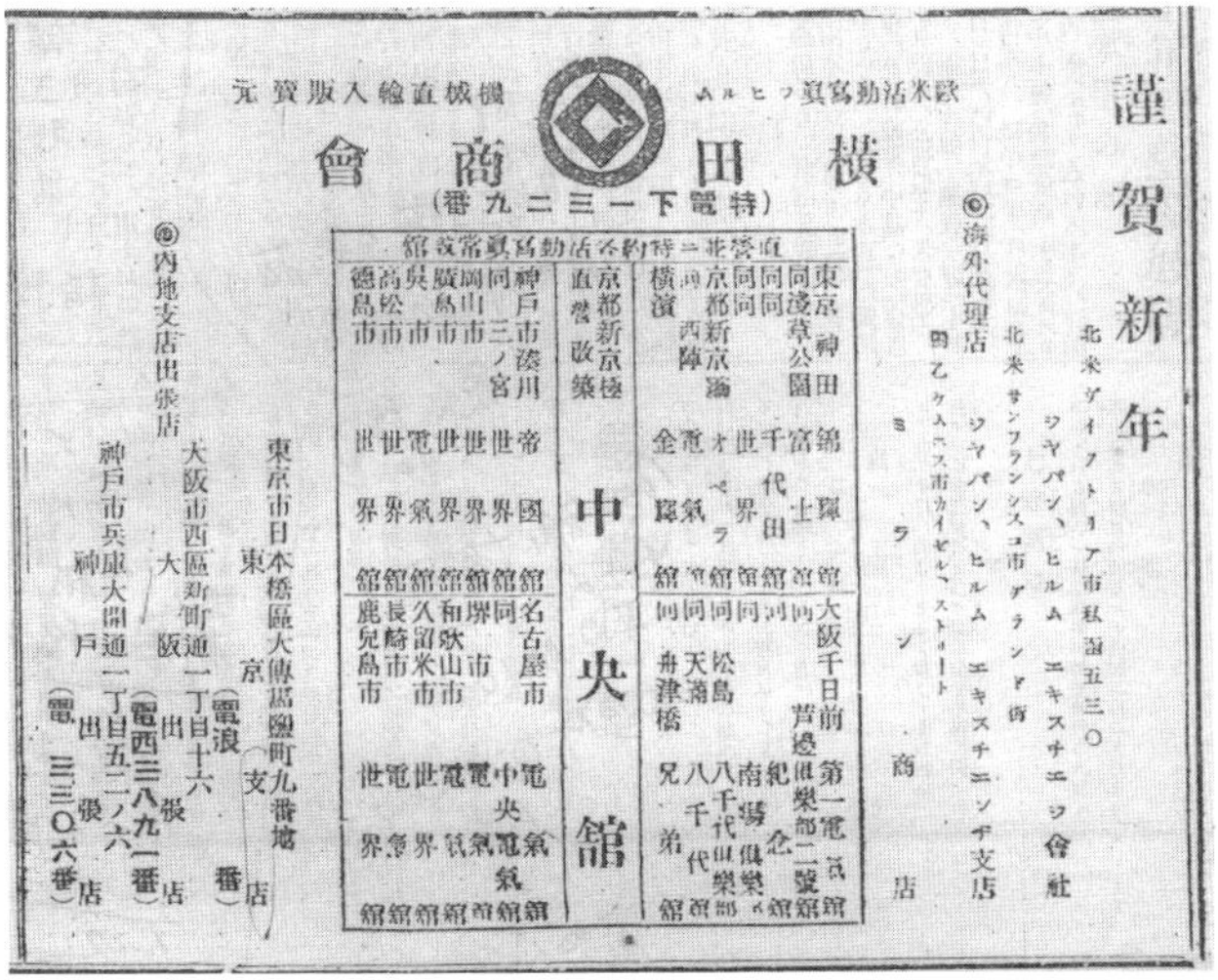

図４　映画製作会社・横田商会が1912年の元旦に出した新聞広告。アメリカのサンフランシスコとカナダのヴィクトリアにも支店がある

　このような状況下、横田商会の社員が自社フィルムを携えてはじめて北米大陸に渡ったのは、一九一〇年末のことであった。ハワイ経由でカナダのヴィクトリアに渡り、さらに南下してアメリカに入った。ワシントン州シアトル、オレゴン州ポートランド、カリフォルニア州サクラメントを経て、一九一一年一月にサンフランシスコへ到着する。「横田フィルム会社」の「中村某氏」という人物がフィルムをたずさえてきたことが、『新世界』紙の次の記事に記されている。

各所において白人活動写真興行師と交渉の上これを貸し渡し、各所において興行したるにおおいに喝采を博したるよしなりしが、昨日当市〔桑港〕に来□デユポン□旅館に投宿し、目下白人興行師との間に交渉中のよし、いずれ近々当市において興行することとなるべしと、なお当地よりサンノゼ、フレスノ、羅府《らふ》〔ロサンゼルス〕、ベーカスフィルド等をへて東部にむかう予定（□は判読不能文字）[36]

横田商会の「中村」がサンフランシスコにおける日本映画の興行場所として選んだのは、日系移民が一九〇六年の大地震以降に集まっていた地域（現在のジャパン・タウン）にあった「白人」が経営する「フィルモア活動写真館」（フィルモア街一六四〇番）であった。一九一一年一月一六日（月）と一七日（火）の、それぞれ午前一一時から午後一一時まで興行がおこなわれた。一六日の出し物は、「赤穂義士四十七士討入の場、芸者の舞、深川ながしの枝、東京府及附近の大洪水実写、陸軍特別大演習の光景、京都祇園の大祭礼光景」であり、一七日には、「芸者の剣舞、回向院大角力、土俵より取組迄、大坂の大火災、旅順背面の攻撃、ステッセル将軍の降伏、松樹山の爆発、入城式まで[37]」が上映された。新聞記事によると、観客の多くが故国の映像を見に来た日本人移民であり、上映された映画の画質は非常に不鮮明で見にくかったという[38]。

その後、「中村」は当初予定していたサンノゼの興行を変更して、サンフランシスコ近郊のオークランドへ移動した。サンフランシスコで興行してからわずか二日後の一月一九日と二〇日に、オークランド一一番街の「セントラル・シアター」で興行している。新聞記事によると、サンフランシスコと同様に「白人劇場」において興行され、さらに映画の合間に実演されるアトラクションとして、日本人女性の踊りや歌のライヴ・パフォーマンス、そして蓄音機による音楽も披露された。これは前章で解説したように、当時のニッケルオデオンにおける興行形態を横田商会が模倣したものである。

しかし、このオークランドでの映画興行に対する日系新聞の批評は手厳しいものであった[39]。記事によると「セントラル・シアター」は満員となり、「白人」観客も三割ほど入っていたにもかかわらず、上映された『祇園の祭礼』という作品は「ほとんど同じ所ばかり繰返すので、わずかの四・五分でも飽いてしまう、いわんや白人には何等の説明も書いてないから一層飽いておった」と批判された。さらに『東京及附近の大洪水』に関しては、以下のように評価されている。

米国に来て興行する以上、米国の風俗習慣にかえりみる所なくては困る。濁流のなかを見るも憐れな媼《おうな》が大盥《たらい》に乗って渡る所はまだしも、裾を背まで捲《まく》って往来する男女〔中略〕米国人は皆顔をそむけるのみならず、その卑しむべき風□〔判読不能〕は嘲笑の種を播くのみである。これが日本文明を代表する東京である。撮影するにも今少し場所がありそうなものだ。いわんやなかには局部を露出したのが映っているのは言語道断沙汰の限り。観客中にこれはわざわざわれわれ在留民の面汚《つらよごし》に来たのだと憤っておったものがあるが無理もあるまい[40]。

と、記者は故国の首都・東京のあわれな映像に落胆の色を隠さない。さらに『陸軍特別大演習』にいたっては、

写真が総じて朦朧として何か何やらさっぱり分らぬ。最初にジャパニス《ママ》・アーミーとの説明書きがあったがその上に日米の国旗を交叉した絵があるので、隣の白人は日米戦争の予想写真かと聞いておった。善悪いずれにせ

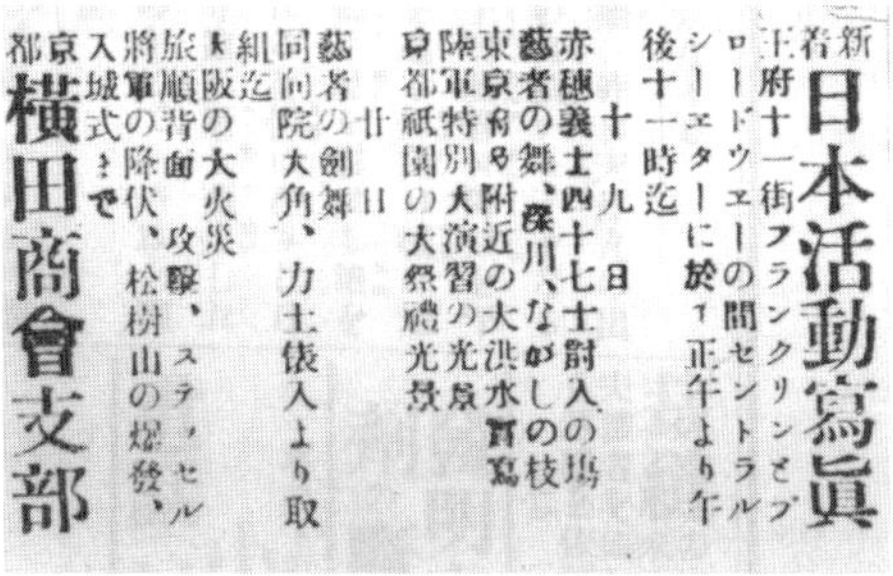

図５　横田商会が1911年にサンフランシスコ近郊のオークランドで日本映画を興行した時の新聞広告

よ日本といえば深く耳に入っておるこの沿岸において、日本大演習の写真に日米国旗交叉の絵は何の必要があるべき。むしろ無識な白人共にくだらぬ悪感誤解を抱かせるの不利益あるのみである。無考も甚しいではないか。(41)

と、日米の国旗が交叉する挿入図が、となりの席に坐っていた「白人」観客に誤解されて排日感情をあおることになるのではないかと危惧している。最後に、劇映画の『四十七士　討入の場』について記者は、上映の途中で突然フィルムが切れて最後まで上映されなかったことに不満を述べたあと、「ただ日本の芝居としてあるだけゆえ、白人には何がなにやらさっぱり分らぬ(42)」と指摘する。

筆者が注目したいのは、横田商会の映画作品の質がよかったのか悪かったかという点ではなく（新聞記事によると、上映会は毎回満員で興行的には成功だったようだ）、この新聞記者が書いた記事のなかで、どのような点が問題化されていたのかという言説である。

アメリカにおける日本映画の興行史のなかで重要なのは、横田商会の日本映画興行が、日系コミュニティ内の閉じられた場所で上映されたのではなく、「白人」が経営する映画館において上映され、会場に「白人」観客が数多く混ざっていた点である。本章1節で解説したように、映画館という場は多様な観客層が混在する空間だった。そのため、この記事を書いた新聞記者は、日本から届いた映像に没入して心から楽しむ心理的な余裕などなく（ましてや故国に対するノスタルジックな感傷に浸ることもできず）、ひたすら〈他者〉である「白人」観客に日本および日本人の映像がどのように受容され、どのように解釈されているのか、という点にのみ関心を集中させている。その背景として、本章2節で解説した排日運動の激化という歴史的な状況が存在するが、それ以上に大きな要因は、映像が不鮮明で、英語はおろか日本語の説明字幕（インタータイトル）もほとんど付されていない映画であったために、観客に伝達される映画の意味内容が極端に曖昧だったからである。日米の国旗が交わ

バイセリヤ松尾氏の『ビジョー』活動寫眞館
BIJOU
BIJOU Theatre
MATINEE & NIGHT
CAN'T BUST 'EM
松尾敞氏　長崎縣西彼杵郡下長崎村、明治卅一年渡米現今梅市にてビジョー活動寫眞館及びカトラーにて松尾活動寫眞館を經營す、梅市佛教會總裁、ツ部日令々長に歴任、常に公共事業に盡瘁す
松尾敞氏
カトラー　松尾活動寫眞館

図6　一部の日本人移民は1920年代になってもアメリカ映画を上映する映画館を経営した。カリフォルニア州バイセリアとその近郊のカトラーにあった映画館と経営者の松尾敞

る挿図が、「白人」観客に日米戦争の映画だと誤解されているのではないか、という新聞記者の強い危惧は、排日感情が高まっていた当時の状況において切実な問題であった。また、劇映画『四十七士討入の場』は、当時の日本映画の支配的スタイルである無字幕の映画であった可能性が高く、もともと複数の声色弁士のパフォーマンスを前提に製作された映画であるため、忠臣蔵の四十七士の物語をあらかじめ知っている観客でなければ、映像だけで物語を理解することは不可能であっただろう[43]。

　このように、映画観客を安定した位置に固定し、物語世界に没入させる古典的ハリウッド映画のような観客性が構築されていない一九一〇年代初頭のアメリカの映画館は、多様な観客層が多様な映像の解釈を実践する不安定な場であり、それゆえ文化的・民族的・人種的な激しい対立と葛藤が生み出される場でもあった。「白人」映画観客のとなりで故国の映像を目の当たりにした日系新聞の記者は、故国の映像に没入して楽しむことなどできず、〈われわれ〉とは異なる〈他者〉の視線を過剰に意識し、多様な解釈を許してしまう日本映画が〈他者〉によって誤解される不安に苛まれ続けたのである。

一九一〇年代初頭のサンフランシスコとオークランドには、日本人会のホールや日本人が経営する劇場がいまだ存在しなかったため、日本映画の興行を「白人」が経営する映画館で開催せざるをえなかった。そのため、さまざまな文化的・政治的・経済的な軋轢や葛藤が映画館において生まれた。しかし、ハリウッドの映画産業が垂直統合支配（vertical integration. 映画の製作・配給・興行を大手の製作会社が一手に管理する映画産業の構造）を確立してゆく運動と平行するように、一九一〇年代後半以降、日本映画の上映場所は「白人」が経営する映画館ではなく、日系コミュニティ内の仏教会ホールや日本語学園ホールといったエスニックな空間へ移行してゆく。それによって日本映画を見る観客は日系人に限定されることになり、結果的に日本映画の上映場所は、安定した映像の解釈を均質に生み出す空間へと収斂し

図7　カリフォルニア州フレズノにあったライアン活動写真館。一世の西岡實鶴が経営。1925年頃撮影

ていった（次章で詳述）。換言すれば、このプロセスは、アメリカにおいて日本映画を含む外国映画の興行が、ハリウッド映画の主流の配給ルートから排除され、エスニックな空間（＝アメリカ社会におけるマージナルな領域）に封じ込められるプロセスであったともいえよう。

第四章　一九二〇年代における日本映画上映の多元的機能

前章では、一九一〇年代の日系社会における映画館の経済的・社会的な機能を考察し、さらに横田商会の日本映画が「白人」映画館で上映された時の日本人移民観客の反応を新聞資料から分析した。本章では、一九二〇年代の日系社会において日本映画の上映実践が担った多元的な機能を解明する。一九一〇年代に散発的に開催されていた日本映画の上映は、一九二〇年代になるとより頻繁に開催されるようになる。その背景には、北米の日系移民向けに日本映画を配給・興行する専門の会社が日系社会のなかに誕生することで、日本映画上映のネットワークが制度化されたことがある。このことによって、日本映画は一九二〇年代以降の日系社会における最大の娯楽となっていった。

一九二〇年代初頭に北米で日本映画の興行会社が数多く設立されたのは、日本国内の映画産業が同時期に大きな変容を遂げたからである。一九一〇年代の二大勢力であった日活と天活にくわえて、一九二〇年になると松竹キネマ、大正活映（大活）、帝国キネマ（帝キネ）が新たに映画製作に乗りだす。新興の映画会社が次々と設立されることによって、日本映画の製作本数は一九二〇年以降、急激に増加した。

具体的な分析に入る前に、一九二〇年代の北米移民地における日本映画上映の様子を的確にとらえた土橋治重（一九〇九―一九九三）の詩「日本の夜」を紹介しよう。土橋は、一九二四年から一九三三年までの約一〇年間、年齢にすると一五歳から二四歳までの間、サンフランシスコに滞在しており、本章で論じる一九二〇年代の日系社会を実体験した詩人である。

「日本の夜」
日本人町パイン街の仏教会ホールに
たまにジャパンの活動写真がかかる
入場料は一ドル
日本人町に二人しかいない花魁《おいらん》も
貴婦人然としてやってくる
大河内伝次郎の国定忠治(1)が
バッタバッタと捕手を斬る
ああなんと、ベターフィーリングのことか
肥ったアメリカ人を
あのように斬れないものだろうか
月形竜之介の「斬人斬馬剣(2)」は
馬も斬るので入場料は二ドル
日本金にして四円
ジャパンでは小学校の女の先生の初任給が
三十二円だというからベリイハイ、ハイ
だが馬を斬るところは写らない
一匹斬ったら三百円もロースするだろう

一巻の終わりごとに電燈がついて
洋服にチョンマゲの弁士が
酒を飲んで法律のドライを破り
酒は涙か溜息か(3)のレコードが流れる
〔中略〕
活動写真がはねて外へでると
ピストルと現実しか通用しない
車のテールライトの波
いったいジャパニースヤングのミーは
日本の夜のなにに酔ってきたのであろうか。(4)

この詩が掲載された詩集『サンフランシスコ日本人町』は一九七八年に出版されたものである。ただし「日本の夜」で言及されている映画や歌謡曲は、土橋がサンフランシスコに滞在していた時期に製作・作曲された作品である点、そしてサンフランシスコにおける日本映画の上映が実際に開催されていた「パイン街の仏教会ホール」(現在のBuddhist Church of San Francisco. 1881 Pine Street)に言及している点、さらに無声映画の上映に「洋服にチョンマゲの弁士」のパフォーマンスが付随していたと指摘している点は、当時の日本映画の上映実践の状況を正確に反映した描写である。したがって、「日本の夜」における具体性を持った描写は、土橋が実際に過ごした当時の在米体験に基づくものであることは間違いない。

この土橋の詩「日本の夜」を手がかりにして、本章では以下の五点を考察したい。

1節　一九二〇年代初頭に日系移民地で日本映画の興行がブームとなり、多くの映画興行会社が移民地に設立され、一九二四年までに北米における日本映画の配給網が制度化する。そのプロセスを日系新聞などの資料からあとづける。

2節　一九二五年、リトル・トーキョーに映画館「富士館」が開館し、翌一九二六年から日本映画だけを上映する映画館に改変される。富士館の設立過程を分析することで、北米の日系社会にはじめて設立された日本映画専門の映画館が担った文化的・経済的な機能を考察する。

3節　日系移民地において無声の日本映画が上映される際には、日本国内における興行形態と同様に、弁士のライヴ・パフォーマンスが付属していた。無声映画を解説するライヴ・パフォーマーとしての弁士に焦点をあて、彼ら／彼女らの日系社会における役割を考察する。

4節　日系社会の娯楽興行は、日系社会における賭場組織と密接につながっていた。ただしそのいっぽうで、娯楽興行はしばしば勧進興行（benefit show）という名目で開催されていた。賭場組織と勧進興行との相互関係を考察する。

5節　一九二〇年代における日系のキリスト教会と仏教会は、映画に対するかかわり方に大きな差異があった。仏教会は各地の仏教会ホールでしばしば日本映画の上映会を開催していたいっぽう、キリスト教会は日本映画をほとんど上映しなかった。その代わり、一九二三年に日系キリスト教会の「合同教会」（Union Church）は、移民がアメリカ社会で成功する物語を描いたハリウッド映画を連続的に無料上映した。ここに、日系宗教組織の「アメリカ化」に対する認識の差異が垣間見えてくるはずである。

1　日本映画配給網の制度化

管見のかぎり、北米の日系移民地ではじめて興行会社が設立されたのは一九二〇年である。ここでいう興行会社とは、日系社会における映画、演劇、浪曲、相撲など、すべての娯楽の興行を一手に取り仕切っていた会社で、日本から芸人を呼び寄せて、各日系移民地のホールや集会所などで興行を実施していた会社のことをさす。一九〇八年の「日米紳士協定」締結から、いわゆる「写真結婚」が禁止される一九二〇年までの間に、多くの日本人女性がアメリカへ渡り、日本人移民男性と結婚した。(5) 移民地の日本人が増加すると、当然、多くの移民たちを楽しませるためのさまざまな娯楽が必要になってくる。

一九二〇年三月、サンフランシスコに「桑港興行」という名の興行会社が設立される（社長は奥定吉《おくさだきち》）。(6) 桑港興行はサンフランシスコおよびその周辺で開催される映画、演劇、浪曲などの興行を取り仕切っていた。桑港興行に続くように、その後、北米の主要な日系移民地に次々と興行会社が設立され、一九二二年一月の時点で、カリフォルニア州の興行会社は五つにまで増加した（サンフランシスコに二つ、ストックトン、アラメダ、ロサンゼルスにひとつずつ存在）(7)。

この興行ブームを下支えしたのは、日系社会における集会場やホールの増加である。前章で解説したように、一九一〇年代には日系移民が所有するホールが少なかったため、白人が経営する劇場やホールを間借りして娯楽の興行をおこなうことが多かった。しかし、一九二〇年三月時点において、カリフォルニア州だけで、日系移民の「同胞専属のホール」は四七カ所にまで増加していた。(8)

しかし、カリフォルニア州に生まれた五つの興行会社は、日系社会の限られた数の観客を奪い合った結果、過当競争におちいって、結局、一九二四年初頭までに、サンフランシスコの桑港興行と、ロサンゼルスの日米興行

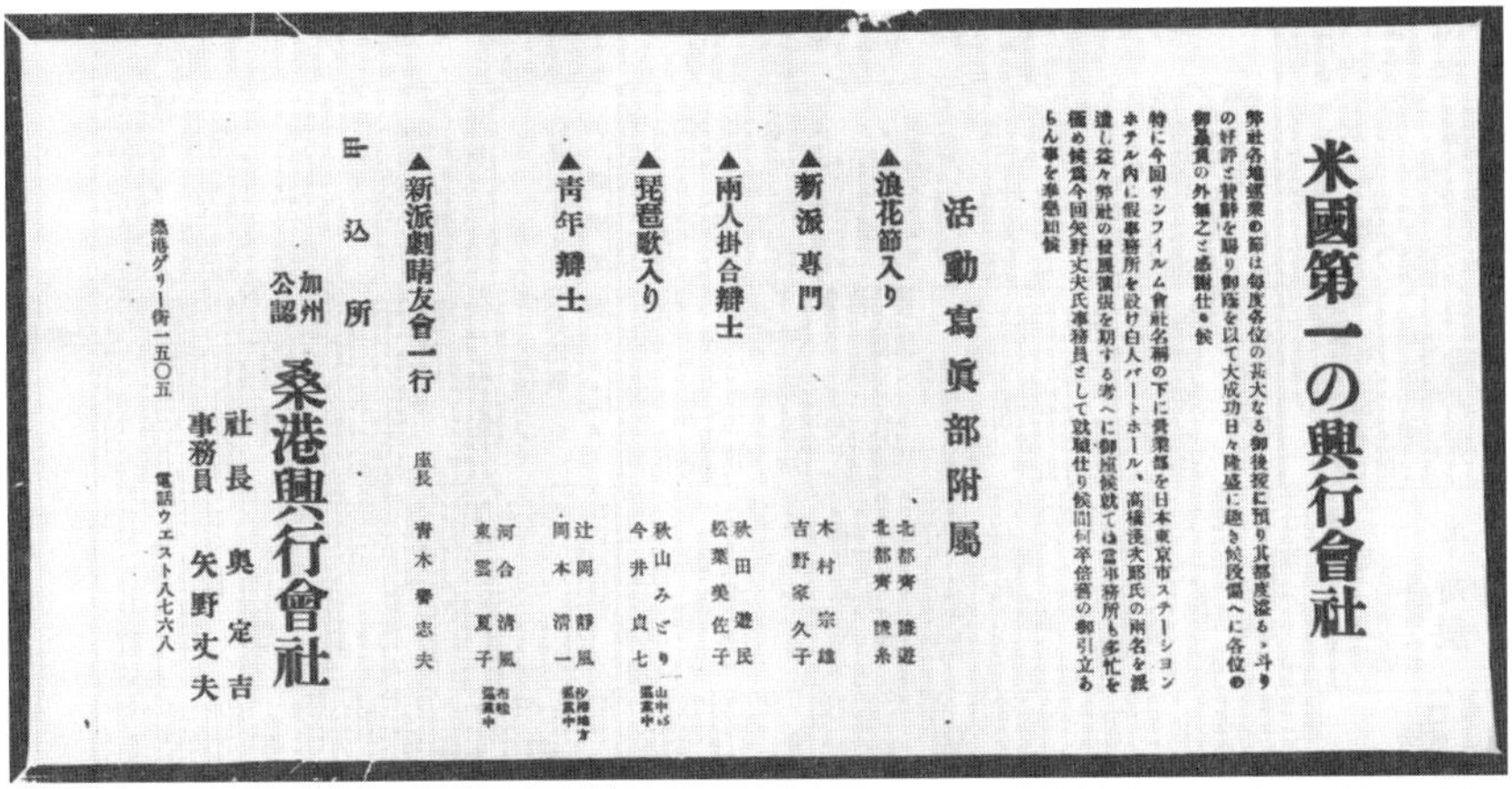

米國第一の興行會社

弊社各地巡業の節は毎度各位の甚大なる御後援に預り其都度溢るゝ斗りの好評ご賛辞を賜り御陰を以て大成功日々隆盛に趣き候段偏へに各位の御贔負の外無之ご感謝仕り候

特に今回サンフィルム會社名稱の下に營業部を日本東京市ステーションホテル内に假事務所を設け白人バートホール、高橋淺夫郎氏の兩名を派遣し益々弊社の發展擴張を期する考へに御座候就ては當事務所も多忙を極め候爲今回矢野丈夫氏事務員として就職仕り候間何卒倍舊の御引立あらん事を奉懇願候

活動寫眞部附屬

▲浪花節入り　北都齊謙遊　北都齊浪糸

▲新派專門　木村宗雄　吉野家久子

▲兩人掛合辯士　秋田遊民　松葉美佐子

▲琵琶歌入り　秋山みどり　今井貞七

▲青年辯士　辻岡靜風　岡本滑一

▲新派劇晴友會一行　座長　青木馨志夫　河合清風　東雲夏子

申込所

加州公認　桑港興行會社

社長　奥定吉

事務員　矢野丈夫

桑港グリー街一五〇五

電話ウエスト八七六八

図８　桑港興行の新聞広告。男女ペアの多様な弁士を擁している（『新世界』1922 年 11 月 15 日号）

図９　桑港興行のオフィス。画面奥の右側の男性が社長の奥定吉（1926 年頃）

図10　北米で日本映画を配給したスター・フィルムの新聞広告（『新世界』1924年1月1日号）

の二つに統合された[9]。一九二四年一月、桑港興行は社内に「スター・フィルム」という映画配給の独立部門を新たに設立し、ハワイと神戸に支社を設けて、日本映画の輸入を精力的に開始した[10]。

ところで、日本の娯楽興行に博徒や侠客の集団が関係していたことはこれまでしばしば指摘されてきたが[11]、そのような関係は北米の日系移民地でも同様に確認できる。日米興行の社長・安田義哲《よしあき》は、もともとロサンゼルスに拠点をおいて賭場を経営する「東京倶楽部」の親分であり、カリフォルニア州の各都市にある倶楽部の支部を統括している立場にあった（東京倶楽部と勧進興行の関係については本章4節を参照されたい）。桑港興行と同じく、日米興行もサンフランシスコ、フレズノ、サクラメントなどの日系人たちが多く居住する都市に支店をもっていた。

後述するように、一九二六年まで、北米において日本映画だけを上映する映画館は存在しなかった。では日本映画はどこで上映されていたのだろうか。当時の日系新聞に掲載された日本映画興行の広告を調査してゆくと、桑港興行がサンフランシスコで日本映画の興行を主催する場合、日系の仏教会である「桑港寺」のホールや、日本語学園の「金門学園」のホールなどで実施していたことがわかる。同じように、日米興行がロサンゼルスで興行する場合も、西本願寺の別院ホールや、文化・芸術行事がしばしば実施された「大和ホール」などで上映されることがほとんどであった（日本映画がキリスト教の教会で上映されなかった理由については、本章5節で詳述する）。

日本映画が仏教会や日本語学園などの日系エスニック・コミュニティのホールのみで上映され、白人が経営する映画館では興行されなかった理由として、次の三点をあげることができる。

一番目は経済的な理由である。前章で解説したように、日系コミュニティの金銭を日系コミュニティの外に流出させるのではなく、できるだけ内部で流通させるためである。つまり、白人あるいはほかのエスニック・グループが経営する映画館を日本人移民たちが利用した場合、ホールのレンタル料を支払わなければならないため、日系社会内の金銭がほかのエスニック集団に流出してしまう。

二番目の理由は、アメリカの映画産業の制度的なものである。アメリカの労働者階級と映画産業とのかかわりを論じたスティーヴン・ロスによれば、一九二八年の時点でアメリカに映画配給会社が一〇社存在し、それらの配給会社がアメリカで公開される全映画の九八パーセントを配給していたという。なかでもメジャー会社のパラマウント、MGM、ワーナー、フォックスの四社だけで、アメリカ劇映画の九〇パーセントを製作しており、一九二八年までに映画産業における製作・配給・興行の全部門を独占的に支配する「垂直統合支配」（＝スタジオ・システム）が完成していたのである。[12] 換言すれば、一九二〇年代になってスタジオ・システムが強固なものになってくると、各映画館はいずれかの製作会社と独占的な契約を結ぶことになり、他社が製作した映画の上映が困難になった。したがって、一九二〇年代になって北米で日本映画を上映しようとしても、スタジオ・システムが完成したアメリカの商業映画館のネットワークのなかで実施することはきわめて困難であった。その結果、日本映画は日系コミュニティの劇場やホールでしか上映できなくなったといえる。

三番目の理由は、白人が経営する劇場における労働組合（ユニオン）の存在である。スタジオ・システムの完成は、同時に映画産業における労働組合の発展をも意味していた。日米興行の会計係をしていた森野正一によると、「白人の劇場ではユニオンの勢力が強く、各部署に何名の組合員を使用せよと命令を受け、これを拒絶すると〔白人劇場において日本ものの〕芝居はできない[13]」状況であったという。また、森野によると、ロングビーチのある白人劇場で日本からきた芸人の興行をした際に、「〔労働組合の〕二人の電気係を使えとユニオンが〔日米興行に〕要求したが、〔日米興行が〕一人でよいとことわったところ、演劇の最中に電気を消したり、点じたりして芝居ができず、組合の要求通り電気係を二人にしてやっと芝居を終えた[14]」と回想している。森野の回想から、日米興行は当時、白人が主体となっている劇場の産業組合に属していなかったため、容易に白人劇場で興行することができなかったことが推測できる。

以上のように、一九二〇年代前半に北米の日系移民地において娯楽興行が組織化され、娯楽興行の広告が毎日のように各日系新聞の紙面をにぎわすことになった。しかし同時に、日系社会における娯楽興行の発展は、白人が経営する映画館や劇場で日本映画が興行しにくくなり、日系コミュニティの娯楽がコミュニティの内部へと自閉してゆくプロセスでもあった。そのことを象徴的に示す出来事は、一九二五年に開館した映画館「富士館」の設立である。

2　日本映画専門館「富士館」の誕生

日系移民にかぎらず、アメリカへ渡った各移民グループは、それぞれの出身地域で製作された映画をアメリカに輸入してコミュニティ内で上映していた。アメリカにおける映画興行史を執筆したダグラス・ゴメリーは『共有された快楽』（一九九二年）において、各エスニック・グループのために「外国語映画」（＝英語以外の言語がもちいられている映画作品）を上映するエスニック映画館が、アメリカ国内に数多く存在していたことを指摘している。たとえば、一九三九年のニューヨークには、表2のような「外国語」映画の専門館が存在していた。

これらの外国語映画専門館で上映されるフィルムに英語字幕や英語の吹替がほどこされることはほとんどなかった。つまりこれらの専門映画館は、各エスニック集団の出身地域で使用されていた言語を理解する移民の第一世代の観客向けに興行していたのである。(16) したがって、ゴメリーのいうこれらの「エスニック映画館」（Ethnic Theatres）は、一九五〇年代以降のアメリカで〈芸術作品〉としての外国映画を英語字幕つきで上映する「アート・シアター」とは、本来的に異なる機能をもつ映画館である。

表２　1939年のニューヨークにおける「外国語」（英語以外の言語）映画の専門館数(15)

フランス語映画	10
ドイツ語映画	7
ポーランド語映画	1
アイルランド語映画	1
ギリシア語映画	1
イタリア語映画	1
ロシア語映画	2
ハンガリー語映画	1
イディッシュ語映画	2

ゴメリーの調査は一九三九年のニューヨークに限定されていたが、視点を西海岸に移せば、同時期のロサンゼルスにも週替りで日本映画を上映する日本映画の専門館が存在した。その映画館は、一九二六年から一九四一年のあいだにリトル・トーキョーで開館していた「富士館」（一時期「大富士館」と改称）である。富士館は、北米唯一の日本映画専門映画館としてロサンゼルスの日系移民に娯楽を提供し続けた。ただし、富士館がもともと一九二五年にハリウッド映画を上映する映画館として誕生しながら、その後わずか一カ月で多額の負債を抱えていったん閉館してしまったことはあまり知られていない。なぜ富士館はハリウッド映画から日本映画へ上映作品を変更したのだろうか。まずは富士館が設立されるまでの経緯を確認してみよう。

一九二五年九月、日米興行の初代社長・藤本安三郎は、リトル・トーキョー（ロサンゼルス）の有志たちから集めた資金で、メイン・ストリートの東一番街に映画館を建築した。新聞記事によると、翌一〇月に「開館式を行い」、その映画館は「主に日本物を観せるはず(17)」であると報

図 11　1927 年に富士館で上映された『野の花』（賀古残夢監督、松竹蒲田、1922 年日本封切）の新聞広告。男女 2 名の弁士が解説する

図 12　富士館の正面入口と広告（1940 年）

道されているため、計画段階では日本映画の上映館として準備が進められていたことがわかる。しかし、その後の新聞記事には、「映画は米国一流の会社と契約して年中無休で開場する」と報道されており、日本映画上映館からハリウッド映画上映館へと経営方針を変更したことがわかる。[18]

そして一九二五年一〇月二四日に富士館は開館し、第一回目のプログラムとして、『学窓の思ひ出』（*Braveheart*, アラン・ヘイル監督、一九二五年、一九二八年七月二〇日日本公開）と「明るい光」（*Bright Lights*, ロバート・Z・レオナルド監督、一九二五年、日本未公開）という二本のハリウッド映画を興行した。[19] 興行時間帯は、「昼夜五回回転、年中無休で開場する」[20]とあり、年中無休で午後から夜まで、ほぼ一日中上映するはずであった。

ところが、富士館は開館からわずか一カ月ほどで、一万一〇〇〇ドルの負債を抱えて閉館してしまい、翌年の一九二六年二月一五日に日本映画専門館として再開する。[21] 再開後の封切り第一作は『金色夜叉』（製作年不詳）で、弁士・桃中軒浪右衛門（次節で詳述）のパフォーマンスつきで興行された。これ以後、富士館は新作の日本映画を毎週入れ替えながら、一九四一年の太平洋戦争勃発まで興行し続けた(22)。

富士館の歴史について実証的な研究をおこなったジュンコ・オギハラは、富士館が開館以降、真珠湾攻撃まで順調に興行を継続できた理由として以下の三点を挙げている。

一、日本人移民はアメリカ映画より日本映画を好んだ点。そして一九二〇年以降に日本における劇映画の製作本数が増えた点。

二、富士館が、プロフェッショナルな興行会社である「日米興行」によって、組織的に経営された点。

三、上映時間を平日（月～金）は午後七時からの一回興行にして、週末（土・日）は午後二時と七時からの二回興行にした点。これは、労働者が大多数を占める日系人の生活時間帯に合わせた興行方式を採用したことを意味する(23)。

オギハラの指摘は的確であるが、そのいっぽうで、富士館の経営者が一九二五年の開館当初になぜ日本映画ではなくハリウッド映画を上映したのかについて説明はしていない。当時の日系新聞を読めば、一九一〇年代の日系移民による映画館の経営と同じ論理にしたがって、上映する映画が選択されていたと推測できる。つまり、日系コミュニティの経済的な発展を目指して、富士館は当初ハリウッド映画を上映する方針をとったのである。実際、富士館の開館直前、富士館の経営陣は次のような映画観客層を想定していた。

同胞〔日系人〕はもちろん墨国人〔メキシコ人〕、白人をも吸収の計画であるといえば、開館早々大盛況を呈すること必定で、引続ける不景気の声にさびれ気味であった邦人街もおおいに活気を呈しきたることであろ

う[24]

一九二一年に発行された『南加日本人年鑑』に、日系人が当時従事していた職業の一覧が掲載されている。この一覧を分析した南川文里は、日系人が従事する職業が「グロサリー業」「フルーツスタンド」「洋食飲食店」「旅館業」などの職種に過剰に集中していることを指摘しており、「日系移民企業が全体として、日系住民を対象としたものから、白人などの非日系住民を顧客とするビジネスへの転換が生じて」おり、「この時期、移民社会では、ホテル業や洋食店業などの白人を対象とするビジネスの成長に強い関心が寄せられ、ビジネスの起業が活発化していた」とまとめている[25]。つまり、一九二五年に富士館がハリウッド映画の興行で開館した理由は、日系人以外のエスニックな観客層を富士館へ呼び込むことによって、不況下にあったリトル・トーキョーを再興することが目論まれていたからである。

しかしながら、開館からわずか一カ月で巨額の負債を抱えて閉館せざるをえなかったのは、新聞記事が報道していたようなメキシコ人や白人観客が、予想に反して少なかったからであろう。さらに、興行時間の設定が、日系人たちの生活サイクルに合致していなかった点もある。農業従事者や労働者が多かった日系人たちにとって、平日の昼間の時間を娯楽に費やすことはできなかった。そのため、富士館が「昼夜五回回転、年中無休で開場」していても、日系人が映画を見ることのできる時間帯は極めて限定されていたのである。その反省を踏まえて、日本映画だけを上映するようになってからの富士館は、上映時間を平日は午後七時からの一回のみ、週末は午後二時と七時からの二回興行にして、日系人社会の生活サイクルにもっとも適した時間帯と回数に変更したおかげで、一九四一年一二月まで興行を継続することに成功したのである。

以上、リトル・トーキョーの富士館が街の繁栄策としてハリウッド映画の上映館として開館しつつも、わずか一カ月で閉館してしまったプロセスとその原因を解明してきた。そして、翌一九二六年からは日本映画の専門映

図 13　日本映画専門の映画館・富士館（左側）が見えるロサンゼルスのリトル・トーキョー一番街の風景。1941 年 7 月 29 日撮影

画館として、日系人の生活スタイルに適合した興行形態をとることで成功したこともあとづけた。ハリウッド映画を上映することで日系社会の経済的な発展が目論まれながらも、一九一〇年代のようなエスニック間の交流（混交する観客層）は実現せず、結果的に日本映画の上映実践は、日系人による日系人のための閉じられた娯楽として定着することになった。次節では、そのような閉じられた日系社会で実施された日本映画興行にとって極めて重要な役割を果たした弁士たちの活動に焦点を当てる。日系社会で活躍した無声映画の弁士たちは、どのような経緯で北米にやってきたのだろうか。また映画がトーキー化すると、彼らの仕事はどのように変化したのだろうか。

3　北米における弁士と巡回興行

北米の日系社会で開催される日本映画の興行に、弁士のパフォーマンスが付随するようになったのは、日系新聞の記事や広告から判断するかぎり、一九二〇年以降のことである。これは本章1節で解説したとおり、移民地における映画興行会社の誕生時期と一致しており、興行会社が組織的に日本の弁士を招聘して移民地で公演させたものと推測できる(26)。

日本からアメリカへ渡った弁士のなかには、あらかじめ興行会社と契約した巡業日程が終わると日本へ帰国するものもいれば、そのままアメリカに逗留して日本映画の弁士として活動を継続するものもいた。たとえば、日本における洋画説明者として名を馳せていた西村楽天は、一九二五年に日米興行の仲介で渡米して各移民地で公演したが、公演が終わるとすぐに日本へ帰国した(27)。

いっぽう、日系社会にそのまま残って活躍した弁士として、桃中軒浪右衛門、河合太洋（別名・河合清風）、松井翠民、北都齋謙遊、木村宗雄、日吉川秋月などを挙げることができる（女性弁士も新聞記事で確認することができる）(28)。そのなかでもっとも有名だったのは、本章冒頭にかかげた詩「日本の夜」で言及された「洋服にチョンマゲの弁士」こと、桃中軒浪右衛門である。

桃中軒浪右衛門（本名は檜枝峯吉、一八八七―一九七一）については、浪右衛門本人に聞取り調査をした日系移民研究家の伊藤一男による先行研究がある(29)。檜枝峯吉は佐賀県に生まれ、一九一一年に浪花節の大家である桃中軒雲右衛門の弟子になって浪曲を学んだ。芸名を「桃中軒浪右衛門」とした檜枝は、一九二二年に妻（芸名・京山八百子）と弟子を引き連れてハワイへ渡る。弟子のなかには、桃中軒亦右衛門《またえもん》という名の弁士として日系社会で活躍した古賀亦雄（生年不詳―一九七〇）もいた(30)。

図 15 弁士付き巡業上映会の新聞広告。カリフォルニア州アラメダの日本興行が主催。新派（現代劇）専門の弁士と、旧劇（時代劇）専門の弁士が所属（『新世界』1922 年 1 月 14 日号）

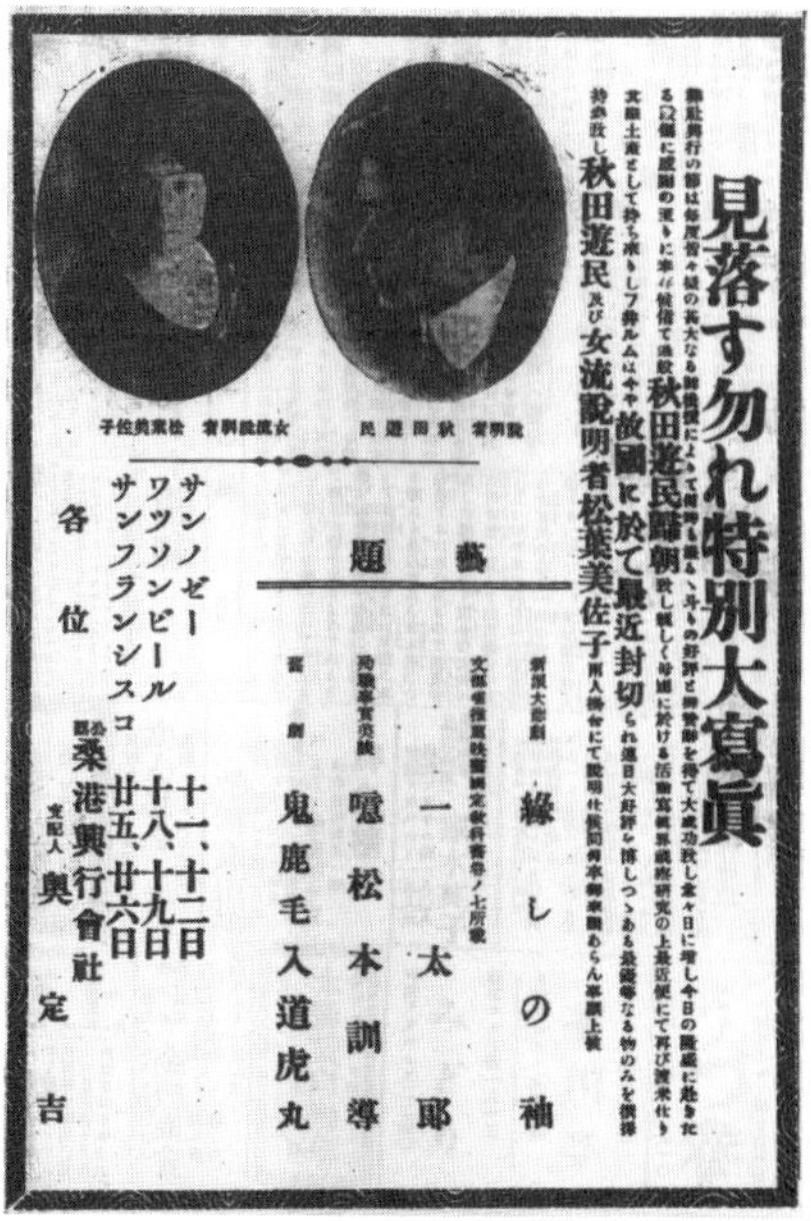

図 14 弁士付き上映会の新聞広告。『鬼鹿毛入道』（天活、1918 年日本公開）と『噫松本訓導』（国活、1920 年日本公開）の題名が確認できる（『新世界』1922 年 11 月 9 日号）

図 16 日系社会でもっとも人気のあった弁士・桃中軒浪衛右門が演じる映画上映会の新聞広告（『新世界』1924 年 1 月 3 日号）

アメリカで活躍した弁士には浪曲師出身者が多かった。桃中軒浪右衛門や桃中軒亦右衛門だけでなく、松井翠民[31]や、一九一三年に日本からハワイに渡った北都齋謙遊[32]も、もともとは日本で浪曲師として活躍していた芸人である。[33]

日本からハワイに渡った浪右衛門は、映画と浪曲を「連鎖」させたパフォーマンスで人気を博す。この場合の「連鎖」とは、一九一〇年代の日本で流行した映画と演劇をミックスする「連鎖劇」との関係はなく、無声映画を浪曲風の語りと伴奏音楽によって解説するという意味の「連鎖」である。そのパフォーマンスが人気を呼び、翌一九二三年になると桑港興行の招聘によってサンフランシスコへ渡り、日本映画の弁士として活躍しはじめた。彼のトレードマークは頭のちょんまげであった。[34]一九二四年初頭の新聞広告には「浪右衛門式活動写真連鎖浪花節」というふれこみで喧伝されている。[35]普通の弁士は映画の内容を〈ものがたる〉だけであるが、浪右衛門の場合は本業であった浪曲師の特技を活かして、節を付けて〈うなり〉ながら映画の解説をおこなったものと推測できる。新聞広告から判断するかぎり、上映中の伴奏音楽は、浪曲同様、三味線だけのシンプルなものであった。[36]

先述したように日本映画の専門映画館はロサンゼルスの富士館のみであり、それ以外の日系コミュニティにおける日本映画の上映は、日米興行をはじめとする興行会社が組織した専属の「映画巡業団」によって実施されていた。桃中軒浪右衛門、河合太洋、松井翠民、北都齋謙遊、木村宗雄、[37]日吉川秋月などの各弁士は、映画フィルムと映写機材を車に載せ、北米各地の日系移民地を数ヵ月かけて巡業した。各弁士がロサンゼルスの富士館で興行するのは、一年のうち一カ月から二カ月程度であり、そのほかの期間は、地方へ巡業に出るというサイクルになっていた。表3は、『羅府新報』に掲載された映画広告を元に作成した、一九二九年末から一九三一年正月までの富士館における上映作品と担当弁士の一覧である。一九三〇年に富士館で封切られた長篇劇映画は、計四五作品で、そのうち現代劇は一八本、時代劇は二七本であった。

桃中軒浪右衛門が富士館で興行したのは、①『忠次旅日記』を解説した正月興行、②『高濱常盤』と『陸の王者』を解説した三月下旬から四月上旬、③『処女の死』『落ち行く奥州路』『野獣』『感激時代』を解説した八月下旬から九月上旬、の計三回である。つまり、浪右衛門は三―四カ月に一度だけリトル・トーキョーの富士館に戻って興行するほかは、地方の日系コミュニティを巡業していた。

松井翠民の場合は、①『勿笑金平』と『慈しみの雨』を解説した三月、②『萬花地獄（前篇・後篇）』『軍神橘中佐』『闇』を解説した七月末から八月に上旬、③『弁天小僧菊之助』と『東郷大将』を解説した一二月、の計三回にわたって富士館で弁士を担当した。このように松井翠民の場合も三―四カ月に一度しか富士館で興行しておらず、浪右衛門と同じ周期で地方巡業へおもむいていた。

このリストからわかるもうひとつのことは、若干の例外はあるものの、日本で封切られてから平均して二―三年ほど経過した映画が北米へ輸入され、日系コミュニティで上映されていた点である。たとえば、無声時代劇の代表作のひとつである一九二七年の『忠次旅日記』（伊藤大輔監督、日活）は、一九三〇年の正月興行として富士館で上映され、その後フィルムはサンフランシスコにわたり、同年の二月一日と二日に日本語教育機関である金門学園のホールで同じ桃中軒浪右衛門の解説によって上映されている。[39]

オギハラによると、富士館にサウンド・トラックがフィルムに焼きつけられたトーキー映画（フィルム式トーキー）を上映する設備が整えられたのは、一九三五年四月三〇日であった。[40] つまり、一九三〇年の時点で、リトル・トーキョー内にトーキー設備のある劇場や映画館は存在しなかった。それゆえ、一九三〇年に日系人が制作した日本語のトーキー映画『地軸を廻す力』は、リトル・トーキョーから若干はなれたボイルハイツの白人が経営する映画館で興行しなければならなかったのである（第八章参照）。実際、一九三〇年九月に富士館で上映されたトーキー作品の『大都会　労働篇』（一九二九年）も、フィルム式のトーキーではなく、レコードプレーヤーとシンクロさせて上映するイーストフォン式（ディスク式＝レコード式）のフィルムであった。

北米の弁士たちがもっとも活躍したのは、一九二〇年代から一九三〇年代前半である。当然ながら無声映画の

1930.07.30	松井翠民	萬花地獄（1927？、前篇、後篇の2週連続）	マキノ？	時
1930.08.13	松井翠民	軍神橘中佐（1926）／闇　後日譚（1929）	松竹／阪妻プロ	現／時
1930.08.20	桃中軒浪右衛門	処女の死（1927）／落ち行く奥州路（1926）	松竹／阪妻プロ	時／現
1930.08.27	桃中軒浪右衛門	野獣（1927）	右太衛門プロ	時
1930.09.03	桃中軒浪右衛門	感激時代（1928）	松竹	現
1930.09.10	木村宗雄	大都会　労働篇（1929、イーストフォン発声版）	松竹	現
1930.09.17	木村宗雄	維新の京洛（1928、前後篇の2週連続）	日活	時
1930.10.01	北都齋謙遊	父帰る（前後編）	松竹	現
1930.10.08	北都齋謙遊	天野屋利兵衛（1928）	日活	時
1930.10.15	北都齋謙遊	龍巻長屋（1929）	日活	時
1930.10.22	荒川亀城	君が代（1928）	国際映画協会（東亜キネマ？）	現
1930.10.30	荒川亀城	新四谷怪談（1925）	東邦映画	時
1930.11.05	藤岡吟波	大地は微笑む（1925、前篇、後篇の2週連続）	松竹	現
1930.11.19	河合大洋	浄魂（1927）	右太衛門プロ	時
1930.11.26	河合大洋	母（1929）	松竹	現
1930.12.03	河合大洋	撃滅（1930）	日活	現
1930.12.10	松井翠民	弁天小僧菊之助	不明	時
1930.12.17	松井翠民	東郷大将	不明	現
1930.12.24	荒川亀城	黒髪地獄（1925）	マキノ	時
1931.01.01	北都齋謙遊	涙の喜劇　金	日活	現

表3　1929年11月から1930年1月に富士館で上映された長篇映画一覧[38]

封切日	弁士	作品	製作会社	現代劇／時代劇
1929.11.26	日吉川秋月	水戸黄門（1926）	日活	時
1929.12.17	松井翠民	空の勇者	不明	現
1929.12.24	松井翠民	乱星（1927）／結婚すべからず（1924）	片岡松燕プロダクション／マキノ	時／現
1930.01.01	桃中軒浪右衛門	忠次旅日記（1927）	日活	時
1930.01.14	木村宗雄	地雷火組（1928、前篇、続編、解決篇などの4週連続）	日活	時
1930.02.11	河合大洋	英傑豊臣秀吉（1929）	日活	時
1930.02.18	河合大洋	岩見重太郎兼相（1928？）	帝キネ？	時
1930.02.25	藤岡吟波	天下太平記（1928）	千恵蔵プロ	時
1930.03.04	松井翠民	刎笑金平（1927）／慈しみの雨（1924？）	右太衛門プロ／帝キネ？	時／現
1930.03.18	桃中軒浪右衛門	高濱常盤（1928）	右太衛門プロ	時
1930.04.01	桃中軒浪右衛門	陸の王者（1928）	松竹	現
1930.04.08	木村宗雄	高橋お傳（1929？）	河合？	現
1930.04.15	木村宗雄	灰塵（1929）	日活	現
1930.04.22	木村宗雄	初鰹（1925）／震災の思い出	松竹／日活	時／現
1930.04.30	ジョージ桑 荒川亀城	愛する者の道（1929）	マキノ	現
1930.05.07	荒川亀城	摩天楼（1930）	日活	現
1930.05.14	細川天流	平井権八一代記（1928？）	河合？	時
1930.05.21	細川天流	実録千代萩	不明	時
1930.05.28	北都齋謙遊	不破数右衛門（1928）	日活？	時
1930.06.04	北都齋謙遊	平手造酒（1928？）	日活	時
1930.06.11	北都齋謙遊	牡丹燈籠（1926？）	マキノ	時
1930.06.28	藤岡吟波	逆風（1926）	東亜	時
1930.06.25	國本輝堂	谷村計介一代記	中外活動写真協会	時（明治維新もの）
1930.07.02	荒川亀城	女殺し油地獄（1928）	帝キネ	時
1930.07.10	河合大洋	大岡政談（1928、鈴川源十郎の巻、中篇、下篇の3週連続）	東亜	時

図17　桑港学生会の運営費を調達する寄付興行として実施された『忠次旅日記』（伊藤大輔監督、日活、1927年日本封切）上映会の新聞広告（『日米』1930年1月27日号）

図18　トーキー版『大都会　労働篇』（牛原虚彦監督、松竹、1929年日本封切）上映の新聞広告（『羅府新報』1930年9月10日）。富士館で初めて上映された（ディスク式）トーキー映画

上映機会がなければ、弁士として活躍することはできない。一九三〇年代中頃までに日本映画の大多数がトーキー化すると、アメリカに輸入される日本映画もトーキー作品が主流になり、弁士たちは弁士としての活動の場を失った。しかし弁士たちはこれまで自分の足で築いてきた日系コミュニティとの関係を活かし、トーキー映画時代になっても、各日系移民地に日本映画のフィルムと映写機を運んで上映する「巡回興行師」として、一九五〇年代まで活躍した。

これまで一九二〇年代の日系コミュニティにおける日本映画の興行形態を、興行会社の制度化（1節）、日本映画常設館の設立（2節）、弁士の活躍（3節）という側面から解明してきた。次節では、これまでの知見を総合しながら、日本映画興行が日系社会において果たした経済的・文化的な機能を考察する。

4 「エスニック経済」としての映画興行

富士館の事例から明らかなように、一九二〇年代になると、日本映画の興行はほかのエスニック集団とまったく交わることのない閉ざされた空間（仏教会ホール、日本語学園ホール、富士館など）で実施されるようになった。

一九一〇年代に日系社会の経済的な活性化を目的としてアメリカ映画を上映する映画館の経営が注目されていたとすれば、一九二〇年代においても日本映画の興行が日系社会の経済的な繁栄のために活用されたとしてもおかしくない。この時期の日系社会において、日本映画の上映を含む娯楽興行のもっとも特徴的な興行形態は、「勧進＝寄付興行」（benefit show）であった。

本章の1節で触れたように、日系社会における娯楽興行は、各地域で賭場などを取り仕切る組織（多くの場合「〜倶楽部」と名乗っていた）が統括していた。いわば移民社会の〈暗部〉によって管理されていた映画興行であるが、そのいっぽうで、映画興行には、日系団体のさまざまな活動資金を集める勧進興行の目的が兼ね備わっており、日系コミュニティを経済的に支援する機能を有していた。本節では、賭場組織と勧進興行の関係を探ることによって、日系コミュニティにおける娯楽興行の経済的・文化的機能を明らかにする。

東京倶楽部における映画興行は次頁の図19のように位置づけられる。

東京倶楽部の活動は、①賭場の経営と、②日米興行の経営の二つに大別できる。日米興行の仕事は、③日本から来た芸人の興行を日系コミュニティにおいて開催し、④日本映画を興行することである。映画興行にも二通りあり、⑤日本映画専門館「富士館」の経営と、⑥日米興行に専属する弁士を地方の日系コミュニティへ派遣して巡回映画興行を実施することに分けられる。

図 19　東京倶楽部による娯楽興行

- 東京倶楽部
  - ①賭場経営
  - ②「日米興行」経営
    - ③演芸興行（浪花節、歌舞伎、剣戟団、演劇など）
    - ④映画興行
      - ⑤日本映画常設館「富士館」経営（1926-1941）
      - ⑥映画巡業団（弁士が各日系コミュニティを巡回）

日米興行および富士館の会計を担当した森野正一は、一九三〇年前後の日米興行の様子を次のように振り返る。「興行物が同じ日にかち合わぬように統制していたので、なにか催し物がある場合は、かならず〔日米〕興行会社に連絡があった。連絡のあった催し物は後援して祝儀を出した。また世話をたのまれると、会場、広告はもとより木戸にいたるまでいっさいの世話をした」[41]。このように、東京倶楽部は日本映画を含む日系コミュニティ内で実施されるあらゆる娯楽興行を管理し、掌握していたのである。

映画興行が日系コミュニティの各団体が主催する一種の勧進興行（寄付募集興行）として開催されていた例を見てみよう。一九二五年に「マテナス」（Martinez）で開催された日本映画上映会の場合、その利益を「当地唯一の公共団体たる農事同志会に寄付するという趣意で」興行が実施された。その結果「非常なる盛況を呈し」、「寄付金も多額に上り、総収入四七九ドル五〇仙《セント》、支出一〇三ドル八〇仙、差引残額三七五ドル七〇仙の純益金は主催者より同志会に寄付」された[42]。

一九六〇年の『南加州日本人七十年史』で指摘されているように、日系コミュニティにおける「倶楽部」の役割は、もともと日本人移民の金銭が中国人の賭場に流れることを阻止するために設立されたものである[43]。ただし、従来の研究は、〈日系移民 対 中国系移民〉というエスニック間の対立図式に注目するあまり、一九二〇年代以降の日系社会における「倶楽部」の重要な経済的かつ文化的な機能を見過ごしてきた。そのため、賭場に流れた金銭が日系コミュニティに「還流」する「システム」を、従来の研究は明らかにしてこなかった[44]。その「還流」のしくみを解読する鍵こそ、「勧進興行」という興行形態である。

図20　東京倶楽部を介した日系コミュニティの娯楽費の循環

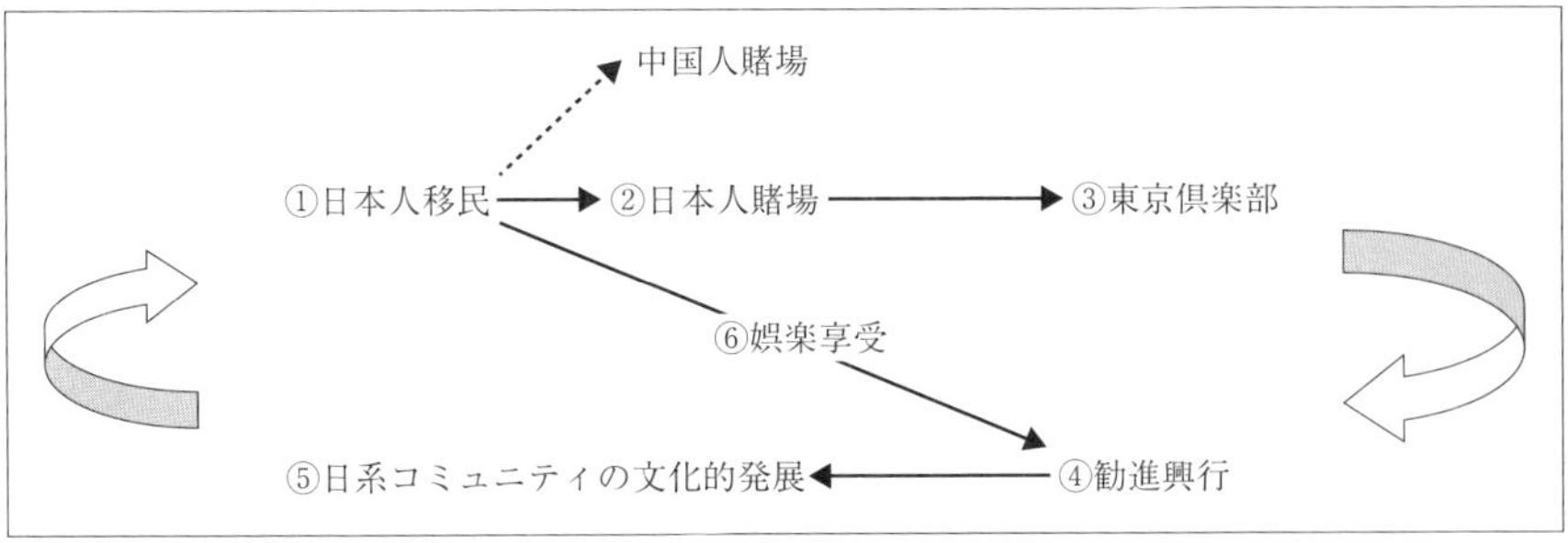

東京倶楽部の一元的な支配のもとで実施された日本映画興行の経済的・文化的な機能とは、図20のようなものである。③東京倶楽部の賭場に蓄積された〈汚れた〉金銭は、④勧進興行における〈寄付金〉という形で〈洗浄〉されて、⑤各日系コミュニティの経済的・文化的な活動資金に変化して部分的に還流する。つまり、日系人にとっての娯楽（recreation）は単なる〈気晴らし〉に終わるものではなく、東京倶楽部を媒介にすることによって、日系コミュニティの経済的・文化的な再創造（re-creation）に貢献するエスニックな実践としてシステム化されていた。当時のアメリカ社会における不平等な権力構造のなかで、あるエスニック集団がみずからの経済的な利益を保持するために形成する経済システムを「エスニック経済」と呼ぶとすれば、娯楽という生産性のとぼしい活動に消費された〈無駄な〉金銭を、コミュニティ外に流出させずに還流させる勧進興行は、ひとつの重要な「エスニック経済」のシステムであったといえる。

本章の1節で解説したように、北米で日本映画が上映された場所は、サンフランシスコの場合には桑港寺のホールや金門学園のホールなどであり、ロサンゼルスで興行される場合には、西本願寺の別院ホールや大和ホールなどであった。ここでひとつの疑問がわいてくる。つまり、なぜ日系のキリスト教会では日本映画が上映されなかったのだろうかという疑問である。次節では、一九二〇年代の日系キリスト教会と映画の関わりを明らかにすることによって、映画の上映実践における宗教的な役割について考察する。

5　宗教と映画上映の政治学

ロサンゼルスの日系キリスト教会のひとつである合同教会（Union Church）は、一九一八年二月七日に日系の三つのキリスト教会（長老教会派、組合派、ベツレヘム組合派）が合併して生まれた教会である[45]。一九二二年、合同教会はリトル・トーキョーの北端に位置する北サンピドロ街一二〇に会堂の建設を計画した。一九二二年七月三〇日に起工式が行なわれ、翌一九二三年三月二五日に落成した（現在はUnion Center for the Artsという文化団体の建物として使用されている）。

この会堂の建設に関して注目すべきは、多額の建設資金がアメリカ人のキリスト教会から捻出されていることである。『新世界』の記事によると、建築予算の総計六万ドルのうち、「米人教会負担」は三万五〇〇〇ドルで、日本人移民の負担は二万五〇〇〇ドルだと記されている。つまり合同教会は、会堂の建設費の半分以上をアメリカ人の教会に頼っていたのである[46]。

アメリカの日系キリスト教会は、①日本人だけで経済的に自立して教会の運営を行なってゆく「日本人独立教会」のグループと、②アメリカのキリスト教会から経済的支援を受けている「非独立派教会」のグループに分類することができる。一九二三年の時点でロサンゼルスの合同教会がアメリカの教会組織から経済的支援を受けている「非独立派教会」であったことは、建設資金の内訳から明らかだ。合同教会がアメリカの教会から経済的な援助を受けているのであれば、その教会につどう日系移民たちはアメリカ社会への同化が期待されていたと考えるのが自然である。そのような教会において、移民の出身国で製作され、出身国の言語のみ使用される日本映画が上映されることはなかった。

ただし合同教会は映画というメディアを活用しなかったわけではない。合同教会はアメリカに渡った移民たちの成功物語が描かれたハリウッド映画を意識的に選択して上映会を実施した。会堂が落成してから約四カ月後の一九二三年七月から八月の間に、合同教会において次の四本のハリウッド映画が日系人たちのために無料で上映された（次頁表4参照）。

①ヴィクトル・ユゴー原作の『レ・ミゼラブル』は、移民をテーマにした物語ではないものの、キリスト教的な道徳観に裏打ちされた物語であり、日系のキリスト教会でこの作品が上映されることに何の不思議もない。

②『餓えたる心』は、ロシアからアメリカにやってきたユダヤ系移民の家族の物語で、ニューヨークのユダヤ人街として有名なローワー・イーストサイドの細民街に育った主人公が、アメリカで社会的な上昇を達成するという成功物語である。

③『マイ・ボーイ』は、ヨーロッパからアメリカへ向かう移民船のなかで少年が母親を病気で亡くしてしまうが、アメリカの地で無事に親戚を見つけて保護されるというハッピー・エンディングの物語である。

④『ユーモレスク』は、ローワー・イーストサイドに住むユダヤ人家庭の子供が、ヴァイオリニストとして成功して貧困から脱出する。しかし第一次世界大戦がはじまると、主人公はアメリカ兵として従軍して腕を負傷してしまい、演奏できなくなってしまう。しかし、主人公の腕は奇跡的に回復し、ふたたび音楽家として成功する

羅府
合同教會建築起工式
當教會多年宿案中の新教會堂建築事業等は教會員の奮起と共に米教會の協力及同胞諸氏の多大の御同情に依り今回愈々其建築工事に着手する運びに至り左記の期日に於て之れが起工式擧行可致候間廣く同胞諸君の賓列席を希望す
期日　七月二十日（日曜）日午後四時
プログラム　日米人名士の演說、音樂並に饗應
場所　北サンペドロ街百二十番地
羅府合同教會

図21　合同教会の竣工式を告知する新聞記事（『羅府新報』1922年7月25日号）。7月20日と記載されているが実際は7月30日に開催

物語である。[47]

このような映画の選択に、合同教会のどのような意図が込められているのだろうか。移民の主人公が社会的な成功をおさめ、ハッピー・エンディングを迎える物語を日系移民たちに見せること。そしてアメリカ社会におけるユダヤ系移民の成功物語を、日系キリスト教会において無料で上映するということ。これらのことに、アメリカ人の教会組織から経済的な援助を受けていた合同教会が、日本人移民たちにアメリカ社会への「同化」の希望を植えつけ、アメリカに対する信頼を育成する意図を読み取ることが可能であろう。特に『ユーモレスク』で描かれているのは、アメリカでは移民にも社会的な成功が約束されているという「アメリカン・ドリーム」だけでなく、アメリカに忠誠を誓って第一次世界大戦に従軍するという主人公のナショナリズムも描かれている。これら四本の映画のテーマを確認すれば、アメリカ人の教会組織からの援助を受けた合同教会が、約二カ月にわたり、明確な意図をもって四本のハリウッド映画を選択し、信者たちに見せていたことは明らかである。

表4　合同教会で上映されたハリウッド映画（1923年7月～8月）

	上映日	上映作品
1	1923年7月14（土）・15日（日）	『レ・ミゼラブル』（*les Miserables*、フランク・ロイド監督、FOX、1918）
2	1923年7月29日（日）	『餓えたる心』（*Hungry Hearts*、E・メイスン・ホッパー監督、ゴールドウィン、1922）
3	1923年8月12日（日）	『マイ・ボーイ』（*My Boy*、ヴィクター・ヘルマン、アルバート・オースティン監督、ジャッキー・クーガン・プロ、1922）
4	1923年8月26日（日）	『ユーモレスク』（*Humoresque*、フランク・ボゼージ監督、コスモポリタン映画、1920）

これらのハリウッド映画が合同教会で上映された一九二三年は、翌一九二四年に成立する移民法改正によって、日本からの移民が実質的に禁止される直前にあたる。つまり、日本人移民たちは、アメリカ社会へ同化できるという希望をかすかに抱いていた時代であった。ロサンゼルスにおける戦前の日系キリスト教会の歴史を解明したブライアン・ハヤシによれば、一九二四年の移民法改正以降、日系キリスト教会は徐々にアメリカ人が経営する

教会組織からの経済的な独立を目指すようになり、一九三〇年までにアメリカの教会からの独立が完了したという。[48] したがって、一九二三年の合同教会においてユダヤ系移民の社会的上昇を描いたハリウッド映画が上映されたことは、当時の合同教会がアメリカ人の教会に経済的に依存している状態を象徴する出来事であったといえる。また、アメリカ人の教会組織から潤沢な支援を受けている以上、本章4節で考察したような日系コミュニティの「エスニック経済」を合同教会が優先させる必要はない。だからこそ、合同教会の映画上映会は寄付興行ではなく入場無料だったのである。[49]

一九一〇年代の映画館では、日系移民とほかのエスニック集団が混交する空間が生まれていた。しかし、一九二〇年代になると、日系社会の娯楽はほかのエスニック集団から孤立しはじめ、日系人はみずからの閉じたコミュニティ内で日本映画を受容するようになる。一九二五年に設立された富士館が、ハリウッド映画の専門館として設立されつつも、翌年に日本映画の専門館へ方向転換したことは、一九二〇年代的な日系社会の状況を端的にあらわしている。そして、アメリカ社会から孤立していった日系社会は、日系人としてのエスニックな結束(ethnic solidarity)を強化してゆき、コミュニティの経済的な安定を持続させるための「エスニック経済」を構築した。その「エスニック経済」は、賭場組織を媒介にして日系移民の娯楽の消費さえもたくみに組み込んでいたのである。

前出の土橋治重の詩「日本の夜」の最後の部分を思い出してみよう。それは次のように締めくくられる。

活動写真がはねて外へでると
ピストルと現実しか通用しない
車のテールライトの波
いったいジャパニーズヤングのミーは

この詩は、アメリカの「人種形成」のなかで、白人の主流社会から自律したコミュニティを形成しつつあった一九二〇年代の日系社会に暮らす移民の映画体験をシンボリックにあらわしている。(50) 外界の環境から遮断された日本映画の上映空間にひろがる暗闇は、まさにひとときだけアメリカでの過酷な現実を忘却して「日本の夜」に酔いしれることのできる特別な時空間であった。しかし、上映会が終わって上映場所から一歩外へ出れば、そこは日系人に対する差別が充満する「ピストルと現実しか通用しない」空間である。この詩の語り手は、「日本の夜のなにに酔ってきたのであろうか」と自問自答せざるをえず、己れのアイデンティティの揺らぎを自覚する。このようにエスニック・コミュニティ内の安心感と、アメリカ社会の現実に引き戻されたときの不安感が交錯する体験こそ、在米日本人独自の日本映画体験であったといえよう。

次章では、一九三〇年代における日本映画の上映実践と日系人のアイデンティティの関係を考察する。一九三〇年代になると、アメリカに生活の拠点を定めた「在米日本人」のアイデンティティはますます強化され、移民地における日本映画の役割もさらに多様性を帯びてくる。それに加えて、一九三一年の満州事変以降、アメリカの日系社会でも日本に対するナショナリズムが高揚する。日本映画は、たんなる娯楽としての機能を超えて、二世に〈日本精神〉を植えつける教育的なツールとして、また日本に対するナショナリズムを強化する政治的なツールとして活用されはじめる。

第五章　一九三〇年代の日本映画上映運動と「人種形成」

本章の目的は、一世のキリスト教牧師・伴武《ばんたけし》（一八八四―一九五六）が一九三〇年代のアメリカで実践した日本映画の上映活動をあとづけることによって、一九三〇年代の在米日本人のトランスナショナルなアイデンティティの様態を分析することにある。前半では、伴の経歴を振り返り、一九一〇年代における日本人の独立教会主義（後述）が、一九三〇年代における伴の「在米日本人」としてのアイデンティティを形成する思想的な背景になったことを明らかにする。

そして本章の後半では、伴の一九三〇年代における〈日本民族〉に関する言説を分析することで、一九三〇年代の日系社会における「人種形成」（「はじめに」の定義を参照されたい）の境界線をめぐる政治学を測定する。近年の豊富な「一九三〇年代研究」(1)が証明しているように、伴の言説は「祖国日本に対するナショナリズムの発露」として安易に単純化されるものではなく、日本とアメリカの双方の言説のせめぎあい（negotiation）の痕跡としてとらえることが重要である。オミとワイナントはアメリカの「人種形成」を、白人が支配する社会構造を強化する人種的なカテゴリーが「創造され、居住され、変容され、破戒される社会的・歴史的なプロセス」であると定義したが(2)、戦前の日本でも同様に、多民族国家の社会構造を序列化する「人種形成」が存在した。繰り返せばそれは、〈大和民族〉をヒエラルキーの頂点にした、（琉球とアイヌを含む）朝鮮、台湾などの被植民地「臣民」を、政治的・経済的・文化的に支配する「人種形成」のことである。

一九九〇年代以降の「日系アメリカ人研究」では、一九三〇年代における在米日本人のナショナリズムとエスニシティの問題を、トランスナショナルな視点から考察する動きが活発化しており、いまや研究者にとって「語られない一九三〇年代」[3]の状況は変わりつつある。米山裕は、戦後の二世が生みだしたアメリカへの〈同化物語〉の圧倒的な言説によって、一九三〇年代の在米日本人がもっていた「越境性」が隠蔽され、否定されてしまったと指摘し、単一の国民国家の枠組みで在米日本人の問題を論じることの危険性を主張した[4]。南川文里は、オミとワイナントがもちいたアメリカ社会における「人種形成」概念を展開させて、アメリカの「人種形成」の「境界を揺るがすトランスナショナルな人／モノ／資本の移動を通じた再編成」を捉えるために、「人種エスニック編成」(racial-ethnic formation) という概念を提起している[5]。さらに東栄一郎は、トランスナショナルという用語が暗示する超越性が無批判な状態で使用される危険性を回避するため、「二国に挟まれた（それを超越するのではない）彼らの日常生活体験とそこから派生する思考パターンに注目」する「間・国家的視点」(inter-National perspective) から日系移民たちの「折衷的な」アイディティティの政治を分析した[6]。

それらの先行研究を踏まえると、アメリカ一国の「人種形成」の枠組みだけで在米日本人のアイデンティティ・ポリティクスを語るのではなく、アメリカと日本の二つの「人種形成」の交渉から生みだされた、在米日本人の越境的な「人種形成」の様態を明らかにすることが必要であり、さらに、在米日本人の言説を「トランスナショナルな歴史制作」(Transnational History Making)[7]のひとつとして捉え直す必要があることは明らかだ。

1　伴武による日本人独立教会の設立

一九二〇年代の日本映画興行が、娯楽に消費した日系移民の金銭を日系コミュニティの文化事業に「還流」させる経済的な機能をもっていたとすれば、一九三一年の満州事変以後の日本映画興行の機能とは、経済的な機能に、政治的・教育的な機能が付加されたものといえる。一九三〇年代の映画上映が一九二〇年代におけるそれと大きく異なるのは、日本の劇映画に加えて、日本の短篇ニュース映画も併映されることが多かった点である。日本映画上映の「政治的」な機能とは、日本のニュース映画やプロパガンダ劇映画を日系移民地で上映することによって、日本に対するナショナリスティックな感情と言説が、各地域の日系人に浸透する機能をさす。一部の在米日本人が食い入るようにニュース映画を見たことは、一九三八年に書かれた次の短歌から想像することができるだろう。

ニュース映画に髪を刈りをる兵の顔　みよりの者によく似たりしか[8]

図22　戦記映画『五人の斥候兵』（田坂具隆監督、日活、1938年1月日本封切）上映会の新聞広告（『加州毎日新聞』1938年7月13日号）

また「教育的」な機能とは、一九三〇年代の日系社会の言説のなかで、日本映画が二世に日本的な価値観（「日本精神」としばしば呼ばれた）を植えつけるメディアとして認識されていたことをさしている（実際に二世に対して「教育的」に作用したかどうかは別問題である）。

本節の課題は、在米日本人による「日本人独立教会（独立自給教会）」の構想が、どのような歴史的状況において生まれたのかを考察し、一九三〇年代に伴武がおこなった日本映画上映活動の思想的背景を探ることにある。まずは伴武の経歴を確認してみよう。[9]

伴武は一八八四年に熊本県に生まれ、一九一〇年にキリスト教牧師としてハワイへ渡った日本人移民（一世）である。一九一三年七月にカリフォルニア州オレンジ郡（Orange county）のサンタアナ第一組合教会（111 N. Main St. Santa Ana）へ移り、さらに日本人移民に対する伝道活動を続けた。[10] 一九一五年一〇月一七日、オレンジ郡のガーデン・グローブに「日本人独立教会」を「十数名の同志と共に」設立し、アメリカの伝道会社（＝キリスト教団体）からの経済的援助を受けない日本人による「自給伝道」を実践した。[11] 一九一七年に、自身の説教集『基督教の美観』（日本人独立基督協会）を発行する。

図23　伴武の肖像写真（1929年頃）

伴は牧師として活動するかたわら、カリフォルニア州のパサデナ大学で神学の博士号を取得。一九二九年から一九三五年まで、羅府太平洋大学（Los Angeles Pacific College）[12]の日本学部長（Dean of Japanese Department）に就任。満州事変直後の一九三一年一一月に、二世教育と日米の相互理解促進を目的とした「太平洋文化教育会」（Pacific Society of Religious Education）をロサンゼルスのボイルハイツに設立し、カリフォルニア州公認の財団法人として登録された。太平洋文化教育会の組織は、大学教育部、講演部、出版部、映画部、文学及び音楽部の五つに分かれていた。[13]

一九三二年三月以降、伴は「映画を通じて教育へ」をモットーにして、彼自身の「講話」と日本映画の上映をセットにした「映画と講話」運動を開始し、日系コミュニティで上映会をおこなった。上映する日本映画のフィルムは、伴が日本から直接輸入したのではなく、先述したロサンゼルスの興行会社である日米興行と提携し、劇映画とニュース映画を借りたり購入したりすることで上映活動を実施した。一九三八年になると、伴は「太平洋

図 24　伴武が主催していた太平洋文化教育会のパンフレット（1930 年代中頃）

文化教育会」の映画部を拡大し、伴の息子が「第二班」として地方の日系コミュニティを巡業する上映活動もおこなった[14]。伴武の息子ウォーレス信郎が後年記した伴武の伝記によると、伴は「車にフィルムと映写機材を積み、みずからハンドルを握って、沿岸三州はじめ十六州を巡回、十万人の日系人一、二世と三万人のアメリカ人に呼びかけ」ながら「映画と講話」活動を継続したという[15]。そして、太平洋戦争勃発直後の一九四一年一二月一六日、伴はカリフォルニア州南部のベーカーズフィールドで連邦捜査局（ＦＢＩ）に拘束され、サンタフェ収容所に収容された。戦後に強制収容所から帰還すると、太平洋文化教育会の活動を再開して日本映画の上映会を継続したが、一九五六年二月一日に七一歳で死去した[16]。

日系移民のプロテスタントの活動については豊富な研究蓄積があるいっぽうで[17]、これまで伴武については東栄一郎の著作で言及されたことをのぞけば、まったく語られてこなかった[18]。その第一の理由は、伴がアメリカのキリスト教団体からの束縛を嫌って一九一五年に日本人独立教会を設立して以降、伴はほかの日系キリスト教会組織に属さなかったためである。第二の理由は、一九三〇年代の「太平洋文化教育会」が、キリスト教や仏教などの宗教の諸宗派を超えて活動するナショナルかつエスニックな運動であったために、「キリスト教指導者」としての伴の活動が注目されてこなかったためである。

排日運動が高まっていた一九一五年に、伴は日本人による日本人のための伝道活動を目的とした独立自給教会を設立した。では、独立自給教会とはどのような歴史的・政治的な状況において生まれたのだろうか。その点を考察することによって、伴が満州事変直後に「太平洋文化教育会」を設立するにいたる思想的な背景を解明できるはずである。

伴武による自給独立教会運動と思想的背景

伴は、小崎弘道の東京神学校（一九〇三―一九〇八年開校[19]）と、植村正久の東京神学社（一九〇四―一九三〇年開校）で、伝道師としての修行を積んだ。

東京神学校は、一九〇二年に小崎弘道がハワイ伝道へ赴いたさいに、日本人伝道師の数が少ないことを痛感して、一九〇三年にハワイの伝道会社の援助のもとに設立した伝道師の養成学校である[20]。したがって、伴が一九一〇年にまずハワイ伝道に赴いたのは、東京神学校時代に学んだ小崎弘道の影響が考えられる。いっぽう東京神学社は、日本人による独立したキリスト教会組織の設立[21]を唱えた植村正久が一九〇四年に設立した日本人伝道師の養成所である[22]。

キリスト教研究者で牧師でもある五十嵐喜和が指摘するように、植村正久の独立教会運動は、日露戦争（一九〇四―一九〇五）時に高揚した日本のナショナリズムと密接に結びついている[23]。東京神学社で植村正久の薫陶を受けた伴は、排日運動が激しい一九一〇年代のアメリカで、日本人の自給独立教会を設立した[24]。伴は自著『基督教の美観』（一九一七年）の「自序」において、「自給、自治、独立の教会主義は、日本基督教会及び日本組合基督教会等、現今日本に於ける大教会の唱道し来たれる所のものにて、余がこの精神をもって設立せられたる東京神学社に学びたるも、この主義の輝を仰ぎたるがためなりき[25]」と記し、植村の運動の継承者であることを宣言している。

本書第三章で明らかにしたように、一九一〇年代の日系社会は、エリート移民層が主導した「矯風運動」に象徴されるように、アメリカ社会への同化論が大きな流れとなっていた。しかし、一九一七年に執筆された伴の『基督教の美観』に、日本人移民の同化論や、「アメリカ化」の運動を受け入れる内容はまったく存在せず、反対に日露戦争の勝利以降にますます顕著になった天皇を軸とする日本に対するナショナリズム（太平洋戦争時の日本では、このような信仰を「日本的基督教」と呼んだ）にあふれた書物となっている。

①　願くばわが豊葦原瑞穂国《とよあしはらみずほのくに》をことほぎたまい、上皇室より下蒼生を護り、政治を執る者を指導し、わが民族をいや栄えに栄えしめたまえ。ことに米国の領内にある同胞を顧み、彼らの事業を祝し、穣々として実らしめ、この迫害のうちに彼らの子孫の基《もとい》を拓かしめたまえ[26]

②　子供等の　日本語学ぶ磯村の　小学校に国体を説く[27]

①については、排日運動によって「迫害」されている日本人「同胞」の海外における「発展」が強調され（開拓の「拓」という漢字が選択されている）、②については、「国体」教育を受ける二世の子供たちの情景が詩歌として詠われている（そのほかにも、明治天皇の天長節を祝う一九一二年の文章も掲載されている〔三二一―三二九頁〕）。

上記の伴の言説に、『基督教の美観』の序文を執筆した牧師の秦《はた》庄吉（伴と同じ組合教会の同士）の言説を重ねるならば、伴たちが設立した自給独立教会の政治性がより明らかになる。秦は、伴の活動を「大和民族の世界的発展」と結びつけて次のように論じる。

同胞が世界的に発展せざる間は、日本帝国の将来及び大和民族の前途は、決して楽観すべきものではない。

しかるにこの大使命を帯び、大和民族の世界的発展の先駆者となり、日本帝国が世界に雄飛する運命の開拓者であるべき、米国太平洋沿岸同胞の現状を観察すれば、寒心に堪えないことがおおくある[28]

一九三〇年代のアメリカにおける日系キリスト教会（合同教会、美以《みい》〔メソジスト〕教会、ホーリネス教会）のナショナリズムを考察したブライアン・ハヤシは、日系キリスト教会が白人教会からの経済的自立を達成できたのは、日系キリスト教会が日系コミュニティへの経済的依存を強めたからであり、さらに、コミュニティへの依存を強めるにつれて、日系キリスト教会は日本に対するナショナリズムを強めていったと指摘する[29]。

映画上映に関していえば、前章で述べたように、一九二〇年代に日本映画が仏教会で上映されることはあってもキリスト教会で上映されることはほとんどなく、アメリカの伝道会社の影響を受けた日系キリスト教会では、日本映画は「同化」を妨げるものとして上映されなかった[30]。ハヤシは、白人教会からの支援をみずから絶った日系キリスト教会が、日系社会からの経済的な支援をうるためにしばしば利用したのが映画上映会だったと指摘する[31]。アメリカ人教会組織からの経済的な自律と引き換えに、日系コミュニティからの支援に大きく依存することになった一九三〇年代の日系キリスト教会は、日系コミュニティとの経済的・文化的・精神的な紐帯を強化することになり、一九三〇年代の日系コミュニティの〈同質性〉は、さらに強化された。

したがって、先述した①と②のような伴の言説——天皇制とナショナリズムに裏打ちされた「日本的基督教」の思想——は、日本人独立教会の牧師だからこそ可能であったといえる。換言すれば、天皇制とナショナリズムに基づく伝道活動を日系移民地で積極的に実践するために、伴はいち早くアメリカ人の教会組織から経済的・思想的な独立を果たしたのだ。

伴が一九五六年に死去したさい、宗教研究家の関口野薔薇が執筆した追悼文は、筆者の仮説を補強してくれる。

何故、博士（伴武）が一般の牧師達と手を切って、独立教会を立てるの必要を感じたかと言うと、理由はこうである。米国における一般の日本人牧師のように、もしも博士が米国人教会の経済的支配下に伝道していたならば日本人の信者は経済的に米国人に依存し、いつまでたっても独立するの勇気を出さない。牧師の生活費も、教会運営の雑費もその過半をミッション・ボードから補助して貰うことになると、それは日本人信者には負担が軽くて甚だ都合がよいので、日本人は何年たっても独立しようとしないのである。第二に、米国ミッションの支配下に伝道をつづけているとそこには信仰及び伝道上の自由というものがない。長老とか浸礼とか名前のついた教会に所属しつつ伝道すれば、その教会の信条にしばられるから、思うことを口に言えず、ウソと思いつつそのウソの教理を説いて信者を指導しなければならない。(32)

本節では、日露戦争以降に活性化した伴による自給独立伝道の思想的な背景をたどってきた。このことによって、一九三一年の満州事変直後に、日本で高揚したナショナリズムの風潮に共振して「太平洋文化教育会」を設立したことは、伴にとって自然のなりゆきであったと理解できる。ただし以下に詳述するように、一九三〇年代の伴の言説を仔細に検討するならば、一九一〇年代の『基督教の美観』で表明されていた日本に対する単純なナショナリズムに還元されることのない、「在米日本人」としての独自のアイデンティティの政治学を読みとることができる。次節では、伴の一九三〇年代における二世のインターマリッジ（異人種・民俗間結婚。伴の言葉では「雑婚」）に関する言説を分析することによって、在米日本人社会の「人種形成」の特徴を読み解いてゆく。

そこから見えてくるのは、一九三〇年代の日系社会に根差した「日本民族」の境界の再定義であり、同時に、多様な民族の流入と定着によって成り立ってきたアメリカ社会のなかに「日本民族」をどのように位置づけるかという日系社会の歴史認識である。

2 〈日本民族〉の境界とアメリカ化

近年の一九三〇年代研究において明らかになったのは、一九三〇年代における在米日本人のアイデンティティの複雑さである。東栄一郎は、ケヴィン・ドークによる「国家ナショナリズム」（state nationalism）と「エスニック・ナショナリズム」の対概念を援用しながら、在米日本人のアイデンティティの特徴について、「一方で日本に対するナショナル・アイデンティティを想像しつつ、もういっぽうで〔アメリカの〕地域に根ざした（localized）人種的なアイデンティティを創造」していたと論じた[33]。

また、日系アメリカ人史研究者の粂井輝子は、近代システム論における「中心／周辺」概念をもとに、一九三〇年代における在米日本人のアイデンティティを考察したが、ここでも同様に在米日本人の〈二重性〉が指摘されている。「かつて〔政治的・地理的に日本〕の「周辺」として日本から軽視された移民としての存在が、〔一九三〇年代になると〕「大和民族」の「フロンティア」として「人種の坩堝」で活躍する日系人の先祖となるのである[34]」。このような先行研究の知見を踏まえると、在米日本人のアイデンティティをアメリカ国内の「人種形成」だけで考察するのは不十分であることは明らかだ。

在米日本人のアイデンティティの〈二重性〉は、伴も共有していた。伴の一九三〇年代の基本的な思想とは、次のようなものである。

> 我等は日本人たるの光栄を誇り、かつ感謝す。日系米人たる我等の第二世たちは、その父母の国、日本の光輝ある精神文化を達成したる真個の日本精神を体得し、これを諸子の母国米国に捧げよ[35]

ドークの対概念を使えば、ここでは日本に対する「国家ナショナリズム」と、アメリカ社会における日本民族としての「エスニック・ナショナリズム」が共存し、さらに、二世のアメリカ化が肯定されている。

キリスト教牧師として伴武の姿は、一九三〇年代にどのように変化したのであろうか。一九三一年に設立された「太平洋文化教育会」の「趣意書」には、キリスト教の教義を連想させる言葉がまったく見あたらない。伴の思想は、満州事変直後の日系コミュニティにおけるナショナリズムと連動し、キリスト教の枠を超えて展開していった。実際、「太平洋文化教育会」には、設立当初、名古屋大学の仏教学者・中村宗一、早稲田大学のインド哲学者・武田豊四郎などが参加していた。[36]

雑婚の禁止と〈日本民族〉の境界線

在米日本人としての伴が一九三〇年代に抱いていた〈人種〉や〈日本民族〉の概念を、アメリカにおける「人種形成」の枠組みだけで論じることはできない。伴の〈人種〉観がもっとも明確にあらわれるのは、伴が二世のインターマリッジを論じる時である。一九三四年一〇月から一一月にかけて開催された「映画と講話」[37]における講演内容は、「教育講座　青春の危機に臨める二世への警鐘」というタイトルで『日米』新聞に連載された。[38]

その講話のあとに上映された映画は、『片仮名忠義』（宝塚キネマ、一九三四年）と、『乃木静子夫人』（一九三四年）という二本の劇映画であった。『片仮名忠義』は、『講談倶楽部』に連載された水原洋一の原作の映画化で、宝塚キネマの創立一周年記念作品として製作された現代劇の大作である。物語は、「温和な青年が強欲な網元のために村を出ねばならぬようになって都に出て不良青年となるが、雪の満州へ出征して老母の手紙に悔悟し、名誉の戦死を遂げるという軍事美談」[39]であった。『乃木静子夫人』は、日露戦争における息子たちの殉死を誇りに思う母親の偉大さを謳った作品である。

上映された二本の作品に共通しているのは、国家に対する自己犠牲的なナショナリズムであり、また、母親と息子の深い精神的な絆である。これら二本の映画上映に先立ち、伴は「雑婚」の禁止をテーマにした講演をおこなった。この「映画と講話」で企図されていたのはいったい何だったのか。

伴の「講話」内容を具体的に検討してゆこう。伴によると、一九三〇年代における二世の結婚問題は、二世女性の数が二世男性に比べて過剰になってしまう点にあるという(40)。伴は日系二世女性の性教育の一環として雑婚問題を論じており、あるハワイの日系家庭のエピソードを紹介する。そのエピソードとは、高等学校に通っていた日系二世女性が、フィリピン人男性と「自由結婚」をして子供を産んでしまい、その日系家庭はハワイの日系社会に留まれなくなってしまったという雑婚の悲劇である(41)。そして連載の最終回の表題は「雑婚を排せよ」である。「雑婚は実に厭うべき多くの弊害を生むものである」としたうえで、伴は次のように主張する。

墨国人〔メキシコ人〕を妻にしたるもの、あるいは白人と結婚したるもの、同文同種ではあるが支那人の妻となりたるもの等々の家庭生活の淋しさ、ことにその間に生まれたるいわゆる混血児の不憫は一層憐れむ

日本精神教育映畫
廣島縣新郷土ものがたり
片假名忠義（全十卷）
主演　水原洋一、神戸藤子
寶塚キネマ・オールスター・キャスト
原作　狭間貼行
監督　高村正次
脚色　小谷みよ子
講談倶樂部所載（昭和八年七月號）
（大日本雄辯會講談社發行）
眞に聖なる母の愛、優しくも美しき兄妹の眞情、高くも清き戀を、涙を以て觀、良心を以て聽く、清純なる家庭中心の現代劇。
入場會員劵
（所載講談倶樂部又は「映畫と演藝」持參者は全家族入場無料）
一家族劵　壹弗五拾仙
大人　七拾五仙
中人　卅五仙
小人　十五仙
十月十九日（金）二十日（土）廿一日（日）　毎夜正七時半
於金門ホール
主催　太平洋文化教育會

図25　伴が「映画と講話」運動で使用した映画『片仮名仁義』上映会の新聞広告（『日米』1934年10月20日号）

べきものである。〔中略〕徹頭徹尾ヒトラアの「独逸民族の純潔なる血液を保有せよ」とのスローガンのごとく、我等の第二世子女の雑婚に対し私は真正面から反対である、「日本民族の純潔なる血液を保有せよ」と絶叫するものである。しかして我等全米国にある日本民族のスローガンたらしめねばならない。[42]

このように伴はヒトラーの主張を引用しつつ、二世の雑婚を批判し、「日本民族」の「純潔性」の保持を主張する。本書にとって重要なのは、伴が「日本民族」というカテゴリーを使用したときのその境界線に注目することである。

伴は、「日本民族」の境界線について次のように主張する。

私も日本人が混血人種である〔という〕科学的な見解の正しいことを信ずる。ただし徳川幕府の鎖国三百年間において、日本人が精神的に同一種族に同化されたことは科学的にまた肯定せねばならない。台湾、樺太、朝鮮、満州等は未だ同化の日は浅いが、沖縄から千島に及ぶ旧時代の日本はことごとく一日本民族であることを何人も疑わない。伝統の精神において、風俗の馴致において、言語の統一において、国民的信条において、宗教的生活において、幾百年間の混血民族が渾然として精神論的一民族たるヤマト民族であることを何人か疑い得んやである。[43]

伴が「同化」という言葉を用いて、実体的で本質主義的な「日本民族」観ではなく、歴史的構築物としての可変的な「日本民族」観を主張していることは重要である。伴によれば、日本は歴史的に多様な「民族」が混交していたが、それが三〇〇年間の鎖国という長い歴史的過程を経たすえに、「精神論的一民族」としての「ヤマト民族」（あえてカタカナを用いることで本質主義的な「大和民族」との差異化を図っていると思われる）になったというのである。伴の論理を解釈するならば、琉球の人々は江戸時代から島津藩による間接統治を受けていたため、伝統・風俗・言語・信条・宗教の点において、すでに精神的に「ヤマト民族」へ「同化」している。いっぽう、明治以降に植民地となった台湾、（南）樺太、朝鮮、（そして実質的な植民地であった）満州は、いまだ「同化の日は浅い」。つまり伴は、「日本民族」への「同化」を、歴史的なプロセスにおける程度の問題として捉えつつ、「日本民族」の境界線を策定しているのである。この伴の言説のなかに、帝国日本の「人種形成」の影響を見ることは容易であろう。なぜなら伴にとって、台湾・樺太・朝鮮の被植民地における「臣民」および満州人は、いまだ「精神的同一種族の」日本民族ではないからである(44)。

では、なぜ琉球の人々は「日本民族」のカテゴリーに包摂されなければならなかったのだろうか。それは、アメリカの日系社会のなかで沖縄県出身者が大きな割合を占めていたからである（一九二四年までに二万人もの沖縄出身者がアメリカ本土に居住していた）(45)。エスニック研究者のポール・スピッカードやアイリーン・タムラが指摘しているように、日本本土と同様、アメリカの日系社会においても「内地人」と沖縄出身者の間には明確な民族的ヒエラルキーが存在していた(46)。つまり、伴はアメリカの日系社会というひとつの統合体を破綻させないために、日系社会内部に暗黙のうちに存在していた民族的ヒエラルキーを否認しなければならなかったのだ。ナショナリズムとレイシズムの言説は「否認」の形式によって密接に連関していると言ったのはエティエンヌ・バリバールだが(47)、この伴の〈日本民族〉の境界線をめぐる言説に、一九三〇年代の在米日本人が保持していた帝国日本とアメリカにおける二つの「人種形成」のせめぎあいと、彼ら／彼女らの交錯したアイデンティティ構築の政治学を見出すことができる。

さらに、伴が歴史的構築物としての可変的な「日本民族」観を提起したもうひとつの理由は、「日本民族」への「同化」のプロセスが、一九三〇年代の在米日本人指導者たちが理解していたアメリカにおける「同化」のプロセスとパラレルな関係にあったからである。

伴にとって、アメリカの歴史と「日本民族」との関係は次のようなものとして認識されている。

> 今日の絢爛《けんらん》たる米国の文化は開国以来、西欧諸民族が、各自の特異なる精神文化を携え来たりて、わずかに四百余年にして建設したるものである。我等日本民族もまた三千年の歴史と、伝統とによりて創生したる日本精神文化を米国に移し、もって米国精神文化の内容を豊富ならしめ、その建国の精神を達成するによらねばならない。かつて神がここに我等日本民族の進展を認容に《ママ》〔し〕、太平洋時代の新文化を完成すべき使命を我等にあたえ給うた事を確信するを得るのである(48)

過去四〇〇年にわたって、ヨーロッパからアメリカへ渡ってきた多様な移民たちの「特異なる精神文化」が「米国精神文化」を歴史的に構築してきたならば、同様のプロセスを経て、「日本精神文化」を受け継いだ「日本民族」も、「米国精神文化の内容を豊富ならしめる」ことが可能なはずである。伴にとってこのような民族・国家観は、「混血民族」たる日本民族が、三〇〇〇年の歴史をかけて沖縄・千島の「民族」を統合して「精神論的一民族」になったプロセスと表裏一体の関係にある。こうして、一九三〇年代の在米日本人が保持していた帝国日本における「日本民族の海外発展」というイデオロギー的な大義が、アメリカ建国の歴史と重ね合わされて正当化されるのである。

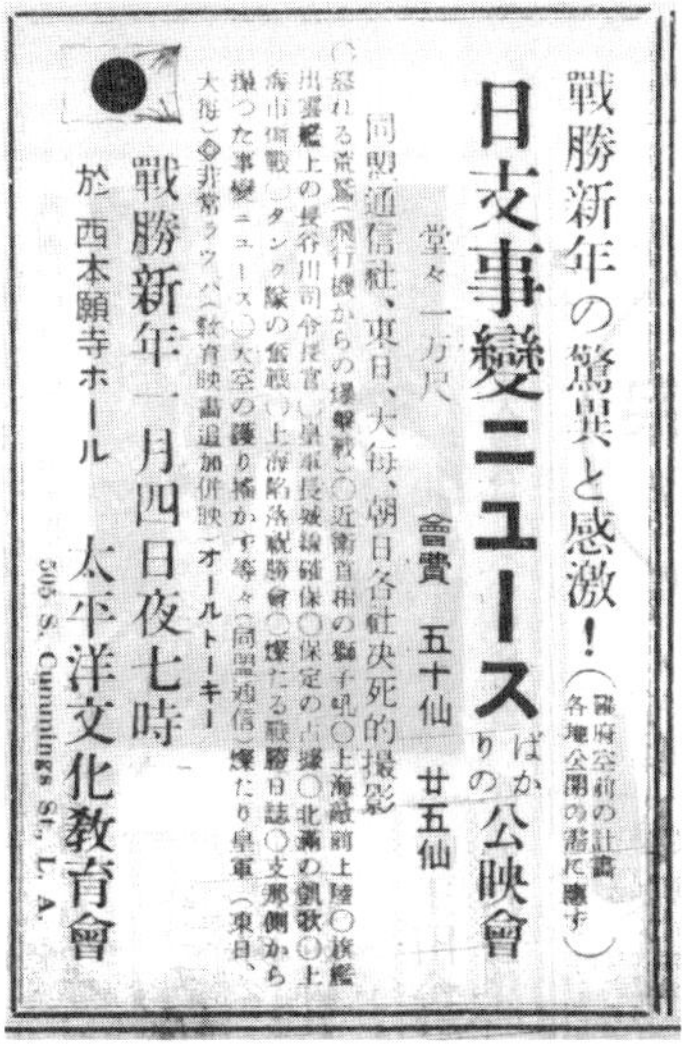

図26　太平洋文化教育会が主催した「日支事変」ニュース映画上映会の新聞広告（『加州毎日新聞』1938年1月3日号）

伴は、このような思想を在米日本人たちに伝えるために、「映画と講話」運動を続けた。一九三〇年代の日系移民は、帝国日本とアメリカにおける二つの「人種形成」のあいだの軋轢を巧みに調整しながら、みずからのナショナルおよびエスニック・アイデンティティを構築していたのである。

これまでの議論をまとめてみよう。1節では、一九三〇年代に日本映画を用いて二世教育を実践した伴武を考察する前提として、日本人移民によるキリスト教会を白人教会から経済的に自立(自給独立主義)させる運動が、ナショナリスティックな「日本的基督教」の思想と結びついていたことを指摘した。また、一九二〇年代から一九三〇年代にかけて、日系キリスト教会が、日系社会への経済的な依存を強めることによって、日系社会の〈同質性〉が徐々に強化されていったことを確認した。

2節では、伴武が、自己犠牲的なナショナリズムを鼓舞する劇映画の上映とともに語った「雑婚」に関する講演内容を分析した。一九三〇年代における人種と民族の言説から見えてきたのは、「日本民族」の境界線をめぐる在米日本人独自のアイデンティティの力学であった。人種と民族をめぐる境界線の再定義は、日系社会における「日本民族」の同質性を主張するために、日系社会における数多くの沖縄系移民を〈日本民族〉に包摂する運動へと展開していった。また、境界線の政治学は同時に、在米日本人がもっていた「日本民族の海外発展」という大義を、アメリカ社会において正当化する根拠としても利用された。伴の〈日本民族〉に関する言説は、まさに、日本とアメリカの「人種形成」のせめぎあいから生まれた「歴史制作」であったといえる。

3 日本映画フィルムの接収と発見

次章で詳述するように、一九四一年一二月に日本とアメリカの間で戦争がはじまると、日本映画のフィルムは、アメリカ政府によって戦略的な価値が見出され、「敵性財産」として接収された。それらのフィルムは、(一)陸軍や海軍の日本語教育ツールとして、(二)日本人の国民性研究の資料として、(三)アメリカ軍の日本上陸を想定した地政学的な参考資料として、（四）戦中・戦後の新作映画に挿入される映像として、再利用された。強制収容所に入れられたあと、伴が「映画と講話」運動で使用するために保有していた日本映画のフィルムは、一九四三年に敵性財産管理局に接収された。アメリカの外国資金管理局の記録によると、太平洋文化教育会の建物をはじめ、最大一〇〇〇巻の日本映画フィルム、映写機材、約五〇〇枚のレコード、墓地など、総計一万四一〇〇ドル相当の伴の財産が接収された(49)。

伴は戦後も、太平洋文化教育会の名称で日本映画の上映活動を主導し、巡回上映を続けた。伴の日本民族としての誇りと天皇に対する敬意は、戦後になっても揺らぐことはなかった。一九五一年頃、伴が記録映画『日本の象徴』（*A Symbol of Japan.* 理研映画、一九五〇年、ナレーションは徳川夢声）の上映会を主催したときのチラシには、次のような伴の言葉が記されている。「今上陛下が米軍の投下したる原爆弾の惨禍より、日米両国民は勿論、全人類を救いたまわんがために、三〇〇〇年の光栄ある日本の誇を棄てたまいて、ポツダム宣言を受諾したまえるは、あたかもキリストが全人類のために、十字架の苦難を受けたまいしとおなじく、世界人類を救いたまいし聖業である(50)」。

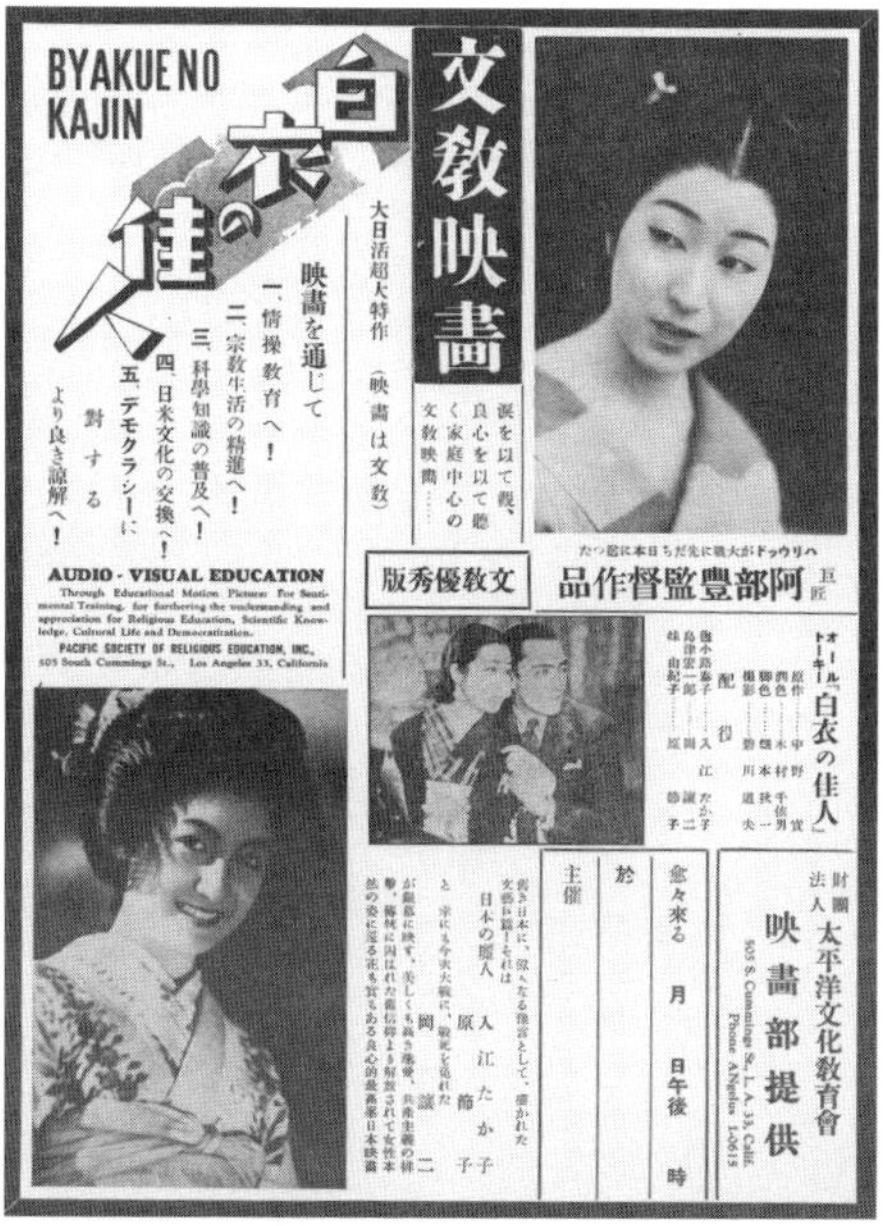

図27　太平洋文化教育会による日本映画上映会のチラシ。『白衣の佳人』（阿部豊監督、入江プロ制作、日活配給、1936年日本封切）。戦後の1940年代後半に作成されたものと推測

伴武の遺品は、現在ロサンゼルスの全米日系人博物館に「バン・コレクション」として収蔵されているが、この遺品のなかに戦前の日本映画の一六ミリ・フィルムも含まれてい

博物館アップ・デート

124本の映画フィルムを寄贈

2007年12月、全米日系人博物館から東京国立近代美術館フィルムセンターへ124本の映画フィルムが寄贈された。これらのフィルムは全米日系人博物館が収蔵する「バン・コレクション」の一部であり、2007年はじめにフィルムセンターへ移送されて同定調査が実施されていたものである。調査の結果、名女優・入江たか子

伴武 夫妻
「紀元二千六百年 奉祝記念大鑑」
(羅府新報社、1940年)より

主演の無声映画『月よりの使者』(1933年)や、時代劇映画の巨匠・伊藤大輔監督の『薩摩飛脚』(1938年)をはじめとして、これまで日本では失われていたと思われていた1930年代の日本映画のフィルムが10本以上ふくまれていることが判明した。第二次世界大戦以前の日本映画はきわめて残存率が低いため、これらのフィルムは日本映画史の欠落を埋める大きな「発見」である。また、Geisha Girl(1933年)という日米合作映画には、1910年代にハリウッドで俳優として活躍していた青山雪雄が脚本家として参加しているが、この作品はこれまでその存在さえ知られていなかった珍しいものである。

全米日系人博物館が所蔵していたこれらのフィルムは、一世の牧師であった伴武(ばん たけし:1884-1956)の遺品の一部であったという。伴武は、日本人による独立したキリスト教会組織の設立をとなえる独立教会派の牧師として、1910年代に日本からアメリカへ渡った移民一世であった。伴は1931年の満洲事変の直後、ロサンゼルスのボイルハイツに「太平洋文化教育会」という組織を設立すると、アメリカ全土を巡回しながら二世の子供や青年たちに向かって講演し、日本文化や日本人のものの考え方を伝えようとした。そして興味深いことに、伴の講演にはかならず日本映画の上映がセットになっていたのである。伴にとって日本映画とは、単なる娯楽ではなく、二世たちが日本文化や日本語を学ぶための教育的なツールとして認識されていたといえよう。伴の遺品にふくまれていたフィルムの一部は、この時期に伴が実施した映画上映活動につかわれたものと推測できる。

太平洋文化教育協会制作
「月よりの使者」のチラシ
全米日系人博物館資料より

寄贈された「バン・コレクション」のフィルムは、現在フィルムセンターのフィルム保存庫において安全かつ恒久的に保存されている。ただし、ほとんどのフィルムは製作されてから70年以上の年月が経過しているためにひどく劣化しており、残念ながらそのまま上映することができない状態にある。そのため現在フィルムセンターでは、劣化したフィルムを安全なフィルムに移し替える復元作業に取り組んでいる最中である。復元されたあかつきには上映会を開催し、映画ファンや研究者の方々に広く見ていただく予定である。

「杉狂の催眠術改題」
東京国立近代美術館フィルムセンター提供

謝辞:フィルム寄贈を御快諾いただいた全米日系人博物館長のアイリーン・ヒラノ氏、そしてフィルムの調査・輸送・寄贈手続きなどでお世話になった同博物コレクション・マネージメント&アクセス部のクリス・ノリコ・パスチャイルド氏、そしてはじめて私が同博物館に調査におもむいた際に「バン・コレクション」の存在を教えてくださったトシコ・マッカラム氏に、記して感謝申し上げたい。
板倉史明(東京国立近代美術館フィルムセンター研究員)

図 28　全米日系人博物館から東京国立近代美術館フィルムセンターへ日本映画フィルムが寄贈された時の記事（『全米日系人博物館ニューズレター』Volume 11, Spring 2008. より）

た。それらの日本映画のフィルム（計一二四本）は、二〇〇七年に全米日系人博物館から東京国立近代美術館フィルムセンターへ寄贈された[51]。寄贈されたフィルムのなかには、入江たか子主演の無声映画『月よりの使者』（田坂具隆監督、一九三三年）や、伊藤大輔のトーキー作品『薩摩飛脚』（一九三八年）をはじめとして、これまで日本では失われていたと思われていた一九三〇年代の日本映画のフィルムが一〇本以上ふくまれており、日本映画史の欠落を埋める大きな「発見」となった。それらのフィルムは、一九三〇年代に「映画と講話」運動に使用され、戦時中にアメリ

カ政府に接収され、戦後に伴のもとへ返還されたものである（詳細は次章）。

そのバン・コレクションの一本である『薩摩飛脚』（伊藤大輔監督、新興キネマ）は、一九三八年八月一三日に日本各地の映画館で封切られた映画である。ただしバン・コレクションに含まれていた『薩摩飛脚』のフィルムは、封切時の〈オリジナル版〉とはおおきく異なるものであった。もともと『薩摩飛脚』は登場人物の台詞や音楽や効果音が入ったトーキー映画として、三五ミリ・フィルムで製作・上映された作品である。しかしバン・コレクションのなかに含まれていたフィルムは、一六ミリの上映用プリント（ポジ・フィルム）であり、本篇の長さに欠落はないものの、全篇に音声（サウンドトラック）が焼きこまれていないフィルムであった（以下〈無声版〉と表記）。たしかに、元来トーキー作品として製作された映画作品が、封切り後に再編集され、インタータイトルがあらたに付された無声版として再公開された例はある（たとえば内田吐夢監督の戦前の代表作『人生劇場』〈日活、一九三七年〉は、もともとトーキー作品であるが、のちにインタータイトルが挿入された〈無声版〉も作成された）。しかし『薩摩飛脚』の〈無声版〉は、登場人物の台詞のインタータイトルが一枚も入っていないため、仮にこのフィルムをそのまま上映しても、登場人物たちの口がパクパクと動くだけで台詞が聞こえず、観客が『薩摩飛脚』の物語を理解することは不可能である。

では、なぜこのような〈無声版〉のフィルムが作成され、バン・コレクションの一本に含まれているのだろうか。『薩摩飛脚』の〈無声版〉フィルムを調べると、このフィルムがたどった興味深い歴史が浮かび上がってくる。まず、フィルムの冒頭部分に「British Columbia Censorship」という文字の入った検閲印が直接フィルムに押されていることが確認できた。これは、カナダのブリティッシュ・コロンビア州で実施されていた検閲を通過したフィルムであることを意味している。ブリティッシュ・コロンビア州は、ヴァンクーヴァーを中心として日本人移民のコミュニティが一九世紀末から形成されていた地域である。カナダの日系人コミュニティは一九四一年の時点で約二万三千人まで膨らんでいたが、そのうち約二万二千人がブリティッシュ・コロンビア州に集中し

図29　『薩摩飛脚』(伊藤大輔監督、新興キネマ、1938年日本封切)が1939年にカナダで上映されたときの新聞広告(『大陸日報』1939年9月30日号)

ていた。このことから、バン・コレクションに含まれていた『薩摩飛脚』の一六ミリフィルムは、日本人移民のために、日本からカナダへ輸出されたものである可能性が高まった。

それを裏づけるのは、一九二五年から一九四五年まで日本の内務省および情報局が実施していたフィルム検閲の記録『映画検閲時報』の情報である。『薩摩飛脚』が日本国内で封切られてからおよそ八カ月後の一九三九年四月二〇日に、映画製作会社の新興キネマが同作品の一六ミリ無声版フィルムの検閲を申請しており、そのフィルムの「荷受人」として、「バンクーバー」の「露木海蔵」という人物が『映画検閲時報』に記載されていた[52]。

フィルムの「荷受人」となった露木海蔵とは、一九〇〇年に神奈川県に生まれ、一六歳でカナダに渡った移民一世である。露木はカナダで日本人の労働運動に関係したり、また日系新聞の編集や発行にも関わったりしていたが、一九三〇年代になると「新光社」という興行会社を立ち上げて、カナダ各地の日系コミュニティを転々として日本映画の巡回上映会を行なっていた人物である[53]。

実際、ヴァンクーヴァーで刊行されていた日系新聞『大陸日報』(一九〇七年から一九四一年まで刊行)の一九三九年九月三〇日号の紙面に、『薩摩飛脚』と『晩春三日の夢』の上映会の広告が掲載されていた。その広告には、一九三九年一〇月六日(金)の午後七時より、ヴァンクーヴァー近郊の「ニューウェストミンスター市クイーンズボロ地区」の「チェッコスロバキアホール」において、そして翌一〇月七日(土)と九日(月)はヴァンクーヴァー市の日本人ホールにおいて、ともに露木が運営する「新光社」主催の上映会が開催されると記されていた(なお、それら二本の長篇劇映画のほかに、「大毎・東日事変ニュース」も併映された)。さらに、広告が掲載された五日後の『大陸日報』に上映会の紹介記事が掲載されており、そこには上映会の興行形態に関する決定的な情報が次のように記されている。「何れも画面が鮮明、露木氏の流麗な説明とともに大いに期待されている」[54]。

記事中の「露木氏の流麗な説明」とは、無声映画にライブで解説をつける弁士のパフォーマンスのことを示していると考えてよいだろう。つまりヴァンクーヴァーで上映された『薩摩飛脚』と『晩春三日の夢』のフィルムは、オリジナルのトーキー版ではなく、〈無声版〉のフィルムであった。したがって、バン・コレクションに含まれていた『薩摩飛脚』の一六ミリ・フィルムは、カナダにおける弁士付の上映会で利用されることを目的として、オリジナルのトーキー版とは異なる〈無声版〉として日本で作成され、内務省の検閲を通過してカナダへ輸出されたものであることが明らかになった。

一九三八年に日本で製作されたこのフィルムは、一九三九年にカナダの日系移民コミュニティへ渡って弁士の解説つきで上映され、その後、北米における日本映画の映画興行のネットワークを通じて、ロサンゼルスの太平洋文化教育会にたどり着き、伴武の講話とともに上映された。そして戦時下にはアメリカ政府に接収され、戦後に伴のもとへふたたび返還され、その後、全米日系人博物館に寄贈された[55]。そして、フィルムが日本から北米に渡って約七〇年後の二〇〇八年に、日本へ「里帰り」したのである。

第三部

日本映画フィルムのゆくえ

第六章　真珠湾攻撃以降のアメリカ政府による日本映画接収

これまで示してきたように、一九三〇年代の日系社会では、日本映画専門館の富士館における定期興行や、伴武の「映画と講話」による上映実践などによって、日本映画が上映される機会は非常に豊富であった。しかし、一九四一年一二月七日（アメリカ現地時間）に勃発した太平洋戦争によって、日系人たちは「敵国人」とみなされるようになり、一部の日系人の財産はアメリカ政府に接収され、西海岸の日系人たちは強制収容所へ隔離された。そして、アメリカで上映されていた日本映画のフィルムも接収対象となった。

本章の目的は、アメリカ国立公文書館（National Archives and Records Administration：ＮＡＲＡ）が所蔵する「敵性財産管理局」（Office of Alien Property Custodian：ＡＰＣ）(1)の一次資料を参照しつつ、日系人の映画興行者たちが保有していた日本映画フィルムがアメリカ政府によって接収され、戦争遂行のためさまざまな用途に流用され、そして戦後に日系人に返還されるまでのプロセスを実証的にたどってゆき、戦時における日系人財産管理の一側面を解明することにある。(2)

なお、本章で頻繁にもちいる「接収」とは、戦時下にアメリカ政府が敵国の戦争遂行を阻止するために、アメリカ国内に存在する敵国の企業や敵性財産を国家の管理下に置くことを意味している。接収された財産は、「権利が〔アメリカに〕付与された財産」という意味で、vested property と呼ばれた。接収行為はあくまで戦時下の特別措置であり、戦争が終われば、アメリカ政府は接収した敵性財産を元の所有者に返還することが原則である。したがって本書では、「接収」という単語を、非公式な敵性財産の「没収」とは異なる用語としてもちいている。

1　総力戦と敵性財産の管理

第一次世界大戦は人類史上はじめての総力戦であり、兵士以外にも、国家のさまざまな人的・物的要素が戦争に動員されることとなった。しかし、もし自国内に敵国の財産が存在するならば、それらが自国の利益を損なう活動に悪用されてしまうかもしれない。そこで、第一次世界大戦を境に敵性外国人の財産権が大幅に見直され、「敵国人の私有財産は尊重され、没収されるものではないが、戦争の必要にもとづき適当に戦時中管理されることを認められ」るようになったのである(3)。

図30　戦前最後に富士館（当時は大富士映画館）で上映された日本映画興行の新聞広告。1941年12月7日の真珠湾攻撃直後に上映中止となった

一九一七年四月、第一次世界大戦に参戦したアメリカは、アメリカ国内に居住するドイツ人が保有する財産に対して統制を加えはじめた。アメリカは、イギリスの法令「対敵通商法」を模範として、一九一七年一〇月六日に「対敵通商法」（Trading with the Enemy Act）を制定し、「敵性財産管理人」（Alien Property Custodian）を指定した。この法律を根拠にして、敵性財産

管理人は「敵国に住所を有する個人若しくは法人、又は敵国外に住所はあるが敵国内で事業を営む個人若しくは法人の財産で、アメリカ又はその属領内にあるもの」を接収することができるようになった。(4)

第二次世界大戦においてもアメリカ政府は敵性財産の接収を実施した。まず一九四一年七月二五日に「日本及支那在米資産凍結に関する大統領令及財務省令」(大統領命令第八八三二号)を施行し、アメリカは日本に対して資産凍結を実施した。真珠湾攻撃直後の一九四一年一二月一八日、アメリカ政府は一九一七年に制定した対敵通商法を「戦時権限法」(The First War Powers Act)によって修正して敵性財産の管理をいちだんと強化すると、一九四二年三月一一日に「敵性財産管理局」をワシントンDCに設立した(大統領命令第九〇九五号。一九四三年一一月一〇日にはハワイ支部を設立)。敵性財産管理局が設立される以前は、「海外資産管理局」(Foreign Fund Control)や、司法省管轄の「敵性財産局」(Alien Property Bureau)が敵性財産の調査を進めていたが、敵性財産管理局の設立によって、ようやく法的な正当性をもって敵性財産を「接収」できるようになったのである。敵性財産の調査については、敵性財産管理局内の一部局である「調査部」(Division of Investigation and Research、部長はホーマー・ジョーンズ)が担当した。調査部の本部はワシントンDCに置かれ、ニューヨーク、シカゴ、サンフランシスコなどに支部が設置された。(5)

一九四三年に公刊された敵性財産管理局の初の年次報告書には、敵性財産を接収する理由と正当性が、次のように記されている。

わが国に存在する敵国の支配下におかれた財産を統制する手段が必要である。なぜなら、それらの財産がわれわれの戦争遂行に悪影響をおよぼす危険性があるからだ。すべての敵国の支配下にある資産は、わが国あるいはわれわれの戦争遂行に友好的な国におけるプロパガンダやスパイ活動、そして破壊工作を援助するために悪用される可能性がある。(6)(訳は引用者による)

表5　敵性財産管理局が接収した敵国映画の本数（1942年3月11日～1944年6月30日）[9]

	総計	ドイツ	日本	イタリア	フランス
映画（本）	1500	450	55	125	170

さらに敵性財産の定義として、「〔敵性財産の〕対象となるのは敵の企業と敵国に住んでいる個人の財産である」と記されている。[7]この定義にもとづき、アメリカ内で活動していた日本企業の支店だけではなく、日本国籍をもった一世が所有する財産も、敵性財産として接収の対象になった。

また、広く知られているように、太平洋戦争時には日系人に対する権利制限がさらに進められ、いわば人的な「接収」がアメリカ政府によって実行された。一九四二年三月一八日に大統領命令第九一〇二号によって「戦時定住局」（War Relocation Authority）が設立されると、西海岸に居住する日系人は指定された「軍事地域」から強制移住させられた。短期間のうちに強制立ち退きを迫られた日系人たちは、みずからの財産を収容所へもって行くことはほとんど許されず、政府によって接収されたり、二束三文で売却しなければならなかった。[8]

2　日本映画接収の経緯

はじめにアメリカ政府が接収した敵性映画の全体像を把握しておこう。敵性財産管理局は日本映画だけを「敵性映画」として接収したわけでなく、ドイツやイタリア、そしてヴィシー政権下のフランス映画も接収した。一九四二年三月一一日から一九四四年六月三〇日までの約二年間に、敵性財産管理局は計一五〇〇本の敵国映画を接収した（表5。総計数は国籍未特定フィルムを含む）。

結局一九四五年の六月三〇日までに敵性財産管理局が接収した映画本数は、総計二三〇〇本にまで増加した。[10]次に、敵性財産管理局の一次資料を参照しつつ、具体的にアメリカ政府による日本映画の没収・接収のプロセスを確認してゆこう。

（1）太平洋戦争初期における日本映画没収のプロセス

一九四二年三月一一日に設立された敵性財産管理局が正当な手続きを経て日本映画フィルムを接収する以前、すでにそのほかの政府機関はさまざまな方法で日本映画のフィルムを日系人から没収していた。

一九四二年三月一八日付のサンフランシスコ連邦準備銀行（Federal Reserve Banks：ＦＲＢ）の内部資料によると、連邦準備銀行の調査官であるヘイシングが、カリフォルニア州アラメダに住む「Ｍ・コガ」（元弁士で日本映画興行者の古賀亦雄）が保有していた六本の日本映画を管理していること、そしてロサンゼルスの「Ｔ・バン」（牧師で一九三〇年代に日本映画を全米で巡回上映していた伴武。第五章参照）が保有していた六本の日本映画のうちの三本をヘイシングが保管しており、残りの三本は、連邦捜査局（ＦＢＩ）ロサンゼルス支部のＷ・Ｈ・ブラウンの管理下にあることが報告されている。さらに、サクラメント市警察が「Ｓ・マツイ」（元弁士で映画興行者の松井翠民）から没収した「一トンの重量をもつ」大量の日本映画のフィルムと映写機材を保管していること、またロサンゼルスの興行会社である「日米キネマ（日米興行）」が保有していた二本の日本映画がサンフランシスコ連邦準備銀行の管理下にあることも記されている。[11]

日本映画の没収はアメリカ本土だけでなく、ハワイにおいても実施されていた。一九四二年三月二四日付で作成された海外資産管理局の内部文書によると、ホノルルに三〇九巻の日本映画フィルムがあり、それらのフィルムは「キムラ」（元弁士で、ホノルルの日本映画興行会社の社長・木村宗雄[12]）が保有しているという。そこで財務省（ワシントンＤＣ）の法務担当局サム・クラウスは、ホノルルにあるそれらの日本映画フィルムを、陸軍を介してワシントンＤＣの外国資産管理局に移送するよう要請している。[13]

各政府機関が没収した日本映画フィルムは、最終的にワシントンＤＣへ運ばれ、その一部は国立公文書館に保管された。一九四二年五月二三日付の一次資料では、松竹の映画フィルム一五一本が、ロサンゼルスから内務省（ワシントンＤＣ）へ渡り、北棟にある「映画冷却塔」（motion picture cooling tower）へ配送されたと記録されている。[14] 実際、一九四〇年代に議会図書館の映画部門に勤務していたハワード・ウォールズは、総計一三〇〇万フィートにのぼるドイツ・日本・イタリアの接収映画フィルムが「内務省にある冷却塔（cooling tower）」に保管されたと回想している（なお、ウォールズの回想では、フランク・キャプラ監督がこの冷却塔のなかにオフィスを構えており、『我々はなぜ戦うか』シリーズ（一九四二－一九四五）を製作するため接収フィルムにいつでもアクセスすることができた）。それらのフィルムはすべて三五ミリの可燃性フィルムであり、内務省で保管するには危険だったため、最終的にメリーランド州スートランドに建設された国立公文書館の収蔵庫に保管されたという。[15]

以上の事実から、次の二点が明らかになった。第一に、日本映画のフィルムを保有していた人物（古賀亦雄、伴武、松井翠民、木村宗雄）は、すべて真珠湾攻撃直前まで日系社会において日本映画の上映活動にかかわっていた日本人移民（一世）であった。このことから、アメリカ政府は（先行研究において宮本陽一郎が推測していたように）日本映画のフィルムをアメリカの占領地域や南米の日系社会において接収したのではなく、太平洋戦争初期に在米の日系人たちから没収したことが明らかになった。第二に、敵性財産管理局が接収活動を開始する前は、連邦準備銀行や連邦捜査局、そして地方警察などの各機関が敵性財産の没収をおこなっており、最終的にその一部は国立公文書館のフィルム収蔵庫に保管されたことも明らかになった。

（2）敵性財産管理局によるフィルムの接収と議会図書館への移動

アメリカ政府は、各機関が没収した日本映画フィルムを敵性財産管理局の管理下に速やかに移し、敵性財産を正式に「接収」しなければならない。なぜなら法的な手続きを経て敵性著作権を接収しなければ、それらの敵性映画を自由に利用できないからである。各政府機関が日本映画のフィルムを没収した翌年の一九四三年四月一七日に、敵性財産管理局の調査官であるチャールズ・ラングレーは、没収した日本映画に関する報告書を作成した。秘密文書として報告したラングレーの「分析」には、次のような記述がある。

アメリカ国内に存在する日本映画のフィルムは戦略的に重要であるため、〔中略〕フィルムの目録を作成する前に、フィルムの所有権を敵性財産管理局が接収し、早急に利用可能にすることが必要である。また、接収フィルムの保管場所を早急に決めるべきである。[16]

つまりラングレーは、敵性映画を活用するために、敵性財産管理局が正当な法的手続きをもって映画フィルムの所有権を接収しなければならないと主張しているのである（敵性財産管理局が設立されて一年以上経過しているにもかかわらず、いまだ敵性映画の接収が完了していなかったことも、ここから読み取ることができる）。なおラングレーによると、その時点で「没収した日本映画フィルムは陸軍省映画部（The War Department Motion Picture Branch）や戦略局・写真記録課（Office of Strategic Service, Pictorial Records Branch）、そしてニューヨーク近代美術館（ＭＯＭＡ）が所有して」いたと報告しており、すべてのフィルムが国立公文書館へ渡っていたわけではなかった。[17]

さらにラングレーは、「敵性フィルムを接収した事実が各政府機関に認知されれば、諸機関が戦争遂行のためにこれらのフィルムを利用できる」こと、そして「現在、敵性財産管理局の指揮下で、議会図書館が日本映画の目録化と管理をおこなっており、それによって、諸政府機関が日本映画を必要とする時に貸し出すこともできる」ことも報告している。[18] 実際、敵性財産管理局と議会図書館は一九四三年の四月と六月に協定を結び、敵性財産管理局が接収した敵性フィルムを議会図書館の保管庫に移すことを取り決めた[19]（ただしフィルムの所有権や著作権などの諸権利は敵性財産管理局が保持したままであった）。

このようにして、（一）太平洋戦争初期に没収したフィルムの一部は国立公文書館に保管され、（二）敵性財産管理局が接収したフィルムは議会図書館に保管されたのである。

3　日本映画の軍事利用

国立公文書館や議会図書館へ移送された日本映画フィルムは、各政府機関によってさまざまな目的に利用された。敵性財産管理局が接収した日本映画フィルムの軍事利用は、次の四点――（1）地政学的な利用、（2）日本の国民性研究への利用、（3）日本語学習のツールとして利用、（4）新作映画への利用――に集約することができる。

（1）地政学的利用

敵性財産管理局調査官のラングレーは、次のように日本映画の戦略的な重要性を指摘している。「海軍は、日本映画フィルムのなかで〔日本の〕地形を記録したものを欲しがっている。戦時情報局（Office of War Information）も、プロパガンダ目的から日本映画フィルムに興味をもっている」[20]。

実際、一九四四年の一〇月三〇日から数日間にわたり、外国資産管理局は保有している日本映画フィルムの試写を一日六時間実施した[21]。試写の際、サンフランシスコの陸軍と海軍の情報局幹部が立ち会ったが、彼らが興味をもった日本映画の映像とは、瀬戸内海をはじめとする日本の海岸線の映像、日本や中国の風景を空中から撮影した映像、日本および日本の占領地に建設された公共機関や産業施設の映像、日本および中国中部や南部に存在する港や河川の映像などであった[22]。つまり、陸軍や海軍が日本映画を必要としたのは、将来的に日本へ侵攻することを想定し、日本（とその占領地）の地形や建造物の位置をあらかじめ映像で確認することによって、地政学的な戦略を立てるためであった。

（2）日本の国民性研究に利用

アメリカ政府による敵国国民性研究は、ドイツだけでなく日本に対しても実施された。戦略局（OSS）は、研究者を集めて日本映画に映し出された日本人の国民性を分析させた。そのなかにはルース・ベネディクトをはじめとして、一九三〇年代から一九四〇年代に文化人類学の領域で隆盛した「文化とパーソナリティ学派」の学者たちも参加していた。この学派の基本的な立場にしたがえば、ある文化の型《パターン》は、その成員である個人のパーソナリティが投影されたものである。敵国へフィールドワークに行けない文化人類学者たちは、複製技術によって生み出された劇映画に映し出された日本人のパーソナリティを分析することによって、日本の文化および国民性を解明しようと試みた[23]。その代表的な成果物として挙げられるのが、『日本映画――心理学的な戦争の領域、二〇本の最近の日本映画におけるテーマ、心理学的内容、技術的質、プロパガンダ的価値の分析[24]』である。この報告書は、日本の劇映画に描かれた特徴的なテーマ（孝行、忠実な妻、愛国心、大東亜共栄圏における日本の役割）や心理的内容（人生、愛情、国家と天皇、死、宗教に対する態度）を分類・分析することによって、日本映画に映し出されている日本人の国民性を明らかにしようと試みている。ピックアップされた二〇本の劇映画は、表6の通りである。

なお、表6の「返還映画」の欄に「●」が付されている作品は、一九六〇年代後半以降にアメリカ議会図書館から東京国立近代美術館に「里帰り」した作品である（後述）。また、戦後の日本人論に決定的な影響を与えたルース・ベネディクトの『菊と刀』（一九四六年[25]）のなかでも日本映画が分析されているが、ベネディクトが見た日本映画もやはり、敵性財産管理局が日系人たちから接収したフィルムであったことは間違いない。

（3）日本語学習のツールとして利用

アメリカが接収した日本映画は、海軍と陸軍の日本語学校の教材としても活用された。外国資産管理局（ワシ

表6 『日本映画――心理学的な戦争の領域、20本の最近の日本映画におけるテーマ、心理学的内容、技術的質、プロパガンダ的価値の分析』で論じられている日本映画のリスト

	英語タイトル	日本語タイトル	日本封切日	製作会社	返還映画
1	Bus of Rising Sun	日の丸馬車	1939/12/14	大都	●
2	Chocolate and the Soldier	チョコレートと兵隊	1938/11/30	東宝	
3	Flower that Bloom in the Storm	嵐に咲く花	1940/07/03	東宝	●
4	The Last Chrysanthemum	残菊物語	1939/10/10	松竹	●
5	Motherhood is Strong	母は強し	1939/12/17	松竹	●
6	Mother's Request	母の願ひ	1940/04/18	新興キネマ	
7	Mud and Soldier	土と兵隊	1939/10/15	日活多摩川	●
8	Night in China	支那の夜	1940/06/05	東宝＝中華電影	●
9	Nihonjin	日本人	1938/12/01	松竹	●
10	Playmates	君と僕	1941/11/15	朝鮮軍報道部	
11	Prayer as Dawn	征戦愛馬譜　暁に祈る	1940/04/17	松竹	●
12	The Rape of the Flute	不明	不明	不明	
13	Samurai's Wife	山内一豊の妻	1939/06/08	新興キネマ	
14	Sister Goes to the Front	姉の出征	1940/05/22	東宝映画	●
15	Song of the Little Bird	私の鶯	1938	満州映画協会＝東宝映画	
16	Song of the White Orchid	白蘭の歌	1939/11/30	東宝	●
17	Song to Mother	母に捧ぐる歌	1939/05/25	新興キネマ	●
18	Tange Sazen	新編 丹下左膳 隻眼の巻	1939.12.20	東宝	●
19	Vow in the Desert	熱砂の誓ひ	1940/12/25	東宝	●
20	Woman Doctor	女医絹代先生	1937/04/29	松竹	●

ントンＤＣ）のウォルター・ウインドザーが執筆した一九四五年四月一三日付のメモによると、海軍写真部（Navy Photographic Services）のガリソン中尉は、コロラド州ボルダーにある海軍情報部日本語学校にとって、日本の劇映画は非常に価値のあるものだと主張している。ガリソン中尉は、これらの日本映画は非常にゆっくりとしたイントネーションで日本語が発話されている点に価値がある（つまり日本語の勉強に有益である）と記している。[26]

海軍情報部日本語学校において日本映画が教育目的で上映された事実は、日本研究の大家ドナルド・キーンの回想からも確認することができる。キーンは一九四一年二月にカリフォルニア州バークレーに設立された海軍情報部日本語学校に入学し、翌一九四二年に日本語学校がボルダーに移転するとキーンも同地へ移動した。[27]ボルダーの日本語学校では毎週火曜日の夜に日本映画の上映会が開催され、キーンはその上映会で初めて日本映画を見たこと、そして日本語学校には日本映画のフィルム（英語字幕は付いていない）がわずか四、五本しかなかったため、卒業するまでに同じ映画を少なくとも六回は見たことを回想している。[28]

また、同時期にミシガン大学で開校されていた陸軍日本語学校（Army Language School）でも同様に、日本映画が語学教育のツールとして利用されていた。一九四四年に陸軍日本語学校の学生となったハーバート・パッシンは、「一週間に、一、二度、日本の映画を観させられた。ヒアリングの能力を養うため[29]」であった、と日本映画の教育的役割を指摘している（パッシンが属していた中隊のなかでもっとも人気のあった日本映画は、李香蘭（山口淑子）が主演する『支那の夜』〔伏水修監督、一九四〇年〕であったという）。ただし、海軍日本語学校と同様に、陸軍日本語学校が保有する日本映画の作品数は限られていたため、「この映画〔『支那の夜』〕を一〇回以上も観なければならなかった。やがて、このなかでうたわれる歌、使われる台詞のすべてが暗誦されるようになった[30]」とパッシンは回想している。

（4）新作映画への利用

四番目は、接収した日本映画フィルムの一部分をアメリカの新作映画に挿入したり、アメリカ兵士を教育する「訓練映画」（Training films）のワンシーンに挿入した活用法である。この場合、映画製作者は接収映画の著作権を管理している敵性財産管理局から使用許可を得なければならなかった（映画製作者は規定にしたがって、フィルムを一フィート複製するごとに、二・五ドルの手数料を敵性財産管理局に支払うことになっていた）。一九四六年六月三〇日までに、敵性財産管理局はアメリカの映画製作会社一五社に対して、九四本の日本映画と四〇本のドイツ映画の使用許諾を映画製作者に与えた[31]。また、敵性財産管理局の『一九四五年版年次報告書』によると、「陸軍通信隊」（The Signal Corps）は、敵性財産管理局が接収した敵国映画を利用して訓練映画を制作したほか、戦略局も同様の目的で敵国映画の映像を利用していた[32]。

一九四三年一一月に作成された敵性財産管理局調査局の資料によると、一九三〇年代に全米の日系コミュニティにおいて日本映画の巡回上映を実施していた牧師の伴武からＦＢＩが収奪した日本映画フィルムは、陸軍省制作の『汝の敵を知れ―日本』（*Know Your Enemy: Japan*, フランク・キャプラ監督、一九四五年七月アメリカ公開）に利用された[33]。ただしこの書類が作成された時点において、日本映画を使用した陸軍省（と監督のフランク・キャプラ）は、ＦＢＩが没収したフィルムを正当に使用するための使用許諾を取得していなかった。したがってこの書類を執筆した敵性財産管理局調査官のホーマー・ジョーンズは、敵性財産管理局が伴武の財産を正式に接収したうえで、日本映画フィルムの著作権を早急に敵性財産管理局へ移管することが必要だと主張しなければならなかった[34]。

4　終戦後における日本映画の返還要求

第二次世界大戦が終結すると、敵性財産管理局の業務は、敵国財産を接収することから、接収した敵国財産を元の所有者の要求におうじて返還することへと変化する。第二次世界大戦末期の一九四五年初頭に、日系人の一部は強制収容所からロサンゼルスのリトル・トーキョーへ「帰還」を開始し、徐々にリトル・トーキョーは戦前の〈日系人の街〉としての活気を取り戻していった[35]。そして、一九二五年から太平洋戦争勃発までリトル・トーキョーで日本映画を上映していた富士館も、一九四六年元旦に「新富士館」（のちにリンダ・リー劇場と改名）として日本映画の興行を再開した[36]。

しかし、終戦直後のアメリカで日本映画を興行しようとしても、上映する日本映画のフィルムが絶対的に不足していた。そのような日本映画の供給不足のなかで日系人の映画興行者が試みたのは、（1）奇跡的に没収や接収をまぬがれた戦前の日本映画フィルムを上映するか、（2）戦時に接収された日本映画フィルムの返還をアメリカ政府に求めることであった。

（1）没収・接収を免れたフィルムの再上映

一九四六年七月、ハワイ・ホノルルの日本映画専門館「国際劇場」において、戦前に製作された日本映画『ロッパの大久保彦左衛門』（斎藤寅次郎監督、東宝、一九三九年）の再上映がおこなわれた。このフィルムをロサンゼルスから運んできた日米キネマ・ハワイ支社の木村宗雄は、『ハワイ・タイムズ』紙のインタビューに対して次のように答えている。

〔ロサンゼルスの〕日米キネマ本社では日本映画ファンの御希望に応じ一日も早く戦前輸入されたオール・トーキー映画をハワイにおいて再上映すべく、着々準備中のところ、約四〇本のフィルムを入手する事が出来ましたので、いよいよ明晩より国際劇場において復活第一周記念として音楽入り喜劇『ロッパの大久保彦左衛門』を御覧に供します。〔中略〕なお日米キネマでは一九三六年以来輸入した七〇〇本以上のトーキー映画を目下当局より返還方交渉中ですから御期待をお願いします。[37]

このインタビューから、ロサンゼルスの日米キネマ（日米興行）本社が、戦前の日本映画フィルム四〇本を保有しており、ハワイ支店に移送したこと、そして日米キネマがアメリカ政府に対して接収されたフィルムの返還を要求していることがわかる。日米キネマによる日本映画の返還要求がアメリカ政府によって最終的に認可されるのは一九四七年一〇月なので（後述）、上記の四〇本のフィルムはアメリカ政府による没収・接収をまぬがれた戦前の日本映画フィルムだったと判断してよいだろう。

興味深いのは、戦後直後に、弁士つきの無声日本映画が興行されていたことである。一九四六年八月一日から三日まで、リンダ・リー劇場にて無声映画『灰燼』（村田実監督、日活太秦、一九二九年）と、ニュース映画『戦後の復興』（製作年など不祥）が上映された。[38]『灰燼』の上映では秋田遊民と松葉美佐子という二人の弁士が解説したが、彼らは一九二〇年代から北米移民地で活躍していた一世の弁士である。[39]

（2）接収映画の返還要求——日米キネマの場合

木村宗雄は先述のインタビューにおいて、「日米キネマでは一九三六年以来輸入した七〇〇本以上のトーキー映画を目下当局より返還方交渉中」だと述べていたが、接収映画の返還要求はどのようなプロセスを経て進められたのであろうか。実際、日米キネマはインタビューが掲載された約四カ月前の一九四六年三月一日に、敵性財産管理局に対して日本映画フィルムの返還要求を提出している（同年八月五日には返還要求に関する補足資料も提出している）[40]。同年九月には、日米キネマの秘書でもあった弁護士の迎田勝馬《むかえだ》が、フィルム返還のプロセスについて新聞のインタビューに答えている。迎田は「オークランド弁護士」とともに、敵性財産管理局をはじめとする関係省庁を訪問して、接収されたフィルムの所有権について議論したという。

〔前略〕その要点をお話しすれば、先方〔敵性財産管理局〕では日米キネマ〔が保有していた〕フィルムは敵国日本の会社より借りているものと思っていたらしい。米国では大概の場合フィルムは二十年間の契約で貸借されているから無理からぬ事だが、日米キネマのものは日本側から買込んだ書類が揃っており、米国領事の査証もあるので一点の疑いもないから疑問が氷解され、これは裁判で争うまでもなく返還するのが当然であると各省で認められた。現在敵国外人管理局〔敵性財産管理局のこと〕の手許には四八〇〇件のクレーム〔返還要求〕があり、それに予算をカットされ人手不足のために、これが済めばタイムを取るから出来るだけすみやかに取り扱うことにするとのことであった[41]

その後、迎田が主張したように、日米キネマは日本の映画会社からフィルムを購入したことを示す書類をアメリカの関係省庁に提示することによって、返還要求の正当性を管理局に認めさせることができた。日米キネマの要求は「返還要求番号（claim number）第四八〇〇号」として敵性財産管理局に登録され、一九四七年二月二〇日と二一日に、「接収財産返還要求委員会」（the vested property claims committee）は迎田勝馬を証人として公聴会を開催した[42]。日米キネマはアメリカ本土で接収された二五一本のフィルムと、ハワイで接収された三七八本のフィルムの返還を主張したが、敵性財産管理局がそのとき実際に管理していた接収フィルムはわずか七〇本であった。報告書によると、敵性財産管理局以外の機関によって没収されたフィルムはすでに破棄された可能性があり、確認することのできた七〇本以外のフィルムの所在は不明であると記されている。なお、七〇本のフィルムが日米キネマに返還された際、戦時中にアメリカの映画人がそれらのフィルムを利用して敵性財産管理局に支払った六七五ドル五七セントの著作権使用料も、日米キネマに支払われる予定であると記されている[43]。

公聴会から約四カ月後の一九四七年六月二六日に、司法長官[44]は日米キネマに対して返還通知を出し、さらに同年一〇月二七日付けの書類において、日米キネマの返還要求は「返還命令第五一号」として正式に承認された[45]。結局、日米キネマが返還要求の書類を提出してから返還が承認されるまでに、およそ八カ月の月日がかかったことになる。

5　日本映画の〈里帰り〉

日米キネマのケースのように、返還要求が承認された接収フィルムはもとの所有者の手に戻ったが、戦後に引き取り手のなかった「敵国財産」――つまり返還要求のなかった、または承認されなかった接収フィルム――は、法務省に権限が移管された敵性財産管理局によって引き続きフィルムの所有権と著作権が管理され、それらの諸権利はアメリカ人の「公益[46]」のために利用された。

戦後に返還要求のなかった接収フィルムの管理は、一九六二年一〇月二二日と二三日に成立したアメリカ連邦議会のパブリック・ロー（87‐847と87‐862）によって大きく変化した。これらのパブリック・ローは「対敵通商法」（一九一七年成立、一九四一年改正）をさらに改正する法律である。パブリック・ロー87‐847は、敵性財産管理局が戦時中に接収した著作権を放棄し、もとの所有者に返還することを明記したものであり、同87‐862は以下の三点を規定したものである。

（一）敵性財産管理局が保有していたすべての接収映画フィルムの権利（title）を、アメリカ議会図書館に移管する。

（二）議会図書館は、引き取る接収フィルムを選択することができる。議会図書館が選択しなかったフィルムの処理は、敵性財産管理局がおこなう。

（三）議会図書館が引き取ったフィルムの保存、複製、処理については、議会図書館の自由裁量に完全に任せる。(47)

このようにして、敵性財産管理局が権利を放棄した接収フィルムは議会図書館が管理することになった。ただし、パブリック・ロー87-847によって、接収フィルムの著作権をもとの著作権者に返還することが定められていたため、パブリック・ローの成立後にアメリカの映画人が接収フィルムを利用する場合、接収フィルムの元著作権者を探して使用許可を得なければならなくなった。そのため、「その後、米国において日本映画を利用しようとする者が、駐米日本大使館を通じて、日本側に著作権者の許諾を求めてくるようになってきた(48)」のである。このような著作権者を捜す問合わせがアメリカ政府から日本政府へ頻繁に流れ込むようになってはじめて、日本政府はアメリカ議会図書館に大量の日本映画フィルムが保管されていることを知ることになる。(49)

日本の外務省は、一九六四年一〇月に阿部慎一（当時、教育映画製作者連盟事務局長）をアメリカ議会図書館に派遣し、日本映画フィルムの調査をおこなわせた。(50)その結果、溝口健二監督の『残菊物語』（松竹京都、一九三九年）や『五人の斥候兵』（田坂具隆監督、日活多摩川、一九三八年）をはじめとして、それまで日本では「失われたフィルム」と思われていた映画作品が大量に含まれていることが判明した。一九六六年、アメリカ議会図書館と東京国立近代美術館との間で正式な交渉がはじまり、議会図書館は接収映画（三五ミリ可燃性フィルム）に対する全権利を東京国立近代美術館に譲渡することに同意するいっぽうで、東京国立近代美術館は、それらの三五ミリ可燃性フィルムを不燃性フィルムに複製し、その複製物（一六ミリ・プリント）を議会図書館に渡すことが取り決められた(51)。

議会図書館のフィルムを実際に調査した福間敏矩（当時フィルムセンター主幹）は、議会図書館に収蔵されていた日本映画のフィルムの来歴について次のように報告している。

外地または米国内等にあって敵産として没収された日本映画も含まれているよしであり、これらの日本映画のフィルムが幾つかの径路をたどって、米国の国会図書館〔議会図書館のこと〕に収蔵されることになったもののようであるが、その経路については詳かにしない。

フィルムの缶にUSAF〔U.S. Air Force アメリカ空軍〕とあって、空軍が持っていたらしいものや、フィルムそのものにタイトルが入れられていて、Official Film Mid 2903 War Department〔アメリカ陸軍〕とあったり、また、APC〔Alien Property Custodian　敵性財産管理局〕1902などといったものもある(52)。

この文章が執筆された一九七二年当時において、福間は議会図書館に収蔵されていた日本映画の一部が敵性財産管理局、陸軍、そして海軍などによって没収・接収・利用されたものだと推測しているが、このことは、本章においてこれまで跡づけてきた内容と一致するものである。

日本映画の〈返還〉プロジェクトは、一九六七年から一九六九年までの三カ年計画として実施され、一九六七年一一月八日に第一次のフィルム（劇映画六〇本、文化映画五六本、ニュース映画二三六本）が〈里帰り〉し(53)、翌一九六八年六月から東京国立近代美術館において一般公開された(54)。

戦前にアメリカへ渡った日本映画フィルムの〈里帰り〉は一九九〇年代以降も続いている。「桃中軒亦右衛門」という弁士として一九二〇年代の北米日系社会で活躍した一世の古賀亦雄は、一九三〇年代のトーキー映画の時代になると日本映画興行者に転身し、戦後まで巡回映画興行師として活動した（第四章を参照）。一九九三年、古賀亦雄の妻・繁子は、自宅に保管していた戦前の無声映画『乳姉妹』（野村芳亭監督、一九三二年）のフィルムをカリフォルニア大学バークレー校のパシフィック・フィルム・アーカイヴに寄贈した。『乳姉妹』は日本でもフィルムの現存が確認されていなかった作品で、「失われたフィルム」だと見なされていたものであった。戦前に太平洋を渡った『乳姉妹』のフィルムは、約六〇年後の一九九五年に日本へ〈里帰り〉し、現在は東京国立近代美術館フィルムセンターに収蔵されている。(55)

また、第五章で論じたように、キリスト教牧師で日本映画上映にもかかわっていた伴武の遺品は、彼の死後にロサンゼルスの全米日系人博物館に寄贈されたが、そのなかの日本映画フィルムについては、二〇〇七年にフィルムセンターへの寄贈が完了し、「失われたフィルム」と思われていた作品が複数含まれていた。

本章では、アメリカの日系移民たちが保有していた日本映画のフィルムが、戦時下における敵性財産としてアメリカ政府によって没収・接収され、流用され、戦後に返還されたプロセスを、おもにアメリカ国立公文書館の一次資料を分析することを通じて明らかにしてきた。敵性財産の接収の歴史から見えてきたことは、第二次世界大戦において映画メディアの果たした大きな役割である。第一次世界大戦時にはじめて敵性財産の接収が本格的に実施されたが、そのときには敵国映画の接収が問題化することはなかった。つまり一九一〇年代の各国において映画の戦略的価値とその影響力はいまだ本格的に検討されていなかったのである。いっぽう、それから約二〇年後の第二次世界大戦において、アメリカ政府は敵国映画を戦争遂行におけるきわめて重要なツールとして認識していた。その結果、アメリカ政府のさまざまな機関が開戦と同時に日系人から日本映画フィルムを没収し、さらに、敵性財産管理局が接収することによって、組織的で多様な敵性映画の流用が遂行されたのである。(56)

第四部

日本人移民による映画制作

第七章　一九一〇年代の日系移民による映画制作

本書第二部では、戦前のアメリカ日系社会における映画の役割を、特に日本映画の興行実践や受容の観点から多面的に考察してきた。ただし、日系移民たちは出身国の映画を上映して見るだけの受動的な存在ではない。一九一〇年代以降、アメリカの日系移民は、さまざまな目的と意図に基づいて映画を制作していた。

第四部では、日系移民による映画制作の実践を論じる。ただしその前に、より広い視野からアメリカの各エスニック・グループによる映画制作の歴史について概観する。各グループの出身地域で制作された映画を見ることができる「エスニック映画館」についてはすでに第四章で解説したが、移民たちは、みずからの言語をもちいた映画作品も数多く制作していた。

アメリカ映画協会が発行した事典『我らが門の内にて[1]』は、一九一一年から一九六〇年までにアメリカで制作された映画のなかで、エスニシティに関連する作品群を網羅的に集めた書物である。この事典には、当該期間に制作された英語以外の言語による劇映画の作品目録が付されている。表7は、筆者がその目録から一九四五年以前に制作された外国語映画の制作本数をカウントしたものである。

この表から確認できるように、もっとも多いのはスペイン語映画の一四四本で、次に多いのがユダヤ系移民によるイディッシュ語映画の五〇本である。ただしこの数には、一九三〇年代初頭のトーキー初期にアメリカのメジャー会社が製作した、いわゆる「複数言語ヴァージョン」の作品も含まれている（「複数言語ヴァージョン」については第八章2節を参照)。特に表中のスペイン語映画の多くは、一九三〇年代に製作されたハリウッド映画のスペイン語ヴァージョンであり、これらはアメリカに居住していたメキシコ系移民向けの映画というよりは、中南米のスペイン語圏の国々へ輸出するための「外国語」映画であった。したがって、表のなかのすべての作品がアメリカの各エスニック・グループによる独自の制作作品だということではない。

また、表でカウントされた「外国語」映画のほとんどはトーキー映画であり、制作年も一九二七年以降の作品ばかりである。つまり、アメリカにおける「外国語」映画制作は、ハリウッドが『ジャズ・シンガー』(一九二七年)を製作して本格的なトーキー時代の到来を告げたときに活性化した。映画にサウンドが付随するようになると、各エスニック・グループは〈われわれ〉の言語が聞こえてくるトーキー映画の制作を積極的に試みたといえる。

表7　アメリカで制作された英語以外の言語による映画作品数(1911〜1945年)

スペイン語	144
イディッシュ語	50
フランス語	33
イタリア語	24
ドイツ語	21
中国語	11
ポーランド語	4
スウェーデン語	4
ウクライナ語	4
アルメニア語	2
日本語	2
タガログ語	1
クロアチア語	1
ギリシア語	1
ハンガリー語	1
ポルトガル語	1

ユダヤ系移民が制作したイディッシュ語映画を例に取って見よう。ドイツ語、ヘブライ語、スラヴ語が融合したイディッシュ語の映画(以下、イディッシュ映画と略記)について、すでにジュディス・ゴールドバーグ、エリック・ゴールドマン、そしてジェイ・ホバーマンによる先行研究(2)がある。イディッシュ映画の制作が活発化したのは一九三〇年代である。イディッシュ映画の歴史を概説したジョゼフ・コーエンによると、一九一〇年から一九四一年にかけて、おおよそ一三〇本の長篇と、三〇本の短篇イディッシュ映画が制作された(3)。ユダヤ系移民が最も集中していたニューヨークのローワー・イーストサイドの人口は、一九一〇年までに五四万人にまで膨れ上がっていた(4)。一九一〇年のアメリカにお

ける日系人の総計が、ハワイとアメリカ本土をあわせても約一五万人だったので、ニューヨークのユダヤ系コミュニティには、日系コミュニティ全体の約三・六倍の潜在的な映画観客がいたことになる。

第四章5節で解説したように、一九二〇年代のハリウッド映画には、ユダヤ系移民がアメリカ社会で成功する立身出世物語がいくつか存在する。日系のキリスト教会・合同教会で無料公開された『餓えたる心』（*Hungry Hearts*, 一九二二年）や『ユーモレスク』（*Humoresque*, 一九二〇年）はその典型例である。一九二〇年代のハリウッド映画がユダヤ系移民の「同化」の物語をしばしば描いていたとすれば、一九三〇年代のハリウッド映画は直接的にユダヤ系移民やユダヤ系アメリカ人を描くことを回避した。映画史家のリチャード・コザースキーは、「ほとんどの場合、（一九三〇年代のハリウッド映画では）ユダヤ人の登場人物は脇役に追いやられるか、悪い場合にはユダヤ人の宗教的アイデンティティが奪われてしまった(5)」と指摘している。一九三〇年代のハリウッド映画産業は、第一次世界大戦時に拡張することに成功した世界市場を保持するため、国際問題になりかねない要素を映画から周到に排除した。特にドイツ人とユダヤ人の表象を可能なかぎり回避していることは明らかだ。たとえば、エミール・ゾラの伝記映画である『ゾラの生涯』（*The Life of Emile Zola*, 一九三七年）では、ドレフュス事件を扱った作品であるにもかかわらず、ドレフュスがユダヤ人であることは一度も台詞として発せられることはない（もちろん歴史的な事実を知っている観客にとってはすぐに想像できるが）。しかしただ一度だけ、映画内でドレフュスがユダヤ人であることを示すショットがある。それはドレフュスの履歴書に書かれた文字が画面上に提示されるショットであり、履歴書のなかに、ドレフュスがユダヤ教徒であることが示されている（注意深い観客でなければ気がつかない）。このように、あからさまにユダヤ人を描かないことによって、ハリウッドは世界中の市場を縮小させないようにしていたのである。それに反比例するように、一九三〇年代にイディッシュ映画は最盛期を迎える。ハリウッド映画で同時期に抑圧されていたユダヤ人表象をみずから補填することによって、ユダヤ系移民たちはみずからのエスニック・アイデンティティとコミュニティの結束の強化を目指したのである。

さいわいなことに、一九三〇年代のイディッシュ映画は現存しているものが多い。イディッシュ映画史家のパトリシア・エレンズによると、第二次世界大戦後、ユダヤ系コミュニティのレクリエーションや学校などで上映するために一六ミリ・フィルムのプリントが数多く作成され流通した。それらのフィルムには一九三〇年代に制作されたイディッシュ映画も数多く含まれていたため、多くのイディッシュ映画が現存しているという[6]。

さらにエレンズは、一九三〇年代に隆盛したイディッシュ映画の特徴として、ユダヤ人としてのエスニシティや伝統を強化する物語が採用されたことをあげている[7]。一九二七年のハリウッド映画『ジャズ・シンガー』と、一九三七年のイディッシュ映画『カンターズ・サン』（*The Cantor's Son*）を比較すれば、この違いは明確になる。ともにユダヤ教聖歌の歌い手（カンター）の息子が主人公である。しかし、ハリウッド映画である『ジャズ・シンガー』の主人公ジェイキー・ロビノヴィッツは、ジャック・ロビンというアメリカ風の名前に改名し、さらに非ユダヤ教徒の女性と結ばれる。つまり、ユダヤ人の青年がアメリカ社会に「同化」する物語となっている。いっぽう、イディッシュ映画の『カンターズ・サン』は、主人公がジャズ・シンガーになって、いったんアメリカ的な価値観を受け入れるものの、最終的に、主人公は故郷のポーランドへ帰り、カンターとして生きることを決意する。さらに主人公は、アメリカ人女性ではなく故郷の幼なじみの女性と結婚する。つまり、イディッシュ映画としての『カンターズ・サン』は、『ジャズ・シンガー』とは正反対の価値観――ユダヤ的伝統の賛美とアメリカ化の拒絶――が主張されているのである。

このように、ユダヤ系移民が自分たちのために制作した一九三〇年代のイディッシュ映画には、ユダヤ的な価値観を肯定する要素が含まれることが多かった。しかし一九三〇年代の最盛期をすぎると、イディッシュ映画の制作は、ユダヤ系社会における一世の減少とともに衰退していった。

では、日系移民が制作した映画作品にも、ユダヤ系と同様に、日系移民の価値観や在米日本人独自の特徴を確認することができるのだろうか。

以下、一九一〇年代から一九三〇年代初頭にかけての日系人による映画制作の実践と、制作した映画作品の「循環」について考察する。表7（一五七頁）で示したように、事典『我らが門の内にて』に掲載されている日本語の映画作品は、一九二七年に制作されたサイレントの連鎖劇（タイトル不詳）と、一九三〇年に制作された日本語のトーキー作品『地軸を廻す力』の二本のみである。しかし、この時期にアメリカで日系人が制作した映画作品は二本だけではない。アメリカの映画保存や研究において権威のあるアメリカン・フィルム・インスティテュート（ＡＦＩ）が作成したこの事典に、正確な情報が記入されていない理由のひとつは、本書第一章で解説したような、アメリカにおける映画学という学問領域の制度的な限界にある。事典『我らが門の内にて』は基本的にアメリカ国内で発行された英語文献（映画雑誌や新聞）のみを調査対象としており、そのほかの言語で刊行されたアメリカ国内の文献を参照していない。

日系人による映画制作の歴史は、これまでアメリカでも日本でも本格的に解明されたことはない。第一章で述べたとおり、アメリカのエスニック研究やその下位分野に位置づけられるアジア系アメリカ人研究は、アメリカ社会におけるアジア系アメリカ人の地位向上という政治的な大義が掲げられて、一九六〇年代後半に成立した学問領域である。したがって、それらの学問領域内では、移民（つまりアメリカ人ではない外国人）の映画制作が積極的に語られることはなく、一九七〇年代以降に活性化したアジア系アメリカ人の映像制作に焦点が当てられて、[8]戦前の日系移民の映画制作に焦点が当てられることはなかった。一九八八年に戦時中の日系人の強制収容に対する戦後補償が実現するまでは、一世の歴史は「日系人」の苦難の歴史を補強する目的に制限されることが多かった。たとえば、日系アメリカ人映像作家のパイオニアとして知られるロバート・ナカムラとカレン・イシヅカが、戦前の日系人のホーム・ムーヴィを復元したドキュメンタリー映画『ムーヴィング・メモリーズ』

(*Moving Memories*)を完成させたのは、戦後補償が決定したあとの一九九二年である。

日本語の文献でも同様に、戦前の日系人が制作した映画の歴史に関する研究書は存在せず、わずかに日系人みずからが書き綴ったいわゆる「日系人史」のなかで言及されてきたのみである。もっとも早い時期のものは、一九四〇年に出版された在米日本人会編集による『在米日本人史』であり、「映画」の項目が存在する。[9]「日系人史」のなかで、もっとも詳細に日系人の映画制作の歴史が記述されているのは、『米国日系人百年史――在米日系人発展人士録』(新日米新聞社、一九六一年)のなかの「米国映画界に於ける日系人」であろう。[10]ただし「戦前の日系人」の項目は、一九四〇年の『在米日本人史』の情報を再録したものにすぎない。

以上のように、一九七〇年代以前の日系人による映画制作の歴史については、これまで限定的な情報しか存在しなかった(存在したとしても単一の情報源を使いまわしするのみであり、掘り下げた調査・研究は見あたらない)。第四部の目的は、従来の研究では明らかにされてこなかった日系人の映画制作の歴史を、日系新聞などの一次資料の調査によってはじめて明らかにするとともに、日系移民たちの映画制作がどのような意図や目的によって生み出されたのかという点も考察することである。結論を先取りすれば、日系人によって制作された映画作品は、各時代のアメリカの政治的・文化的な状況に対する日系人たちの反応として生まれ、同時に日系人たちがみずからのアイデンティティを構築し、再確認するためのツールとして制作され、受容された。ほかのアメリカのエスニック・グループと同様に、日系移民もまた、主流のハリウッド映画ではけっして表象されることのない、〈われわれ〉の〈物語〉を、映画というメディアを通じて享受することを欲していたのである。

一九一二年から一九六五年までに、アメリカで日系人が制作した映画作品は次の表8のとおりである(参考としてハワイで制作された映画も追加した)。

筆者が調査したかぎり、一九一二年以降、断続的に日系人による映画制作が実践された。これらの作品群の傾向を二つに大別するならば、①日系人の活動を記した実写映画やニュース映画に分類できるものと、②日系人を

19	1965	比嘉太郎	ハワイ	『ハワイに生きる』	ハワイ沖縄移民65周年記念記録映画	比嘉太郎・トーマスなどハワイ出身の二世が中心
20	1965	Coral Production	ハワイ	『沖縄』	実写映画	二世による沖縄

(1) 「御大葬の活動写真　市内ポスト街908 日米フィルム会社、社員を派遣し先帝と乃木大将の葬儀撮影（『日米』1912年10月20日号）。詳細は不明。

(2) 『日米』（1913年7月20日号）に、『日米』新聞のストックトン支社によって映画撮影の計画があると報道されたが、その後の活動は不明。

(3) 「オグデン通信　奥殿の活動写真　デンバー市の北米活動写真会社にては数名の技師を派遣して今週中に当市および附近を撮影するよしにて……不日当市において興行すべしと」（『新世界』1913年7月6日号）。北米活動写真会社についてはこれ以外の資料は存在せず、詳細は不明。

(4) 川添善市『移植樹の花開く』（移植樹の花開く刊行会、1960）、442-443頁。

(5) "Japanese-American Film" in *Variety: Film Reviews: 1926-1929*, vol.3. (New York: Garland, 1983).

(6) 川添善市『移植樹の花開く』（移植樹の花開く刊行会、1960）、442-443頁。

表８　日系人が制作した映画作品リスト（1912-1965年）

番号	制作年	制作会社あるいは監督	設立地	タイトル	ジャンル	備考
1	1912	ヤマトグラフ	ポートランド	『同胞活動状況』？	実写映画	日本へ輸出
2	1912	日米フィルム	サンフランシスコ	明治天皇と乃木将軍の葬儀撮影	実写映画	日本で撮影(1)
3	1913	平野活動写真	ホノルル	運動会	実写映画	
4	1913	日米新聞ストックトン支社(2)	ストックトン	不明	実写映画	
5	1913頃	北米活動写真会社	デンバー	不明	実写映画	オグデンに設立(3)
6	1914	日米フィルム	ロサンゼルス	『写真結婚』等	劇映画、実写映画	日本へ輸出
7	1918	東洋フィルム（サンライズフィルム）	横浜	『成金（後藤三次）』、『東洋の夢』	劇映画	アメリカへ輸出
8	1921	河合太洋（監督）	ハワイ	『恋より死へ』	劇映画	5巻(4)
9	1922	白鳩フィルム	ロサンゼルス	『闇夜の宿』	連鎖劇	3月公開
10	1927	不詳	ロサンゼルス	不詳	連鎖劇	5月24日ウエストレイクにて(5)
11	1929	河合太洋（監督）	ハワイ	『同胞の叫び』	劇映画	時事問題物(6)
12	1930	聖林《ハリウッド》日本発声映画会社	ロサンゼルス	『地軸を廻す力』	劇映画	日本語トーキー、父子の情愛
13	1930	瀬戸内一座	ロサンゼルス	不詳	新派連鎖劇	広告より
14	1931	日布映画	ハワイ／沖縄	『執念の毒蛇』	劇映画	ハワイ帰りの沖縄人
15	1933	ハリウッド映画研究会	ロサンゼルス	『大地に親む』	劇映画	二世帰農問題。16ミリ。6巻
16	1935	ハリウッド映画研究会	ロサンゼルス	『移民地の母』	劇映画	育児問題。16ミリ
17	1936	ハリウッド映画研究会	ロサンゼルス	『伸び行く二世』	劇映画	二世農業組織化問題。16ミリ
18	1941	竹間狂朗（監督）	ハワイ	『アロハ三重奏』	劇映画	1949年に封切

主人公とした物語映画（劇映画）になる。以下、本章ではおもに一九一〇年代の映画制作実践を解説してゆく（一九三〇年に制作された『地軸を廻す力』については次章で詳述する）。

1　成沢玲川によるメディア戦略

一九一二年一〇月一七日、アメリカ本土に日本人移民による初の映画制作会社が生まれた。その会社は「株式会社ヤマトグラフ・フィルム」（以下、ヤマトグラフ）で、オレゴン州ポートランドに、資本金二万五〇〇〇ドルで設立された[11]。新聞記事によると、ヤマトグラフはオレゴン州の認可を受けた株式会社であり、「社長阿部□〔判読不能〕治、副社長エフ・エー・ショー、副社長兼支配人成瀬金兵衛……」と記されている。社長の名前が一字判読不能であるが、当時、オレゴン州唯一の日系人による日刊新聞『央州日報』（*Oregon News*、一九〇九年設立）の社長が「アベ・トヨジ」（阿部豊治）であったことから[12]、映画制作会社ヤマトグラフの社長も、『央州日報』の社長・阿部豊治であると断定してよいだろう。

つまりヤマトグラフとは、日系新聞社である『央州日報』が映像メディアを活用するために設立した映画会社である。なお『米国日系人百年史』（一九六一年）には、一九一二年頃にポートランドの「央州社」より映画雑誌『ヤマトグラフ』が発刊されたと記されているので、ヤマトグラフが制作した映像のスティル写真を活用した雑誌も発行するというメディア・ミックス的活動もおこなっていたようだ[13]。

ヤマトグラフ設立の記事から約半年後の一九一三年六月七日に、サンフランシスコの日系新聞『日米』は、ヤマトグラフが北米の日本人移民の生活状況を日本へ紹介するために、実写映画（記録映画）を制作すると発表した。

在留同胞の奮闘生活と発展の真相を母国に紹介せんがため、沿岸各都市、田園の光景、同胞経営の公共事業（たとえば学校、教会、新聞社）在米同胞の娯楽、スクール・ボーイの生活、同胞私営の諸事業等を活動写真に仕組み、本年九月頃日本にもち行き、母国官民の観覧に供するよし、同会社の鳴澤〔成沢〕副社長は原板撮影のため目下当地〔サンフランシスコ〕に滞在中なり(14)

この記事から、実際にサンフランシスコで日系社会の状況を撮影しているのは、「鳴澤」という人物であることがわかる。肩書きがヤマトグラフの副社長と記されていることから、「鳴澤」は前記の「成沢金兵衛」と見て間違いない。

成沢金兵衛（一八七七―一九六二）は「成沢玲川」の別名を持つ事業家で、一九一八年九月に東京朝日新聞社に入社し、『アサヒグラフ』（一九二三年）、『アサヒカメラ』（一九二六年）の創刊および編集に携わったグラフ雑誌の創始者として知られている。一九二六年には、『日本映画年鑑 第二年版（大正一四・一五年）』（東京朝日新聞社、一九二六年）の編纂も担当した。一九三四年九月、日本放送協会（ＪＯＡＫ）に転じて報道部長となり、海外放送などを担当してその国際性を発揮した。これまで成沢の在米時の活動についてほとんど注目されてこなかったため、ヤマトグラフという記録映画制作会社の先駆的な活動もまったく語られてこなかった。

成沢は、一九一二年のヤマトグラフ設立時点ですでに、新聞・写真・映画、雑誌の各メディアを融合させ、北米移民地の情報を日本へ伝える〈報道〉への強い意欲を持っていた。成沢は、一九〇七年のアメリカ滞在中に、映像メディアを駆使した報道の重要性に気がついたようだ。成沢自身の言葉によると、「報道本能からアメリカでキャメラを買ったのが明治四〇〔一九〇七〕年である。まず母国へのたよりのなかに写真が加えられ、ついで邦字新聞央州日報の新聞写真や、フォト・エラ、アメリカン・フォトグラフィー誌等の芸術写真となり、さらに一万二〇〇〇フィートの在米同胞発展映画にまで発展した(15)」と回顧している。

一九一三年に「在米同胞」の生活風景を撮影しはじめた成沢は、カリフォルニア州の各日系移民地を巡回（サンフランシスコ→ストックトン→サクラメント→ロサンゼルス→サクラメント→サンフランシスコ）して撮影旅行を続けた[16]。撮影した場所は、たとえばストックトンの「牛島農園」の「荒地開墾の痛快なる光景」や、「溝掘り、アニオン〔オニオン〕種の摘み取り仕事、ヘイ〔hay：干草〕刈りおよび夕方の馬車の引上げなど一〇数種七〇〇フィート」を撮影し[17]、さらにサクラメントでは日本人町[18]、カリフォルニア州庁、「白人区域」、「仏教青年会」、「日本人小学校」なども撮影する[19]。その後、ロサンゼルスでは、日本人移民が通う「ドミングスの飛行学校[20]」、ロサンゼルス港の「同胞漁業村」や「同胞が経営する養豚場の実況」を撮影した[21]。

ロサンゼルスからふたたびサクラメントへ戻ると、成沢は日系移民の活動状況を撮影するだけでなく、それまでに撮り貯めた映像の上映会を開催して、日系移民たちに同胞の状況を伝える活動もおこなった。一九一三年七月一〇日、日系人がつどう映画館「日本座」において、成沢はシアトルとポートランドの日系人の生活状況を記録した映画を上映した。第三章で解説したように、日本座は一九〇八年にサクラメントの日系コミュニティ内に開場した日本人経営の映画館である。

サクラメントにおける撮影および上映会実施のあと、成沢は再度サンフランシスコへ戻る。サンフランシスコに滞在中、成沢は『日米』紙上に「有力なる教化運動――活動写真の利用範囲」というタイトルで、六回にわたって映画というメディアの活用の可能性を詳しく論じた[22]。

成沢が連載のなかで一貫して主張しているのは、映画がもつ教育的・社会的影響力である。成沢はタフト大統領（在任一九〇九―一九一三）が映画を活用しはじめたことを取り上げて映画の社会的な重要性を主張し、また、当時イギリスで発明された色彩映画システム「キネマカラー」や、エジソンが発明した音つき映画「キネトフォン」のすばらしさを解説する。そして「〔映画の〕一大長所は無語劇たる点にあり世界共通語を語ると同じ効力のある所に存する」と記し、成沢は映画という映像メディアの国際性を強調する（連載第二回）。そして、現在のアメリカには二万もの映画館があり、ひとつの映画作品に対して平均二〇〇万人の観客を動員することができるという具体的な数値を提示して、この絶大なる影響力を有する映画を「キャンペイン・オブ・エジュケーション」〔教化運動〕として活用するべきだと成沢は主張する（連載第三回）。

成沢は映画による「教化運動」を三つに分類した。一番目は「在米同胞に対するもの」、二番目は「母国に対するもの」、そして三番目に「米国に対するもの」である（連載第四回）。一番目の「在米同胞に対する教化運動」は、日系移民たちがアメリカ社会に同化することを促進させるための啓蒙的な教育を、映画によって実践する運動である。たとえば、「米国に永住の観念を起こさしむけるため〔に〕米国のブライトサイド〔明るい側面〕の紹介」をすること、「同化を奨励する諸材料、たとえばよく同化せる欧州移民と非同化なる支那人との米国における事業および風俗習慣等の比較を示す」こと、「精神修養に関するものたとえば支那賭博の撲滅、下劣なる娯楽および矯風等に関するものはこれを写真劇〔劇映画〕に仕組むがごときもその一策たるべし」と主張し、ニュース映画だけでなく劇映画を用いた教化運動も視野に入れている（連載第四回）。なお、本書で何度も指摘してきたが、やはりここにおいても、日系社会におけるエリート層である成沢の言説のなかに、中国系移民と日系移民とを差別化する力学（帝国日本の「人種形成」）が作動している。

二番目の「母国日本に対する」教化運動について、成沢は、みずから制作に携わった記録映画の撮影方針を例として取り上げて解説する。成沢は、日系社会の発展状況だけでなく、日本人と関係の深い「白人団体」なども撮影する方針だという。さらに、一九一三年九月三〇日にワシントン州のタコマ港を出発する央州日報社主催の「母国訪問団」とともに、完成した映画作品のフィルムを日本へ送り、日本各地で「説明者つき」の上映会を実施する計画を立てている（連載第四回）。

三番目の「米国に対する」教化運動については、「最も重きを措《ママ》くべきもので」、「米人一般に日本人というものを正解《ママ》させねばなら」ないと成沢は強調する。そしてこの活動は、「母国民と仕留同胞」とが協力しておこなうべき「国家的事業」であるという。成沢は具体的に、以下の場面を映画に挿入することを提案する。

一　アメリカ人が日本で歓迎されている実況

二　アメリカの偉人の事跡が日本の小学校の教科書に掲載され、国民教化に大きな影響を与えている場面（ペリー提督など）

三　日本におけるアメリカ製品およびアメリカ的風俗の歓迎振り

四　アメリカにおける日本人移民の同化程度を示す事業や出来事

五　アメリカの日本人移民がアメリカの発展に貢献した出来事

六　日本人の道徳および善良なる風俗習慣の紹介

（連載第五回）

なぜ成沢は、故国日本に日系移民の状況を映像によって伝える必要を感じたのだろうか。成沢の主張と実践は、当時の緊迫した日米関係、および北米の日本人移民のおかれた状況から生まれたものであった。ヤマトグラフが映画の制作を開始するという新聞報道がなされた半月前の一九一三年五月一九日、カリフォルニア州で「外国人土地法」（〈排日土地法〉とも呼ばれた）が成立し、「帰化不能外国人」である日本人移民の土地所有が禁止され、同化への道のりが遠のいてしまった。成沢は、排日土地法の成立が映画制作のきっかけとなったことについて次のようにいう。「排日土地案の通過には在米同胞もいろいろの智識を得たが、そのうちで最も価値のあるひとつは少数の親日論者に頼ることの効果少なきを悟ったことで、それと同時にキャンペイン・オブ・エジュケーション〔教化運動〕の必要が唱道されるようになったのである」（連載第六回）。つまり、一九一三年五月に成立した排日土地法に衝撃を受けた成沢が、窮地に立たされたカリフォルニア州の日系人の状況を撮影し、日本へこの窮状を伝えようと試みたといえる。だからこそ、オレゴン州ポートランドに拠点をもっていたヤマトグラフ社が、他ならぬカリフォルニア州のサンフランシスコやロサンゼルスといった日系コミュニティへ撮影にわざわざおもむいたのである。

結局、ヤマトグラフの成沢金兵衛（玲川）は、一九一三年の六月から八月までの約三カ月間でアメリカ西海岸の日系移民地をめぐり、およそ三時間分の実写映画を制作した。この実写映画はサクラメントやサンフランシスコの各日系コミュニティ内のホールで上映された。「有力なる教化運動――活動写真の利用範囲」が連載された翌月の一九一三年八月二三日（土）と二四日（日）、成沢はサンフランシスコの日本町にあるナショナル座（National Theatre, ポスト街とスタイナー街の角）において、「在米同胞事情を母国上下に紹介する活動写真」と宣伝された記録映画の上映会をおこなった。新聞広告には次のような惹句が記されている。

> 母国五千万の同胞に向って近々開始せらるべき一大キャンペーン・オブ・エジュケーション。活動写真という鏡に映りたるわれわれ在留同胞自身の発展状態を見よ。映画総長九〇〇〇呎《フィート》。回転三時間を要す。
> 映画目次　沙港〔シアトル〕、ポートランド、桑港〔サンフランシスコ〕、桜府〔サクラメント〕、牛島農園、フローリン、ニューキャッスル、羅府〔ロサンゼルス〕および付近。
> 両日とも午後七時半より一一時まで。入場料二五仙《セント》、子供一〇仙[23]

サンフランシスコの日系移民にとって、自分が居住する地域以外の日系社会の状況を動く映像としてみることは初めての体験であった（筆者の日系新聞調査では、これ以前に同種の上映会は存在しない）。日系移民観客は、この「活動写真という鏡に映りたるわれわれ在留同胞自身の発展状態を」互いに確認しあうことによって、〈在米日本人〉としての連帯感とアイデンティティを強化することになったであろう。

その後、成沢は一九一三年一〇月二八日に、『央州日報』が主宰した母国訪問団の団長として一〇二名を引き連れて加奈陀丸で日本へ帰国し、ヤマトグラフのフィルムを日本各地で上映した。[24] 翌一九一四年一月の『新世界』紙には、「同胞活動写真大好評」という見出しでヤマトグラフの記録映画が日本で好評を博したことが報じられた。[25]

また、ヤマトグラフの映画制作が、当時の排日運動の激化に呼応するものとして日系社会で位置づけられたことは、二年後に日本人ハリウッドスターの早川雪洲が日系社会に引き起こした拒絶反応へと展開してゆくことになる。一九一五年一二月一三日にアメリカで封切られた『チート』(*The Cheat*. セシル・B・デミル監督)に、早川雪洲が白人女性を焼きごてで陵辱する残虐非道な日本人役で出演したことから、在米の日系人社会が早川雪洲を強く批判することとなった。在米の日本大使館はデミル監督に正式に抗議し、『羅府新報』の一九一五年一二月二九日号に、早川雪洲は謝罪広告を掲載することに発展した。[26] ただし、一九一五年の『チート』事件が、日系社会全体の関心事として〈問題化〉される前提として、映画というメディアが社会に持っていた大きな影響力を日系社会全体が明確に意識している必要がある。実際ヤマトグラフの映画が制作された直後の一九一三年一一月に、「活動写真館の日本婦人雇入」という新聞記事が掲載され、アメリカ映画に日本人が出演するときに、「いたずらに賃金のみに眩惑し見苦しき日本醜態の劇などには加わらざるよう注意せらるべし」[27] と警告し、日本人移民に「排日映画」に出演しないよう呼びかけている。その意味で、一九一三年のヤマトグラフの成沢による映画制作と新聞連載、そして日米両国での上映活動は、アメリカの日系社会において、映画という新興メディアの政治的・社会的な重要性が認識されるきっかけを作り、その認識が日系社会全体に拡大する端緒を開いたイベントであったといえる。[28] 一九一五年の『チート』騒動は、二年前から構築されていた言説編成のなかで生まれたものであった。

2 日米フィルムと〈われわれ〉の物語

ポートランドの成沢金兵衛（玲川）が、日系社会の状況を撮影した記録映画のフィルムを日本へもち帰り、多くの日本人観客の前で上映したことが日系新聞で報じられた直後、ロサンゼルスにおいても、日系移民による映画制作の計画が報道された。制作会社の名前は「日米フィルム」（「日米活動写真会社」と記載されることもあった。英語名称はJapanese-American Film Company）で、一九一四年一月に資本金五万ドルで設立された。[29]

日米フィルムの当初の目的は、ヤマトグラフと同様に、アメリカと日本のそれぞれの状況を映像に記録し、日本とアメリカの両国民に伝えることにあった。一九一四年二月、日米フィルムはサンフランシスコに撮影隊を派遣し、日本町や「博覧会」の建設現場の様子を撮影しはじめた。[30]「博覧会」とは、パナマ運河の開通（一九一四年）を記念して、一九一五年二月からサンフランシスコで開催された博覧会である。

同じ時期、大正天皇の即位を祝うために一九一四年の三月から七月まで上野で開催された大正博覧会（大正博）に、日米フィルムの映画作品が出品されることになった。そして、一九一四年四月二九日には、日米フィルムの副社長である「本村軍太郎」が、大正博に出品するために制作したフィルムを携えて帰国の途に就いている。[31]一九一四年三月二一日の時点で、日米フィルムが撮影したフィルムは一万五〇〇〇フィートに達していた。[32]仮に当時の撮影および映写スピードが一秒間に一六コマであるとするならば、日米フィルムは約二五〇分（四時間一〇分）の日系移民の映像を撮りためたことになる。

このように、日米フィルムもヤマトグラフと同様に、アメリカの日系移民の状況を日本へ伝える記録映画を制作することから活動をスタートさせた。しかし、日米フィルムは記録映画だけでなく、劇映画も制作した。管見のかぎり、日米フィルムは北米の日系移民が設立した映画会社のなかで、はじめて劇映画の制作に取り組んだ会社である。さらに興味深いのは、日米フィルムが制作した劇映画の内容が日系移民の実生活に基づいた喜劇であった点である。

一九一四年三月二八日と二九日に、サンフランシスコの日本町にあるナショナル座（ヤマトグラフの記録映画が上映された劇場）において、「弁士つき活動写真」の興行が行なわれた（この時期の日系社会で上映される映画に弁士の解説がつくことは非常に珍しいことであった）。上映されたのは、先述した日系移民の活動状況を写した記録映画と、『写真結婚』と題する劇映画であった。

写真結婚（picture bride）とは、日本に住む日本人女性が、一度も対面したことのない相手男性の写真だけをたよりにアメリカへ渡り、日本人移民男性と結婚する行為、またはそのような結婚方法をさす言葉である。写真結婚は、一九〇八年の「日米紳士協定」の締結から、一九二〇年に日本政府が禁止するまで続けられた。「日米紳士協定」の成立によって、新たな日本人労働者が渡米できなくなると、男性が圧倒的多数を占めていた当時の日系社会では女性が非常に少なかったため、結婚するチャンスが限定された。渡米する前に法的に結婚していた男性は、妻を正式にアメリカへ呼び寄せることができたが、それ以外の独身日本人移民男性に残された結婚方法は、日本に一時的に帰国して結婚するか、妻となる人をアメリカに呼び寄せるかの二通りしかなかった。日本へ帰国するには高額の旅費がかかるため、移民労働者にとってはハードルが高かった。したがって、妻となる女性をアメリカへ呼び寄せる方法が考案された。当時の法的な制約から、多くの日本人女性が、一度も会ったことのない男性との結婚を決意し、男性の写真だけをたよりに渡米していったのである。一九一二年から一九二〇年までの間に、シアトルとサンフランシスコから入港した「写真結婚」の女性は七〇〇〇人近くいた[33]。このような結婚方法はアメリカ政府から〈人身売買〉と非難され、また、多くの駆け落ち事件や離縁話などの悲喜劇が起こったことは、さまざまな先行研究が示している通りである[34]。

日米フィルムが『写真結婚』を制作した一九一四年とは、まさに写真結婚でアメリカへ渡る女性が増加しつつあった時期であり、日本人男性の移民たちにとって、写真結婚は人生を左右するきわめて重要な関心事であった。以下は映画『写真結婚』に関する新聞記事であり、物語の概要も記載されている。

今夜よりナショナルセーターで興行する南加日本人フィルム会社の活動写真は過般来市内各方面にて撮りあるものと一般各地同胞の状態とを観せるよしなるが、そのうちもっとも面白きは写真結婚と題するものにて、地方のボッスが呼寄せの妻を待ち、キャンプにて発着表を調べおる状態、無線電信到着、泡を食って飛び出す様、船の着ける際の埠頭の有様、移民局行き□□〔二字判読不能〕また結婚式まで逐一ありて、思わず吹き出さしむるものなりと、なおこのほかにもおびただしき多数絵あり弁士が一々説明をなすよし(35)

フィルムは現存していないので記事から推測するしかないが、この映画が焦点を当てているのは、日本からアメリカへ渡る日本人女性ではなく、日本人男性（「ボッス」）の滑稽味であることは重要だ。当時の日系移民社会は男性が多くの割合を占めていたことを考えると、映画『写真結婚』は、移民男性の〈われわれ〉の体験を喜劇として対象化し、笑いに変えようとする作品である。移民男性のひとりである新聞記者も、〈われわれ〉移民男性の体験を対象化したこの映画を見て、「思わず吹き出さしむるものなり」と記述し、この劇映画の喜劇性を評価している(36)。なお、『写真結婚』はその後日本へ輸出され、制作から約一年後の一九一五年三月に横浜オデオン座で興行された(37)。

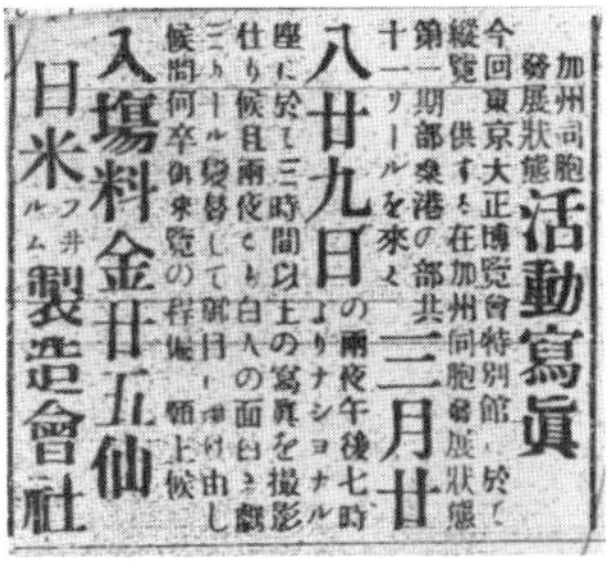
加州同胞發展狀態 活動寫眞
今回東京大正博覧會特別館に於て
縦覧に供する在加州同胞發展狀態
第一期部桑港の部共 三月廿
十一リールを來る
八廿九日
の兩夜午後七時よりナショナル
座に於て三時間以上の寫眞を撮影
仕り候且兩夜とも白人の面白き劇
三リール發替して御目に掛け申し
候間何卒御來覧の程偏に願上候
入場料金廿五仙
日米フ井ルム製造會社

図31　日米フィルムが制作した記録映画の上映会を告知する新聞広告（『新世界』1914年3月28日号）

『写真結婚』が興行されたあと、日系新聞に日米フィルムに関する記事が掲載されることはなかった。ただし、アメリカの映画雑誌『ムーヴィング・ピクチャー・ワールド』誌の記事をみれば、一九一四年初頭に設立さ

Japanese-American Film Company

Organization Numbers Forty Japanese Players and Is Located at Los Angeles—Has Made Many Successful Pictures.

ONE of the most interesting trade announcements of the week chronicles the entry of a new producing company into the field. And as this is the first company in America to be owned, controlled and operated by Japanese, many will be glad to know details of this latest addition to the Los Angeles film colony.

The Japanese-American Film Co. had $200,000.00 paid into their treasury before they started business. Every cent of this was subscribed by Japanese business men, and every bit of the managerial work will be directed by members of the same race. They are fortunate in having secured Sawyer, Inc., to market their films.

The company brought over from Japan a stock company of forty members. The plays will all be Japanese in theme, and all the customs of the old country will be treated with absolute fidelity in the films. This was noticeable in the first production, "The Oath of the Sword." In it were no kisses or other demonstrations such as America is accustomed to. The heroine does not go down to the boat to see her fiance embark for America—because it would not be the correct thing to do in Japan. And just as painstaking are the directors in every other detail—costuming and scenic settings, which are all beautiful.

For over two years they have been producing commercial, educational and industrial features, which had a large circulation in Japan. It is planned to make dramatic pictures in Japan during part of each year, and also in Hawaii, where a great proportion of the villages are Japanese, and the weather is usually sunny. The president of the corporation is K. Numamoto, and the secretary is J. Takata.

Prominent members of the company are Miss Hisa Numa, leading woman, who is 20 years old. She has been featured in motion pictures and is a great favorite among the Japanese people. Mr. Tomi Morri, leading man, is 30 years old, and is a star of the Japanese legitimate stage in Japan, and has been with Broncho Film Co. for the past two seasons. Miss Kohano Akashi plays character leads, and Mr. Jack Y. Abbe juvenile leads.

K. Numamoto.

Miss Hisa Numa.

Tomi Morri.

図32　日米フィルムの活動を写真入りで紹介するアメリカの映画雑誌『ムーヴィング・ピクチャー・ワールド』の記事（1914年）

れた日米フィルムが、同年一〇月まで活動を継続していたことが確認できる。[38] この記事によると、日米フィルムは設立時に二〇万ドルの資金が投入され（日系新聞の記事では五万ドルであった）、四〇人の株主によって設立されたという。また、映画はすべて日本的なテーマのものを制作する予定で、「ソイヤー配給会社」（Sawyer Inc.）によって日米フィルムの映画作品が販売されていると記されている。ソイヤー配給会社とは、一九一四年五月にA・H・ソイヤーが「キネマカラー・アメリカ」から独立して設立した会社であり、一巻から二巻もののコメディ映画を制作・配給すると同時に他社作品も配給していたが、一九一五年三月に解散した。[39]

さらに『ムーヴィング・ピクチャー・ワールド』誌の記事では、日米フィルムの初作品は、『剣の誓い』（*The Path of the Sword*）であるという。日米フィルムの作品の特徴として次のような点を挙げている。作品中にはアメリカ人がするようなキスの場面が一切ないこと。また、日本人女性の主人公は、婚約者の男性が日本からアメリカへ船出する場面でも、船の近くまで来て見送らないこと。なぜなら、女性がそうすることは日本で正しくないからだと記事では指摘されており、アメリカと日本の文化の違いが強調された記事になっている。また、日米フィルムは、すでに映画制作を二年以上続けており、映画作品は日本へ配給されていることも記されている。(40)

以上、一九一三年に記録映画を制作したヤマトグラフと、一九一四年に記録映画だけでなく数本の劇映画も制作した日米フィルムの映画制作が、当時の日系社会において果たした役割を明らかにしてきた。日系移民による二つの映画会社の制作方針に共通しているのは、日系社会の様子を記録した映画を制作して故国・日本へフィルムを送ったことである。その行為は、日本人移民がアメリカで日系社会を築き上げ、さまざまな分野で活躍し、〈発展〉している映像を日本の観客に見せることによって、映像を通じて〝故郷に錦を飾る〟ものとして実行されたのではないだろうか。さらに、これらの映画作品が日系移民地のホールや映画館で上映されることを通じて、移民たちがそれぞれの日系社会の状況を具体的な映像で確認しあうことがはじめて可能となり、〈日系移民〉という〈想像の共同体〉と在米日本人としてのアイデンティティが、映像メディアを介して構築されていったのである。

一九一三年に『央州日報』という活字メディアに属していた成沢玲川が、映像メディアというもうひとつの複製技術メディアの活用に乗り出し、日本とアメリカの間に横たわっていた政治的かつ文化的なギャップを埋めようと「教化運動」をはじめる。この成沢のヤマトグラフにおける活動は、一九二〇年代以降の成沢が先駆的に実践した新聞・グラフ雑誌・映画をつなぐメディア・ミックス的活動へと展開してゆくことになる。さらに一九三〇年代になると成沢は、ラジオというもうひとつの聴覚メディアへ活動を移すことになるが、彼のメディア横断的な活動の原点は、これまで歴史に埋もれていたアメリカ時代の活動にあったといえる。

ただし映像の報道性と教育性に価値を見出していた成沢には、映像を用いて〈物語〉を語ろうという発想はなかった。それに対して日米フィルムは、日系移民としてはじめて〈われわれ〉の物語を劇映画として表現した。

この差異は、ポートランド（ヤマトグラフ）とロサンゼルス（日米フィルム）という土地の差異に起因するかもしれない。一九一三年のロサンゼルスは、まさに「映画都市ハリウッド」として機能しはじめた時期であり、劇映画の制作が盛んになってきた時期である。トーマス・インスがロサンゼルスのハリウッドに撮影スタジオを設立し、日本人俳優を起用しはじめたのもちょうど一九一三年であった。そして青木鶴子や早川雪洲が、トーマス・インスのもとでハリウッド映画のスターに駆け上がってゆくのである。

第八章　日本語トーキー映画『地軸を廻す力』と〈真正な〉日本語

一九一四年に制作された映画『写真結婚』が、一九一〇年代の日系社会における生々しいトピックを喜劇化した作品であったように、本章で論じる『地軸を廻す力』もまた、一九三〇年の日系社会で大きな問題となっていた一世と二世の間の世代間ギャップをテーマにした劇映画である。本章の目的は、一世と二世が共同で制作した初の日本語トーキー映画『地軸を廻す力』（一九三〇年公開）の制作と受容のプロセスを分析することで、日系移民のナショナリズムや世代意識といった諸カテゴリーが、移民社会において分節化されてゆく様態を明らかにすることにある。

1節では、『地軸を廻す力』の制作過程を素描する。2節では、当時のハリウッドの世界戦略という映画史的な背景を踏まえ、『地軸を廻す力』が一九三〇年に制作された理由を探る。3節では、『地軸を廻す力』をめぐる言説において問題化されたのが、移民社会における二世の位置づけと、日本語の〈真正性〉（authenticity）であったことを明らかにする。

1　『地軸を廻す力』の制作から公開まで

『地軸を廻す力』は、アメリカで制作された初めての日本語トーキー映画である（フィルムは残存していない）。

制作会社は「聖林《ハリウッド》日本発声映画会社」であり、一九二九年の一二月から一九三〇年の四月にかけて、ロサンゼルス郊外のモンロヴィア・スタジオで撮影された。(1) 一九三〇年六月に、リトル・トーキョーの東部に位置するボイルハイツ地区にあった「フォックス・ブルックリン劇場」(Brooklyn Avenue 2524) で初興行され、その後、一九三〇年一〇月四日と五日にリトル・トーキョーの西本願寺ホールで上映された。本節では、『地軸を廻す力』の制作プロセスを追うことで、議論の土台を固めたい。

『地軸を廻す力』に関する情報がはじめて新聞記事に掲載されたのは、一九二九年一一月三〇日である。(2) 記事によると、日本語トーキーの「第一回作品」として「喜劇短編『悩ましき頃』」という作品が制作される予定と記されており、本章で論じる『地軸を廻す力』は「第二回作品」と位置づけられている。両作品の原作者は「松本若葉」という人物で、『地軸を廻す力』では俳優としても参加している。松本若葉に関する詳しい情報は見あたらないが、のちに「ハリウッド日本芸術協会」という小劇団を主宰していることから、文学や演劇に精通した日系社会における文化人であったことが推測される。(3)『地軸を廻す力』の脚本を担当した「前田照男」という人物は、当時の『羅府新報』に「トーキー時代」という映画に関するエッセイを執筆していることが分かっているが、詳細は不明である。(4)『地軸を廻す力』の監督と撮影を担当したのは、ハリウッドにおける名キャメラマンとしてのちに知られることになる、中国系移民のジェームズ・ウォン・ハウ (James Wong Howe, 一八九九―一九七六) である。中国生まれのハウは、五歳の時に渡米し、一九一七年にパラマウントに入ってセシル・B・デミルのもとでキャメラ助手になった。『バラの刺青』(*The Rose Tattoo*, 一九五五年) と『ハッド』(*Hud*, 一九六三年) の撮影で、それぞれアカデミー撮影賞を受賞した。なお、『地軸を廻す力』の録音方式はディスク式 (レコード式) のヴァイタフォーン (Vitaphone) で、録音を担当したトム・ホワイト (Tom White, 一八九二―一九六九) は、本作が撮影されたモンロヴィア・スタジオを所有していた人物でもあった (後述)。ヴァイタフォーンは、アメリカ映画におけるトーキー時代の先鞭をつけた『ジャズ・シンガー』(一九二七年) に使用されていたトーキー・

システムである。しかし、レコードが再生する音と、映写機が投影する映像を同期（シンクロ）させることが難しかったために、一九三一年頃にはほとんど使用されなくなり、フィルム式（フィルムにサウンドトラックが付いた形式）のトーキー・システムが世界的な主流になった。新聞記事によると、『地軸を廻す力』の制作段階ですでにフィルムを日本へ輸出する計画が立てられていた。

新聞記事に作品情報がはじめて掲載された二日後の一九三〇月一二月二日に、『羅府新報』の英語欄でも『地軸を廻す力』の記事が掲載される。[5] それによると、制作予定の二本の映画の制作資金は計二万ドルであり、[6] それぞれ英語タイトルは『悩ましき頃』が「Annoying Age」、『地軸を廻す力』が「Turning the Earth's Axis」となっている。[7] 注目したいのは、記事に掲載された二作品の梗概である。

『悩ましき頃』――年老いた百姓のデンキチが日本からアメリカへやって来る。デンキチは西洋化してしまった（occidentalized）甥のジョージに一〇年ぶりに再会する。一〇年という長い空白と大きく異なる環境のために、ふたりの関係は完全に折り合わないものになってしまった。

『地軸を廻す力』――若い男の外科医は、海外から故郷の日本に帰ってくると、妻と友人に見捨てられて幻滅した。彼は酒におぼれるようになる。しかし、彼の一人息子が事故で怪我をしたとき、突然、彼の人生は変化した。その後、一人息子は九州の医科大学に進学して、すばらしい成績を収めた。父は町の門番として働いていたが、息子にはその

図33　日系人による初の日本語トーキー映画『地軸を廻す力』（1930年）のスティル写真

ことを隠していた。息子にはロマンスと成功が訪れた。父は病気で苦しい人生を歩んでいるが、息子の成功をうれしく誇りに思った。

英文記事は続けて、『地軸を廻す力』の物語が、ウォーウィック・ディーピング（一八七七—一九五〇）が一九二五年に書いた小説『ソレルと息子』（*Sorrell and Son*）に酷似しており、原作者の松本若葉は盗作の疑いで訴えられれば困難に陥るだろうと記している。ディーピングの原作は、父と息子の愛情物語である。主人公のソレルが戦地からイギリスのわが家に帰ってくると、妻は家を去ってしまう。ソレルは一人息子キットの幸福のために、ホテルのポーターとして働く。最終的に、キットは立派な外科医になり恋人と結婚する。父はキットのもとで安らかに死んでいく。なおディーピングの原作は、一九二七年にハリウッドで映画化されており（ハーバート・ブレノン監督）、翌一九二八年には『ソレルと其の子』という邦題で日本でも封切られていた。

『地軸を廻す力』の撮影は順調に進み、一九三〇年三月下旬に撮影完了の記事が掲載された。[8] すでに聖林《ハリウッド》日本発声映画会社と、日本の大手映画会社・松竹との契約が成立しており、日本の大劇場でも公開される予定であると記されている。その後、追加撮影のため完成が延びてしまい、最終的に撮影が終了したのは一九三〇年四月二三日であった。そして、翌四月二四日から「音入れ」（＝アフター・レコーディング）の作業に入った。[9]

最終的に制作されたのは『地軸を廻す力』のみであり、『悩ましき頃』は制作されなかった。『地軸を廻す力』はフィルム一一巻分の長さで、俳優はおもに二世であった。ルース・ワシズ、ヘンリー・オオカワ、ヒトシ・ヨネムラ、タルヨ〔ママ〕・マツモト（父親役を演じることになる原作者の松本若葉のことであると思われる）が主役級の俳優で、ほかにもジョセフィーヌ・ヤマオカ、ジョージ・コマイ、ゴスケ・カワイ、テルオ・マエダ、ユリコ・ツチヤなど、計一〇〇人以上のスタッフが制作に関わった。[10] さらにこの原作は、ジェームズ・ワーウィックが書き、シナリオはラスキー社に在籍していたヘレン・ワーウィックが担当したことも指摘されている。[11]

一九三〇年六月一四日号の新聞記事では、ようやく編集作業が終了し、一九三〇年六月一三日にハリウッドのイーストマン・コダック社において試写会が開催されたと報告されている。[12] わざわざコダック社で試写会をおこなった理由として考えられるのは、トーキー映画の映写設備が日系社会のホールや映画館にまだ設置されていなかったためであろう。なお、この記事のなかではじめて日本語による映画の梗概が記された。「ドイツに留学した□〔一字判読不能〕者が、妻の不義によって人生の苦闘を続け、わが子が大学を優秀な成績で卒業、男爵の令嬢を勝ちえた成功を見届けて他界するという悲劇」であると紹介されている。相変わらず物語の基本的な骨子は「ソレルとその子」と変わっていないことが確認できる。

一九三〇年六月一九日に二回目の試写会が催されたあと、[13] 六月二六日と二七日に、日系人が多く居住していたボイルハイツ地区の「ブルックリン劇場」で初興行された。最終的に、父親（吉井満）役は「ジャック・マツモト」（＝松本若葉）、青年時代の息子（吉井一雄）役は「ヘンリー・オオカワ」、そして息子の恋人（酒井カオル）役は「ルース・ワシズ」が演じており、「映画で話される言語は日本語だけである」という注意書きも記載されている。[14] 公開前日の『羅府新報』に掲載された映画広告には、「当地第二世の苦心と努力に依って作製された――日本語全部トーキー　父性愛映画　地軸を廻す力　全一万二千フィート」[15] という惹句が掲げられ、二世が映画制作の中心的役割を果たしたことが強調されている。

ブルックリン劇場で興行されてから約三カ月のブランクがあったが、『地軸を廻す力』は、一九三〇年一〇月四日と五日に、はじめてリトル・トーキョーの西本願寺ホールで公開された。三カ月間のブランクがあった理由は、ヴァイタフォーン用のポータブルのトーキー映写機を調達する必要があったからだという。[16] 第四章で明らかにしたとおり、日本映画専門館の富士館ではじめて上映されたトーキー映画は一九三〇年九月一〇日〜一七日まで興行されたイーストフォン式（ディスク式）のサウンド版映画『大都会　労働篇』（一九二九年にサイレント版、一九三〇年にサウンド版）[17] であり、富士館がフィルム式のトーキー設備を館内に設置したのは一九三五年四月三〇日である。[18]

日系コミュニティの中心部から若干離れたボイルハイツのブルックリン劇場で『地軸を廻す力』が封切られたのは、ほかのエスニック・グループに作品を見せて興行するためではなく、一九三〇年の時点で日系社会にヴァイタフォーン式のトーキー設備が常備されている施設が存在しなかったからであろう。[19]

2 トーキー初期におけるハリウッドの世界戦略

『地軸を廻す力』という日本語のトーキー映画がアメリカで制作されたこの時代のハリウッド映画産業はどのような状況にあったのだろうか。[20] アメリカ映画界は、一九二七年の『ジャズ・シンガー』の興行的な成功によって、本格的なトーキー時代に入った。第一次世界大戦以降、世界の映画市場を支配していたハリウッドは、世界各国の映画界が一九二〇年代末にサイレントからトーキー映画へと移行しはじめると、ある危機感におそわれる。その危機感とは、各国が自国語のトーキー映画を製作しはじめると、これまでハリウッドが築き上げてきた世界市場を大幅に失ってしまうのではないかというものである。そこでハリウッドが考案したのは、一九二九年から一九三一年頃にかけて集中的に製作された「複数言語ヴァージョン」(multiple language version)[21] である。これはある〈物語〉映画を、複数の言語のヴァージョン(英語版だけでなくドイツ語版、フランス語版、スペイン語版など)で同時に製作する方式である。各言語を流暢に操る俳優たちが、ヴァージョンごとに起用された。[22] アメリカのすべてのメジャー系製作会社は、一九三一年までに複数言語ヴァージョンを製作する専用スタジオをヨーロッパに設立した。また、スペイン語ヴァージョンを作るために、中南米の国にスタジオを設立した会社もあった。しかし、ヴァージョンごとに数多くの俳優や追加スタッフと契約を結ぶ必要があったために製作費がかさんでしまい、わずか数年で複数言語ヴァージョンの流行は終わり、より簡易な「吹替版」(俳優は共通で、サウンド・トラックのみ各国語版を作成する）の製作へと移行した。

一九二九年から一九三一年に流行した「複数言語ヴァージョン」の製作が、ハリウッドの世界市場の確保という目的にもとづいていたことを考慮すれば、一九二九年にアメリカで日本語のトーキー映画が制作された映画史的なコンテクストを理解できるだろう。トーキーの到来という全世界の映画界を巻き込んだ一大変革期には、大手のメジャー会社だけでなく、小規模の独立プロダクションの野心家たちもトーキー映画の制作に乗り出した。そのひとりが、『地軸を廻す力』で録音を担当したトム・ホワイトである。ホワイトはみずからのトーキー撮影所を所有しており、『地軸を廻す力』の制作と同時期に、スペイン語のトーキー映画 *La Rosa de Fuego*（一九三〇年）も制作している。[23] つまりホワイトは、トーキー移行期のハリウッドにおいて、英語以外の言語によるトーキー映画の制作を積極的におこない、アメリカ国外へ輸出するビジネスを手がけていたのである。

『地軸を廻す力』が一九三〇年のハリウッドで制作された歴史的なコンテクストがわかったところで、次節では『地軸を廻す力』をめぐって議論された〈日本語〉の境界にかかわる言説を見てみよう。

3　子鴉やいまだ憎まるるほど鳴けず

聖林《ハリウッド》日本発声映画会社が企画していた二つの劇映画（『悩ましき頃』と『地軸を廻す力』）の梗概をみるかぎり、ともに親と子の物語、つまり世代間の問題をあつかっていることは象徴的である。『悩ましき頃』で描かれる（はずであった）のは、日本からアメリカへやってきた田舎ものの一世と、アメリカで生活する二世の甥との間に横たわる価値観のギャップである。そして『地軸を廻す力』で描かれたのは、父が息子に対して献身的な愛情を注いで息子の立身出世を願う物語である。

前章で見たように、一九一四年にロサンゼルスの「日米フィルム」が劇映画『写真結婚』を制作し、同年三月にサンフランシスコで弁士つきの上映がおこなわれた。独身男性が大多数を占めていた一九一四年の日系社会において映画『写真結婚』が生み出されたとすれば、『地軸を廻す力』が制作されたコンテクストとして考えられるのは、一九三〇年の日系社会をとりまく「二世問題」である。

デイヴィッド・K・ヨーによる統計によると、カリフォルニア州に住んでいた日系コミュニティに占める二世の割合は徐々に増加した。一九〇〇年の段階で一・四%だったのが、一九一〇年になると七・七%に、一九二〇年には二八・九%、一九三〇年には五〇・三%、そして一九四〇年には六四・二%にまで達した(24)。一九一〇年代に写真結婚で多くの日本人移民が結婚した結果、一九三〇年には日系人人口の約半数が二世になっていたのである。したがって一九二〇年代は、日本人移民の子供たちが〈二世〉という存在として日系社会内で再定義される時代であり、アメリカ生まれの二世たちが次の日系社会を背負う世代として問題化されはじめた時期であった(25)。

『地軸を廻す力』は、父親の自己犠牲的な愛情と、息子の立身出世という世代間のドラマであり、当時の日系社会の無意識的な欲望が顕在化した物語として解釈することが可能である。この作品は、世代間の言語的、文化的なギャップを乗り越え、一世と二世のスタッフと俳優が共同で作り上げた映画作品である。しかしそのような努力にもかかわらず、『地軸を廻す力』に対する批評家の評価は高いものではなかった。そのことは、聖林《ハリウッド》日本発声映画会社が『地軸を廻す力』に続いて第二作目、第三作目の映画を制作しなかったことからも明らかである。さらに、当初『地軸を廻す力』は日本への輸出を計画していたが、結局それは実現することはなく、またロサンゼルス以外の日系社会で『地軸を廻す力』が上映された記録すら確認できない(26)。

では、批評家の言説において『地軸を廻す力』の何が問題化され、何が批判されたのであろうか。結論を先取りするならば、『地軸を廻す力』をめぐる言説から見えてくるのは、〈日本語〉とは何か、しかも〈正しい〉日本語とは何かという言語の〈真正性〉の問題である。換言すれば、ある言語を使用する人と、その人が帰属する国家や文化との関係性が問題になったといえる。日系新聞紙上の映画批評において『地軸を廻す力』の評価が低かった理由は、ディスク式トーキーという過渡期の映画技術のつたなさではなく、『地軸を廻す力』に出演した二世の俳優たちが発する〈日本語〉の質のためであった。

監督と撮影を担当したジェームズ・ウォン・ハウが指摘しているのもまさにその点であった。ハウの回想によると、『地軸を廻す力』を見た映画館の観客にとって、日系アメリカ人のアクセントは「滑稽」（funny）に聞こえたのだという。[27]『地軸を廻す力』の台詞はすべて日本語であり、さらに上映に際して英語字幕や同時通訳がついたという記録がない以上、『地軸を廻す力』を見た観客の大部分は日本人移民の一世と二世と断定してまず間違いない。

二世が発する日本語を「滑稽だ」と判断するためには、〈正しい〉日本語の文法やアクセントがどのようなものであるかという基準（その基準が正しいか間違っているか別として）が、映画を見る観客のなかにあらかじめ設定されていなくてはならない。[28]

ジェームズ・ウォン・ハウと同様の指摘は、一九三〇年六月におこなわれた『地軸を廻す力』の試写を見た新聞記者による記事でも確認することができる。

> 一、二の出演者を抜きにして、他のすべての人達の台詞は、どうか《ママ》まだまだかなり研究の余地がありはすまいか、むろん、それは日本へフィルムを輸出するという立場からであって、第二世あるいは移民地というがごとき条件をみれば　最上の傑作であろう。[29]

つまりこの記者は、アメリカの日系社会だけでこの映画が受容される場合は問題ないが、この映画作品を日本へ輸出した場合、二世俳優の発する日本語が問題視されるだろうと危惧しているのである。さらに、『地軸を廻す力』が一九三〇年一〇月に西本願寺ホールで上映されたあとに執筆された『羅府新報』のコラム欄にも、同様の指摘がなされた。「放送子」なるコラムニストは、次のように批評する。

日本語のトーキーというものがいよいよ封切りされた。放送子はいまだ実物の拝聴も拝見もしたことはないが、見てきた人の噂を総合すると心細くなる。映画の作り具合や出演者の動作などは初めての試みとしては申し分ないとしても、第二世の言葉の不自由は悲劇も滑稽劇になりやすいと。子鴉やいまだ憎まるるほど鳴けず。〔中略〕そこに恋のささやきもあれば言外の余韻もある、ところがセリフの棒読をしたり、嬉しい悲しいが言葉として現す上に、日本語の自由でないためにまったく板についていない。それ故に見物人は往々クスクスと吹き出すという調子(30)〔後略〕

「放送子」が問題にしているのは、二世俳優が発話する日本語が、感情や言葉の「余韻」を伝えるものでなく、いまだ〈真正な〉日本語になっていないという点である。近代日本文学の小森陽一によると、日本の帝国主義的な拡大のなかで、一九二〇年代までに日本社会には〈標準語〉としての〈日本語〉と、植民地の「臣民」が使う〈日本語〉の間にヒエラルキーが設定されていたと指摘し、そのひとつの例として、一九二三年の関東大震災の時に、「「われわれ〔日本民族〕」と「かれら〔朝鮮民族〕」を峻別する指標として、「標準語」としての「日本語」が使用された」ことを挙げている。(31) 日系新聞を通じて日本の情報に日々接しているアメリカの移民社会のなかで、一世たちも上記のような帝国主義的な言語観を共有していたとすれば、『地軸を廻す力』がロサンゼルスから日本へ輸出されなかった理由を次のように考えることができる。「放送子」を含む日系社会の一部の一世は、『地軸を廻す力』における二世俳優の台詞回しを、帝国日本における〈日本語〉のヒエラルキーのなかで下位の階層に位置するものと認識したのだ。日本とアメリカの「人種形成」のあいだでみずからのアイデンティティを構築していた一九三〇年の一世たちにとって、自分たちの子供である二世の〈日本語〉が、言語のヒエラルキーのなかで下位の〈日本語〉に位置づけられてしまうことは、居心地の悪い体験であったに違いない。だからこそ、「放送子」は「いまだ憎まるるほど鳴けず」と表現し、二世の日本語能力が将来的に発展する可能性を強調しなければならなかった。

同時に筆者が注目したいのは、「放送子」による無意識的な方言の「隠蔽」である。「放送子」が〈日本人〉というカテゴリーに同一化するときに忘却しているのは、日系社会のなかで日常語として使用されていた方言の多様性である。日本人移民の多くは広島、沖縄、熊本、和歌山などの各県をはじめとする地方出身者がほとんどであり、一九〇〇年代から各県人会が組織され、「県民意識」が非常に高かった。したがって、一九三〇年に日系社会のなかで規範的な効力を発するような〈標準語〉が共有されていた可能性は極めて低い。言語学者の安田敏朗によると、日清・日露戦争頃から一九二〇年代後半までの間に、〈標準語〉を策定するなかで各〈方言〉が体系化され、「方言矯正」の運動が教育機関で広がった[32]。日系社会のなかに諸方言が浸透していたにもかかわらず、「放送子」が方言の存在に言及しなかった理由として考えられるのは、当時すでに日本で構築されていた〈日本語〉のヒエラルキーのなかで、①〈日本語〉の下位階層に体系づけられた植民地の「臣民」が話す〈日本語〉と、②〈標準語〉の下位階層に体系づけられた方言とが、ともに同じレベルの発話として位置づけられてしまうためである[33]。

アメリカの一世たちは、トーキー最先端の国アメリカで制作した初の日本語トーキーを故国日本へ自信をもって送るつもりであった。そのことは、日本語トーキーを日本へ輸出することが、〈故郷に錦を飾る〉ことと等価であると「放送子」が次のように述べる時に鮮明になる。「この際、関係者はおおいなる努力をし、傾注して、在米日本人の手によって作られた映画で日本全国を風靡するようにしてもらいたい、われわれ在米者の好個の自慢の種になるのだから[34]」。しかし結局、一世と二世が共同で作り上げた『地軸を廻す力』は、少なくとも一世たちを満足させるものにはならず、日本に輸出されることもなかったのである。

本章では、一九三〇年に公開された日本語トーキー『地軸を廻す力』をめぐって浮かび上がってきた〈二世問題〉と、日本語の〈真正性〉に関する言説の政治学を読解してきた。結局、世代間のきずなと親子の愛情を謳った『地軸を廻す力』の制作は、日系社会の世代間に横たわる言語的な溝を露呈させる結果となった。戦前の日本における帝国主義的な社会体制のなかで、二世という存在は、〈帝国臣民〉の家に生まれたアメリカ市民であると同時に、〈真正な〉日本語（だと一世が想像していたもの）をうまく話せないという点において、一世の認識の枠組みを揺さぶり、かき回す存在として〈問題化〉された。『地軸を廻す力』の〈失敗〉以降、戦前のアメリカの日系社会で日本語のトーキー映画がふたたび制作されることはなかった。[35] その意味において、一九三〇年の『地軸を廻す力』をめぐる出来事は、日系社会の認識の枠組みが再分節化される転換期を象徴するものであったと位置づけられる。

おわりに

本書では第一部から第四部にわたり、二〇世紀前半のアメリカに生きた日系移民たちと、二〇世紀にもっとも大きな社会的影響力をもつメディアであった映画との関係性を、日系人たちのアイデンティティの構築と変容という観点から分析してきた。

第一部では、越境性を本質とする二つの二〇世紀的な現象である移民と映画の相互関係を、単一の国民国家の枠組みで論じることの限界について、アメリカにおける三つの学問領域（エスニック研究、日本学、映画学）の変遷を参照しながら解明した。一九九〇年代以降に活発化したそれぞれの学問領域におけるあらたな移民研究の潮流は、トランスナショナルな視点で移民の歴史とアイデンティティの特徴を分析する重要性を証明している。

一九八八年に日系アメリカ人の強制収容に対する戦後補償が解決して以降、日系アメリカ人研究における「一九三〇年代研究」が隆盛し、戦前の日系人の多くが共有していたアメリカと日本の「二重性」（ユージ・イチオカ）[1]の内実を解き明かすことが重要な課題となった。それらの研究成果は、エスニック集団がアメリカ社会へ統合されてゆくという〈大きな物語〉を疑問にふすことで、エスニック集団の多様な価値観と複雑なアイデンティティをトランスナショナルな観点から再定義する動きを加速させた。このことは、アジア系アメリカ人をアメリカ社会へ正当に包摂するという一九六〇年代後半に発足したエスニック研究の政治的な目標が、一九八〇年代まではある程度達成されたことも影響している。

画学においても同様の変化が訪れた。バーティリーニが指摘するように、一九八〇年代以前のアメリカの映画学は、自国のアメリカ映画を国外の映画（史）との関わりのなかで探求することがほとんどなかった。また、従来の映画研究は映画作品の分析にかたよっており、〈歴史的な〉映画観客の問題をおろそかにしてきた。(2) これらの問題点を批判する形で、一九九〇年代後半以降の映画学では〈アメリカ社会への同化〉の物語に回収されない歴史的な映画観客の受容にかんする研究が展開した。そのことによって、総力戦下の一九三九年にルイス・ジェイコブズが書いたアメリカ映画史の前提――〈移民の同化史観〉――が疑問にふされ、映画を媒介とした移民の多様なアイデンティティ形成の政治学が浮かび上がってきた。第二章においてはその具体例として、ユダヤ系移民、イタリア系移民、そしてアメリカ南部から北部へと移動したアフリカ系〈移民〉たちが、サイレント映画時代の映画館におけるアメリカ化と表裏一体の関係で構築される、移民のエスニックかつナショナルなアイデンティティの生成過程の特徴を考察した。

第二部の第三章から第五章にかけて論じたのは、日系社会における日本映画の多元的機能と、日本映画フィルムが戦前・戦中・戦後にかけてたどった数奇な運命である。

日系移民にとって、日本映画は単なる娯楽ではない。日本映画は日系社会において経済的・文化的・教育的な役割を担っており、多元的機能を有していた。一九一〇年代の日系移民にとって、映画興行は日系社会外の金銭を流入させることができる魅力的なビジネスとして位置づけられていたが、それは一九一〇年代の映画館が多様なエスニック集団の観客が混交する場であったことが前提になっていた（第三章）。しかし日本映画の輸入が盛んになると、日本映画の観客層は日系人に限定されることになり、その興行は日系社会のなかで閉じられた娯楽となる。賭場組織が統括する興行会社は、寄付興行（勧進興行）という日本映画の興行形態を採用することによって、日系社会に賭場の金銭を還流させ、日系社会の文化的発展を促進させる役割をになった。その意味で、日本映画は日系社会の繁栄に寄与するエスニック経済としての役割をになっていたのである（第四章）。また、キリスト教牧師による日本映画の上映実践から明らかなように、日本映画は二世に〈日本精神〉や日本文化を植えつけるための教育的・政治的なツールとしても機能した（第五章）。もちろん、これらの上映実践が実際に二世に対する教育的な機能を果たしたのかについては留保をつけざるをえないが、少なくとも一九三〇年代における日本映画の教育的機能の言説が存在し、日系社会において一定の社会的・文化的な役割を担っていたことは確かである。

第三部では、戦時下における日本映画フィルムの接収から返還までのプロセスを解明した。一九四一年に日本とアメリカの間で戦争がはじまると、アメリカ政府は日本映画フィルムに新たな価値と機能を付加する。アメリカ政府は日系移民たちが保有していた大量の日本映画のフィルムを敵性財産として接収し、①アメリカ軍の日本上陸を想定した地政学的な参考資料として、②国民性研究の資料として、③陸軍や海軍の日本語教育ツールとして、④戦中の新作映画に挿入する映像として、流用した。戦後になって一部の日本映画のフィルムは、日系人たちの返還要求にしたがって返還されるが、多くのフィルムはアメリカ議会図書館に保管され続け、一九六〇年代後半に東京国立近代美術館フィルムセンターへ「返還」された（第六章）。

続く第四部では、日系人たちの映画制作の実践とその役割を跡づけた。日系移民たちは一九一〇年代から記録映画や劇映画をみずから制作していた。オレゴン州ポートランドで日系新聞を発行していた成沢玲川は、早くから映像のもつ力を認識しており、一九一二年に排日運動が高まるアメリカ西海岸で生活する日系移民たちの活動状況を撮影し、日本へ持ち帰って上映する活動を行なった。成沢は一九二〇年代の日本で、写真をメインにしたグラフ雑誌を創設し、また映画の制作にもかかわり、メディア・ミックス的な活動を日本で実践した人物であるが、彼の活動の原点には政治的・文化的な軋轢の多かったアメリカでの映画制作があったのである。また一九一三年には『写真結婚』という劇映画が制作された。これは当時の日系社会において重要な社会問題であった写真結婚のテーマを喜劇映画として表現したもので、映画というメディアが日系移民たちにとって自分たちの問題を対象化し、笑いに変容させるツールとして活用されていたことが明らかになった（第七章）。

一九三〇年に一世と二世が共同制作したアメリカ初の日本語トーキー映画『地軸を廻す力』もまた、当時の日系社会の切実な問題を物語化した作品で、一世と二世との世代間ギャップがテーマになっている。しかし完成した作品を上映する際に問題化されたのは、二世俳優が発する日本語のつたなさであり、一世の批評家は、二世の話す日本語が、帝国日本の「人種形成」のなかで劣位に置かれるものであることを危惧し、そのため『地軸を廻す力』は日本へ輸出されることはなかったのである（第八章）。


本書から浮かび上がってくる戦前の日系移民（特に一世）のアイデンティティ構築の特色として、次の点をあげることができる。日系移民は、帝国日本における「人種形成」と、アメリカにおける「人種形成」のあいだの軋轢をたくみに調整しながら、みずからのナショナルかつエスニックなアイデンティティを構築していた。日本人移民は、アメリカ社会における統合の力（同化＝アメリカ化）の力学に戦略的に同調しつつ、いっぽうで日本人移民としてのエスニック・アイデンティティも保持しようとしてバランスをとりながら、「在米日本人」としての独自のアイデンティティを構築していったのである。

帝国日本の「人種形成」がアメリカで作動するのは、日本と中国の関係が問題化されるときである。戦前のアメリカにおいて、しばしば中国人と日本人は同じ「オリエンタル」な人種としてひとつのカテゴリーに入れられていた。しかし、帝国日本の「人種形成」をアメリカにもち込んだ一世は、しばしば日本人と中国人の間の民族的な差異を強調し、アメリカにおける「人種形成」の下位に中国系移民を配置しようとした（第三章、第五章、第七章）。

また、一九三〇年代の伴武が異なるエスニック・グループ間の結婚（intermarriage）に関してうみだした言説から見えてきたのもまた、帝国日本の「人種形成」の影響である。伴は、日系女性がフィリピン人や中国人と結婚すれば、やがて悲劇が訪れると主張して「雑婚」を批判した。さらにナチスの例を持ち出して、日本民族の「純潔」の保持を正当化し、日本人同士または日系人同士の結婚を奨励した。

伴の言説の二つめの特徴は、二つの国の「人種形成」のせめぎあいによって、〈日本人〉の境界線が再編成されていた点である。伴の言説において、日系社会に存在した沖縄出身者に対する差別が隠蔽されるとともに、沖縄出身者は明治以降の日本の歴史のなかで、すでに〈日本民族〉に同化した〈日本人〉とみなされる。エティエンヌ・バリバールがいうように、ナショナリズムとレイシズムの言説は「否認」の形式によって密接に連関している。[3] 国家の統合の原理であるナショナリズムは、国民間の差異を是認するレイシズムを常に生み出しているにもかかわらず、同時にその存在を否認する。その否認の戦略によって、国民国家は隷属し人種化された人々を〈国民〉として再生産し、それらの人々を戦争に動員することが可能となる。伴の〈日本民族〉に関する言説は、〈沖縄民族〉と〈大和民族〉の間に存在するレイシズムを否認することによって、〈日本人〉というナショナルな統合体を強化する機能をもっていた。伴が、〈沖縄民族〉と〈大和民族〉の間のレイシズムを否認した理由は、沖縄出身者がアメリカの日系社会のなかで大きな割合を占めていた現実に配慮した結果である。ここに、一九三〇年代の「在米日本人」に特有の「人種形成」のせめぎあいと、アイデンティティ構築の政治学が浮かび上がっている（第五章）。

「在米日本人」の「人種形成」の変容は、一九三〇年に制作された『地軸を廻す力』をめぐる批評文からも読むことができる（第八章）。二世が用いる〈日本語〉の真正性（authenticity）が、一世によって帝国日本の言語的ヒエラルキーに当てはめられた際に問題化された。二世の〈真正でない〉日本語は、一世が保持していた言語的ヒエラルキーのなかで、帝国植民地の臣民が用いる日本語と同じ下位の日本語として位置づけられた。そのため、一世は、二世が発する日本語の質に落胆し、『地軸を廻す力』は日本に輸出されなかったのである。

このような戦前の日系移民における帝国日本とアメリカの「人種形成」のせめぎあいは、単一の国民国家の枠組みのなかで日系移民を捉えているかぎり、決して見えてこない側面である。日系人研究者の米山裕が、将来のアジア系アメリカ人研究の展望について、「各移民集団の母国の歴史との連携を強め、国際的な人、資本、思想のネットワークのなかで移民の歴史を見直すことが必要であろう(4)」と述べているが、本書はその視点を映画学というフィールドにおいて適用したつもりである。

本書で考察してきた戦前・戦中の日系移民のアイデンティティ構築の問題は、グローバリゼーションが世界の隅々にまで拡大した現代のわれわれにとって、きわめてアクチュアルな問題でもある。グローバリゼーションおよびインターネットの普及によって、国境はやすやすと越境されるものになった。そのいっぽうで、グローバリゼーションはふたたび各国家のナショナリズムやエスニックな結束を活性化させている。このような状況下において、世界中に拡散し流動する現在の〈移民〉たちは、インターネットやテレビなどをはじめとするメディアを活用することで、移住先から出身地へのコミットメントを自由におこなうことができるようになった。ベネディクト・アンダーソンは、このような現代の移住民のナショナリズムの形態を「遠隔地ナショナリズム」と呼んだ(5)。現代の移民たちは、複数の国家の「人種形成」や情報に同時に巻き込まれながら、みずからのアイデンティティを構築している。

日本も一九九〇年代以降、大きな変容をとげつつある。労働者移民をほとんど受け入れなかった日本では、一九九〇年に出入国管理法が改正されると、日系ブラジル人労働者が日本へやってきて、日本各地に日系コミュニティが形成されている。

そう遠くない将来、日本はこれまで経験したことのない多文化・多民族社会になるだろう。ヒトの世界的な流動化によってナショナルな枠組みが溶解していると同時に、その反動として新たなナショナリズムとレイシズムが再燃している現代の日本において、戦前の日系人が映画を媒介にして構築したアイデンティティの政治学は、グローバリゼーションと映像の波に日々さらされながら生きている私たちのアイデンティティ形成に、批判的な視座を提供してくれるにちがいない。

最後に、二〇一五年に神戸映画資料館で発見された一本のアマチュア映画を紹介したい。それは一九三三年二月二一日に国際連盟の総会においてリットン報告書が採択されたあと、会場で国際連盟からの脱退を表明して退席した松岡洋右《ようすけ》が、スイスから日本への帰国途中にアメリカの各地に立ち寄り、最後の訪問地であるサンフランシスコで演説したときのカラー映像である(6)。一九三三年四月一〇日、サンフランシスコの日本人会が主催した松岡の講演会は、日本町に隣接するドリームランド・オーディトリウム(7)で二〇時から開催された(8)。演説のショットが終わると、ハワイ経由で日本へ向かう浅間丸に乗船する松岡洋右の様子が映しだされ、そのあとサンフランシスコの港から出港する浅間丸を写しだしたショットとなり、浅間丸は徐々に海へと遠ざかってゆく。

このフッテージのなかで一番筆者の心を揺さぶったのは、松岡を乗せた浅間丸が出港してゆく様子をサンフランシスコ港からとらえた最後のショットであった。ドリームランド・オーディトリウムにおける松岡の講演会の半月ほど前、日本は国際連盟からの脱退を正式に表明した。アメリカにいた日系人たちは、国際連盟を脱退した日本は今後どうなるのだろうか、そしてアメリカで生活の基盤をつくって生きてきたわれわれ日系人の立場は今後どうなってゆくのだろうか、といった不安と矜持が入り混じった複雑な感情を抱いていたに違いない。そのような日系移民の心情は、サンフランシスコ湾から浅間丸を見送る移民たちの主観ショットとして、この映像を見る私たちにも共有可能となる。換言すれば、日系移民が撮影したアマチュア映像の主観ショットによって、この映像を見る観客は映画的に当時のアメリカに生きていた移民の視線を共有し、移民たちの心情に映画的に同一化することが可能となる。これまで本書において、過去の文献資料を読み解きながら戦前の日系移民たちと日本映画とのかかわりを考察してきたが、このわずか数秒のアマチュア映像のショットは、どれだけの文字を積み重ねても与えられないような強い衝撃で、現在の私たちに在米日本人たちの複雑な立場と感情を伝えてくれる。テレビやインターネットによる全世界的なリアルタイムのコミュニケーションが可能となった二一世紀もなお、一〇〇年前と同じく、映画（映像）と移民の世紀といってよい。これからも私たちは、これら二つの関係をより精緻に考察してゆく必要がある。

図 34　国際連盟で日本の脱退を宣言した松岡洋右がサンフランシスコ日本人会主催の講演会で演説した時の新聞記事（『日米』1933 年 4 月 12 日号）

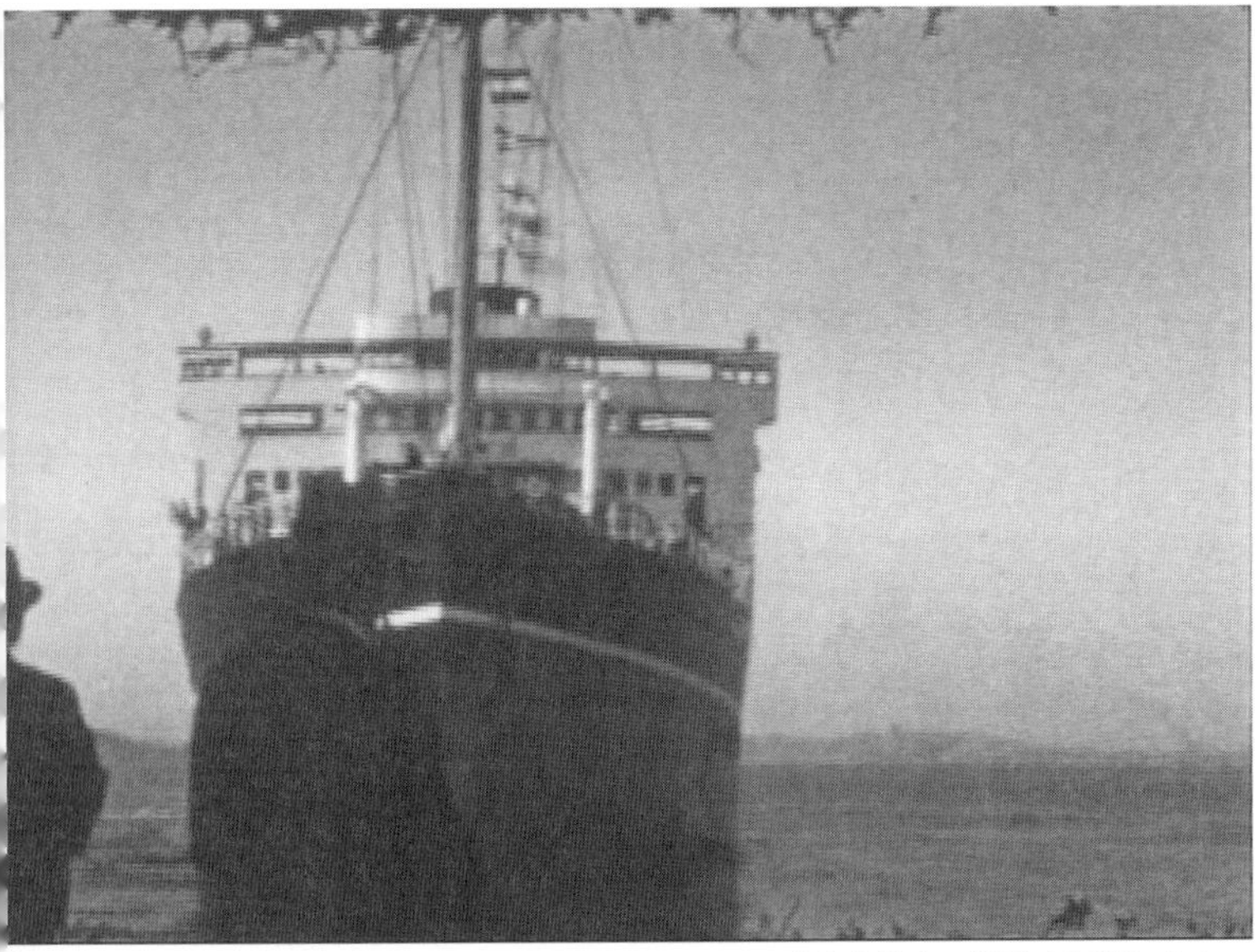
図 35　松岡洋右が搭乗する浅間丸がサンフランシスコ湾を出港する様子を記録したホームムーヴィのラストショット（1933 年 4 月 12 日撮影）

注

はじめに

（1）「連載トップ対談㉔　ふたりで話そう　よくぞ日本人に生まれける　作家・井上靖　洋画家・岡田謙三」（『週刊朝日』一九六六年六月一七日号、四二―四五頁）における岡田謙三の発言から抜粋（四二頁）。

（2）泊良彦『歌集旅人《りょじん》』国民文学社・日米短歌社、一九五八年、一九三頁。

（3）リュミエール社の世界戦略については、古賀太「イナバタ、ジレル、ヴェール」（朝日新聞社文化企画局編『光の誕生リュミエール！』朝日新聞社、一九九五年、一一〇―一一一頁）を参照。また、蓮實重彥編『リュミエール元年――ガブリエル・ヴェールと映画の歴史』（筑摩書房、一九九五年）も参照されたい。

（4）近年の主要な研究書を挙げると、Mette Hjort and Scott MacKenzie eds., *Cinema and Nation* (New York and London: Routledge, 2000)、ジャン＝ミシェル・フロドン『映画と国民国家』（野崎歓訳、岩波書店、二〇〇二年）、Allan Williams ed., *Film and Nationalism* (New Brunswick: Rutgers University Press, 2002) などがある。

（5）「表10・2　日系アメリカ人総人口」（アケミ・キクムラ＝ヤノ編『アメリカ大陸日系人百科事典――写真と絵で見る日系人の歴史』明石書店、二〇〇二年、四一一頁）。

（6）社会構築主義については、上野千鶴子編『構築主義とは何か』（勁草書房、二〇〇一年）を参照のこと。

（7）言説分析に特化した（せざるをえなかった）理由のひとつは、本書が分析対象としている映画フィルムが失われているためである。戦前の日系人が制作した映画フィルムは、一部のホーム・ムーヴィを除いてまったく現存していない。詳細は本書第四部を参照のこと。

（8）阪田安雄「戦後50年と日系アメリカ人史研究」（『移民研究年報』創刊号、一九九五年、三―四二頁）や、坂口満宏「移民のアイデンティティと二つの国家――北米における日本人移民史研究序説」（『日本史研究』第四二八号、一九九八年、一四二頁）を参照のこと。

（9）綾部恒雄「「民族集団」の形成と多文化主義」（五十嵐武士編『アメリカの多民族体制――「民族」の創出』東京大学出

版会、二〇〇〇年、一七頁)。
(10)竹沢泰子『日系アメリカ人のエスニシティ──強制収容と補償運動による変遷』東京大学出版会、一九九四年、一四頁。
(11)アイリーン・タムラは、〈移民からアメリカ人へ〉という直線的な「同化」プロセスを前提とする「アメリカニゼーション」概念では捉えそこなってしまう日系人のアイデンティティ形成の特徴を、「文化変容」(acculturation)という概念で再定義しようと試みた。タムラにとって「文化変容」とは、あるエスニック集団がみずからのエスニック・アイデンティティを保持・持続させたまま、アメリカ中流階級の規範を受け入れてゆくことである。Eileen H. Tamura, *Americanization, Acculturation, and Ethnic Identity: The Nisei Generation in Hawaii* (Urbana and Chicago: University of Illinois Press, 1994), p. 52. また、一九一〇年代のアメリカニゼーションについては、松本悠子「アメリカ人であること、アメリカ人になること──二十世紀初頭の「アメリカ化」運動におけるジェンダー・階級・人種」(『思想』第八八四号、一九九八年、五二―七五頁)も参照のこと。
(12)「外的アメリカニゼーション」研究のひとつとして、たとえばジョージ・リッツァ『マクドナルド化する社会』(正岡寛司訳、早稲田大学出版会、一九九九年)をあげることができる。
(13)油井大三郎「総説　世界史の中のアメリカニゼーション」(油井大三郎・遠藤泰生編『浸透するアメリカ、拒まれるアメリカ──世界史の中のアメリカニゼーション』東京大学出版会、二〇〇三年、一―一五頁)。
(14)米山裕「「日系アメリカ人」の創造──渡米者〈在米日本人〉の越境と帰属」(西川長夫・姜尚中・西成彦編『二〇世紀をいかに越えるか──多言語・多文化主義を手がかりにして』平凡社、二〇〇〇年、一二〇―一四三頁)。
(15)Michael Omi and Howard Winant, *Racial Formation in the United States: From the 1960s to the 1990s* (New York: Routledge, 1994), p. 55.
(16)本書では、映画研究における慣例に従い、スタジオ・システムのなかで製作・配給・興行というプロセスを経て映画が生産される場合に「製作」の文字を用い、それ以外の独立プロダクションによる映画の生産に対しては「制作」を用いる。日系移民の映画はアメリカや日本のスタジオ・システムとは独立した形で生産されていたため、「制作」の文字を用いる。

第一章

(1)戦中のアメリカにおける国民性研究が、占領下のGHQによる日本映画検閲の方針に与えた影響については、拙稿

「〝阪妻〟というスターイメージ——占領期の阪東妻三郎を中心に」（山根貞男責任編集『阪妻——スターが魅せる日本映画黄金時代』太田出版、二〇〇二年、六六—六九頁）を参照されたい。

（2）San Francisco State University Homepage（http://www.sfsu.edu/~100years/history/history.htm：最終閲覧二〇一五年一〇月二七日）、および、村上由見子『アジア系アメリカ人——アメリカの新しい顔』（中公新書、一九九七年、一九—二〇頁）を参照。

（3）UC Berkeley Department of Ethnic Studies Homepage（http://ethnicstudies.berkeley.edu/about/history：最終閲覧二〇一五年一〇月二七日）。

（4）このコレクションは、一九六三年に全米日系人市民協会（Japanese American Citizens League：ＪＡＣＬ）が一世の体系的な歴史研究を目的としてＵＣＬＡに一〇万ドルを寄付することによって開始されたプロジェクトの成果である。ロバート・ウイルソン、ウイリアム・ホソカワ『ジャパニーズ・アメリカン——日系米人・苦難の歴史』猿谷要監訳、有斐閣、一九八二年、四—一三頁。

（5）The UCLA Asian American Studies Center Homepage（http://www.aasc.ucla.edu/aboutus.aspx#do：最終閲覧二〇一五年一〇月二七日）。

（6）University of Southern California, Program in American Studies and Ethnicity Homepage（https://dornsife.usc.edu/ase/majors/：最終閲覧二〇一五年一〇月二七日）。

（7）Sylvia Yanagisako, "Asian Exclusion Acts," in Masao Miyoshi and H. D. Harootunian eds., *Learning Places: The Afterlives of Area Studies.* (Durham: Duke University Press, 2002), pp. 175-189.

（8）村上由見子『アジア系アメリカ人——アメリカの新しい顔』一八—一九頁。

（9）Ronald Takaki, *Strangers from a Different Shore: A History of Asian Americans*（Boston: Little Brown, 1989＝タカキ『もう一つのアメリカン・ドリーム——アジア系アメリカ人の挑戦』阿部紀子・石松久幸訳、岩波書店、一九九六年）。アジア系アメリカ人研究の第一人者で日系三世のロナルド・タカキが執筆した一九八三年の『パウ・ハナ』（富田虎男・白井洋子訳、刀水書房、一九八五年）は、ハワイにおける労働者階級の移民たちがエスニック・グループの枠を超えてハワイの文化を形成した歴史を記述した先駆的業績である。

（10）ロナルド・タカキ『もう一つのアメリカン・ドリーム——アジア系アメリカ人の挑戦』一四頁。

(11)酒井直樹「西洋の脱臼と人文科学の地位」葛西弘隆訳(『トレイシーズ』第一号(別冊思想 九一八号)、岩波書店、二〇〇〇年、一〇六―一三〇頁)。

(12)明石紀雄・飯野正子『[新版]エスニック・アメリカ――多民族国家における統合の現実』有斐閣、一九九七年、三一六―三一八頁。

(13)一九八〇年にアメリカ政府は「戦時民間人再定住・抑留に関する委員会」を設置し、日系人強制収容の実態に関する体系的な調査をはじめた。政府は日系人をはじめ当時の関係者を招聘して公聴会を開き、多くの強制収容に関する証言を集めた。その記録は一九八三年に報告書として公刊された。邦訳は、読売新聞社外報部訳・編『拒否された個人の正義――日系米人強制収容の記録』(三省堂、一九八三年)。これらの調査結果と証言の記録が一九八九年の補償に結びついたことはいうまでもない。

(14)現在の日本では一世とそれ以降の世代を含めて「日系人」と呼んでいるが、この「日系人」という言葉がもつ国籍の曖昧性もまた、日系人を〈日本〉の歴史に取り込もうとする日本の研究者の(無意識の)意図と無縁ではないだろう。

(15)阪田安雄「戦後50年と日系アメリカ人史研究」(『移民研究年報』創刊号、一九九五年、三―四二頁)。

(16)アメリカの日本人移民たちは、日本軍人に対して「慰問袋」や恤兵金などを積極的に送付した。また、一九三〇年代には二世が日本の生活習慣や文化を学ぶために一時的に日本で生活する「帰米」運動が活発になった。一九三〇年代における日本人移民のナショナリズムについては、粂井輝子『外国人をめぐる社会史――近代アメリカと日本人移民』(雄山閣、一九九五年)の第六章「太平洋の架け橋――〈天皇崇拝者〉」、ユウジ・イチオカ(ゴードン・H・チャン、東栄一郎編)『抑留まで――戦間期の在米日系人』(彩流社、二〇一三年)、東栄一郎『日系アメリカ移民――二つの帝国のはざまで』(飯野正子監訳、明石書店、二〇一四年)を参照。

(17)阪田安雄「戦後50年と日系アメリカ人史研究」四一―四二頁。

(18)米山裕「太平洋戦争前の在米日本人移民とナショナリズム(Japanese Immigrants in the United States and Their Nationalism, 1870-1941)」(『東洋女子短期大学紀要』第二七号、一九九五年、一〇五―一一五頁)。

(19)一方、日系人がみずからの歴史をしるしたいわゆる「移民史」では逆に〝成功物語〟が語られる。

(20)フランク・F・チューマン『バンブー・ピープル』小川洋訳、サイマル出版会、一九七八年、一頁。

(21)たとえば、日系アメリカ人とジャズとのかかわりを描いたジョージ・ヨシダの通史は一九九七年に出版された。また、一九三四年にはじまったリトル・トーキョーの「二世ウィーク」の政治学に注目したロン・クラシゲが『日系アメリカ人の祝祭と軋轢——エスニック・アイデンティティとロサンゼルスのフェスティヴァルの歴史 1934-1990』を出版したのは二〇〇〇年である。クラシゲは、従来の日系アメリカ人研究が前提としていた二項対立——アメリカへの同化か、日系人としてのエスニック・アイデンティティか——の限界を指摘し、日系アメリカ人のエスニック・アイデンティティ形成のプロセス自体に注目すべきであると指摘する。George Yoshida, *Reminiscing in Swingtime: Japanese Americans in American Popular Music, 1925-1960*（San Francisco: National Japanese American Historical Society, 1997）、および Lon Kurashige, *Japanese American Celebration and Conflict: A History of Ethnic Identity and Festival, 1934-1990*（Berkeley: University of California Press, 2002）を参照されたい。

（22）Junko Ogihara, "The Exhibition of Films for Japanese Americans in Los Angeles During the Silent Film Era," in *Film History*（Vol.4, No. 2, 1990）, pp. 81-87. 論文の詳細は本書第三章を参照されたい。

（23）Irvin Paik, "That Oriental Feeling: A Look at the Caricatures of the Asians as Sketched by American Movies," in Amy Tachiki, Eddie Wong, Franklin Odo and Buck Wong eds., *Roots: An Asian American Reader*（Los Angeles: UCLA Asian American Studies Center, 1971）, pp. 30-36. なおパイクはその後、第二次大戦中にユダヤ人難民を救ったリトアニア領事・杉原千畝を描いた映画『ビザと美徳』（*Visas and Virtue*, クリス・タシマ監督、一九九七年）の編集を担当した。アジア系アメリカ人に関する映画制作や映画表象の研究史については、Darrell Y. Hamamoto and Sandra Liu eds., *Countervisions: Asian American Film Criticism*（Temple University Press, 2000）を参照されたい。

（24）Dennis M. Ogawa, *From Japs to Japanese: An Evolution of Japanese-American Stereotypes*（Berkeley: McCutchan, 1971）.

（25）映画学におけるエスニシティや人種の問題をあつかった研究の変遷を知るには、二〇〇三年にマーシャ・ハミルトンとエリノア・ブロックが編纂した文献目録『エスニシティと人種を投影する』（*Projecting Ethnicity and Race*）が参考になる。この本には一九一五年から二〇〇一年までに出版されたエスニシティと人種に関する映像論を簡単な注釈つきで網羅しており、その数は四七八冊にのぼる。彼らによると、エスニシティや人種に関するアカデミックな映像論は、一九七〇年代後半から一九八〇年代にわたって急速に成長し、一九九〇年代になると大幅に洗練されかつ多様になったという。ただしこの画期的な文献目録も完璧ではなく、先ほど紹介したデニス・オガワによる『ジャップからジャパニーズへ』（一九七一年）はリストから漏れている。Marsha J. Hamilton and Eleanor S. Block, *Projecting Ethnicity and Race: An Annotated Bibliography of Studies on Imagery in American Film*（Westport, Connecticut, London: Praeger, 2003）. 近年でもアジア系アメリカ人の映像表象研究は活発である。注（23）で紹介した *Countervisions* だけでなく、二〇〇二年にはアジア系アメリカ人表象研究のアンソロジーである『アジア系アメリカ人を上映／遮蔽する』（*Screening Asian American*）が出版された。Peter X. Feng ed., *Screening Asian Americans*（New Brunswick, N.J.: Rutgers University Press, 2002）.

（26）Eugene Franklin Wong, *On Visual Media Racism: Asians in the American Motion Pictures*（New York: Arno Press, 1978）.

（27）Allen L. Woll, *The Latin Image in American Film*（Los Angeles: UCLA Latin American Center Publications, University of California, 1977）; Randall M. Miller ed., *The Kaleidoscopic Lens: How Hollywood Views Ethnic Groups*（Englewood, N.J.: Ozer, 1980）.

（28）戦後のアメリカにおける地域研究という学問領域の歴史性については、酒井直樹「アメリカ合州国の人文学」（『人文学と制度』未來社、二〇一四年、七〇―九一頁）を参照。

（29）Ruth Benedict, *Patterns of Culture*（Boston: Houghton Mifflin Company, 1934 = ベネディクト『文化の型』米山俊直訳、社会思想社、一九七三年）。

（30）Margaret Mead and Rhoda Métraux eds., *The Study of Culture at a Distance*（Chicago: University of Chicago Press, 1953）.

（31）ただし、第二次大戦下のベネディクトは、敵国日本へ赴いてフィールドワークをすることが不可能であったため、アメリカの日系人たちに聞取り調査を行なった。

（32）Mitsuhiro Yoshimoto, "Questions of Japanese Cinema: Disciplinary Boundaries and the Invention of the Scholarly Object," in Masao Miyoshi and H. D. Harootunian eds., *Learning Places: The Afterlives of Area Studies*（Durham: Duke University Press, 2002）, pp. 368-401. さらに、Mitsuhiro Yoshimoto, *Kurosawa: Film Studies and Japanese Cinema*（Durham, N.C.: Duke University Press, 2000）, pp. 8-49 も参照されたい。

（33）Donald Richie, *Japanese Cinema: Film Style and National Character*（Garden City: Doubleday, 1971）. 現在ではミシガン大学日本研究センターのウェブサイトにて全文を読むことができる（https://www.cjspubs.lsa.umich.edu/electronic/

facultyseries/list/series/japanesecinema.php：最終閲覧二〇一五年一〇月五日）。

（34）Robert C. Allen and Douglas Gomery, *Film History: Theory and Practice* (New York: McGraw Hill, 1985), pp. 27-28. アメリカにおける映画学の歴史については、以下の二冊が参考になる。Dana Polan, *Scenes of Instruction: The Beginnings of the U.S. Study* of Film (University of California Press, 2007); Lee Grieveson and Haidee Wasson (ed.) *Inventing Film Studies* (Durham, N. C.: Duke University Press, 2008).

（35）Lewis Jacobs, *The Rise of the American Film* (New York: Teachers College Press, [1939] 1969), p. 12.

（36）Russell Merritt, "The Nickelodeon Theater, 1905-1914: Building an Audience for the Movies," in Tino Balio ed., *The American Film Industry* (Madison: The University of Wisconsin Press, 1976), pp. 59-82; Reprinted in Ina Rae Hark ed., *Exhibition: The Film Reader* (London and New York: Routledge, 2002), pp. 21-30 および、Robert C. Allen, "Motion Picture Exhibition in Manhattan, 1906-1912: Beyond the Nickelodeon," in *Cinema Journal* (Vol. 18, No.2, Spring 1979); Reprinted in John L. Fell ed. *Film Before Griffith* (Berkeley: University of California Press, 1983), pp.144-152 などを参照のこと。

（37）一九九五年になると、初期映画におけるメロドラマ的要素を分析したベン・シンガーが、一九七〇年代の「修正主義者」たちの議論を再検討しはじめる。シンガーは、「修正主義者」らがもちいた史料の読解が不正確であったことを指摘し、ニューヨーク・マンハッタンのニッケルオデオンの数は、実際は修正主義者が当時カウントした数よりはるかに多かったことを明らかにした。ニューヨークのニッケルオデオンの数について有力な資料と見なされているのは、ニューヨークの警察長官から市長に宛てて書かれた手書きのメモで、日付は一九〇八年一二月一一日となっている。これはクリスマス・イヴの日に、町のすべてのニッケルオデオンの営業を休止するために警察が事前に調査したときのメモである。それによると、マンハッタンだけで、三一五の映画館や劇場で映画の上映が行なわれていた。さらに、中産階級が居住していたと「修正主義者」が指摘する一九〇五年ごろのリトル・イタリーも、シンガーの分析によれば、移民層＝労働者層が居住者の大部分を占める地域であったことも明らかになった。さらにシンガーは、一九〇八年と一九〇九年に出版されたマンハッタンの住所人名録（Trow's directory）に記載されているニッケルオデオンの興行者の名字を分析することによって、それぞれのニッケルオデオンの興行者の民族的な背景を明らかにした。記載されていた一八九名の興行者の内訳は、ユダヤ系が六〇％（一一二名）、イタリア系が一八％、アングロ系が一四％、アイルランド系が七％、フランス系・ドイツ系・スカンジナヴィア系があわせて二—三%であった。Ben Singer, "Manhattan Nickelodeons: New Data on Audiences and Exhibitors," in *Cinema Journal* (Vol. 34, No.3, Spring 1995); Reprinted in Lee Grieveson and Peter Kramer eds., *The Silent Cinema Reader* (New York: Routledge, 2004), pp. 119-134.

(38) Judith Thissen, "Jewish Immigrant Audiences in New York City, 1905-1914," in Melvyn Stokes and Richard Maltby eds., *American Movie Audiences* (London: British Film Institute, 1999), pp. 15-28; および、Judith Thissen. "Charlie Steiner's Houston Hippodrome: Moviegoing on New York's Lower East Side, 1909-1913," in Gregg Bachman and Thomas J. Slater eds., *American Silent Film: Discovering Marginalized Voices* (Carbondale and Edwardsville: Southern Illinois University Press, 2002), pp. 27-47を参照のこと。

(39) Giorgio Bertellini, "Italian Imageries, Historical Feature Films and the Fabrication of Italy's Spectators in Early 1900s New York," in Melvyn Stokes and Richard Maltby eds., *American Movie Audiences* (London: British Film Institute, 1999), pp. 29-45; および、Giorgio Bertellini, "Shipwrecked Spectators: Italy's Immigrants at the Movies in New York, 1906-1916," in *The Velvet Light Trap* (No. 44: 1999), pp. 39-53. また彼の博士論文であるGiorgio Bertellini, *Southern Crossings: Italians, Cinema, and Modernity* (Dissertation for New York University, 2001) は、二〇〇九年に次の単著として出版された。Giorgio Bertellini, *Italy in Early American Cinema: Race, Landscape, and the Picturesque* (Bloomington: Indiana University Press, 2009).

(40) 映画学における「白人性」研究の代表的なものとして、以下のものがある。Daniel Bernardi ed., *The Birth of Whiteness: Race and the Emergence of U.S. Cinema* (New Brunswick, N.J.: Rutgers University Press, 1996); Richard Dyer, *White* (New York: Routledge, 1997); Daniel Bernardi ed., *Classic Hollywood, Classic Whiteness* (Minneapolis: University of Minnesota Press, 2001); Diane Negra, *Off-White Hollywood: American Culture and Ethnic Female Stardom* (New York: Routledge, 2001).

(41) 実際、バーティリーニもアメリカ出身の研究者ではない。バーティリーニはイタリア出身で、ニューヨーク大学の博士課程に在籍して博士論文を完成させた。現在はミシガン大学の映画テレビ学部、およびロマンス言語・文化学部に所属している。

(42) 二〇一四年、映画学の学問領域から本書の問題関心にきわめて近い研究書が出版され、情況は変わりつつある。南カリフォルニア大学映画芸術学部のローラ・イザベル・セルナ（Laura Isabel Serna）は、*Making Cinelandia: American Films and Mexican Film Culture before the Golden Age*（Durham, N. C.: Duke University Press, 2014）において、サイレント映画期におけるアメリカとメキシコの映画の循環と受容について、トランスナショナルな視点から英語とスペイン語の文献を駆使して論じた。

第二章

（1）明石紀雄・飯野正子『［新版］エスニック・アメリカ――多民族国家における統合の現実』有斐閣、一九九七年、一一八―一一九頁。

（2）Richard Abel, *Red Rooster Scare: Making Cinema American, 1900-1910*（Berkeley: University of California Press, 1999）; および Richard Abel, *Americanizing the Movies and "Movie-Mad" Audiences, 1910-1914*（Los Angeles: University of California Press, 2006）を参照されたい。

（3）同じ時期に、アメリカ映画のなかの「インディアンと西部の物語」が、アメリカ的な題材としてアメリカ人に賛美され、「西部劇」というジャンルをアメリカの伝統やナショナリズムと結びつける言説が生みだされた。詳細は、Richard Abel, *Red Rooster Scare: Making Cinema American, 1900-1910*, pp.151-175を参照されたい。

（4）ハリウッド映画『ブルースの誕生』（*Birth of the Blues*, ヴィクター・シャーツィンガー監督、一九四一年）では、一九一〇年前後のアメリカの映画館の場面があり、そこで映画上映の合間に上演されるイラストレイティッド・ソングズの様子が描かれている。この映画は基本的にモノクロ映画であるが、スクリーン上に投影されたスライド映像のみ合成されたカラー映像となっている。なお、この映画館は一階が白人専用席、二階が黒人専用席として描かれており、主人公のバンドマンがアトラクションとしてジャズを演奏し始めると、一階の白人家族が「こんな汚い音楽は子供に聞かせたくない」と言って退席するが、二階の黒人観客は「演奏を続けてくれ」と声援を送る演出になっている。

（5）Miriam B. Hansen, "Early Cinema, Late Cinema: Transformations of the Public Sphere," in Linda Williams ed., *Viewing Positions: Ways of Seeing Film*（New Brunswick: Rutgers University Press, 1994）, p. 147 = ハンセン「初期映画／後期映画」北田暁大訳（吉見俊哉編『メディア・スタディーズ』せりか書房、二〇〇〇年、二九二頁）。なお、引用文は翻訳を参照しつつ、引用者の責任で必要におうじて部分的に改訂した。

(6) ほかにも、一九〇九―一九一〇年に、ポーランドからアメリカに来た移民が、映画館で映画上映の合間にポーランド語の演劇を上演した例もある (Arthur Leonald Waldo, "Polish-American Theatre," in Maxine Schwartz Seller ed., *Ethnic Theatre in the United States* 〔Westport: Greenwood Press, 1983〕, p. 401)。また、一九〇七年の映画雑誌の記事によると、オハイオ州バーバトン (Barberton) では、イラストレイティッド・ソングズが上演されたさいに、英語ではなくスラヴ語で歌手が歌っていたという事例もある。イラストレイティッド・ソングズについては、Richard Abel, "That Most American of Attractions, the Illustrated Song," in Richard Abel and Rick Altman eds., *The Sounds of Early Cinema* (Bloomington: Indiana University Press, 2001), pp. 143-155 を参照されたい。

(7) 明石紀雄・飯野正子『[新版] エスニック・アメリカ――多民族国家における統合の現実』一三六頁。

(8) Judith Thissen, "Jewish Immigrant Audiences in New York City, 1905-1914," in Melvyn Stokes and Richard Maltby eds., *American Movie Audiences* (London: British Film Institute, 1999), p. 18.

(9) Judith Thissen, p.22.

(10) Judith Thissen, p.21.

(11) Roy Rosenzweig, *Eight Hours for What We Will: Workers and Leisure in an Industrial City, 1870-1920* (Cambridge: Cambridge University Press, 1983), pp.196-198.

(12) Elizabeth Ewen, "City Lights: Immigrant Women and the Rise of the Movies," in *Signs: Journal of Women in Culture and Society*, (Vol. 5, No. 3, 1980), S52.

(13) Judith Thissen, "Jewish Immigrant Audiences in New York City, 1905-1914," p. 24。ティッセンによれば、映画の長篇化によって映画館に二台の映写機が導入されたことも重要だと指摘する。その理由は、映画史家のデイヴィッド・ロビンソンがいうように、「より長い映画作品の場合、ふたつの映写機を必要とした。〔中略〕いまや、歌手たち、歌のスライド、ヴォードヴィルの上演は時代遅れで低級なものとみなされるようになった」ためである。David Robinson, *From Peep Show to Palace: The Birth of American Film* (New York: Columbia University Press, 1996), p.147.

(14) チャールズ・スタイナーについては、チャールズの子孫に聞取り調査を行なった以下の論文に詳しい。Judith Thissen, "Charlie Steiner's Houston Hippodrome: Moviegoing on New York's Lower East Side, 1909-1913," in Gregg Bachman and Thomas J. Slater eds., *American Silent Film: Discovering Marginalized Voices* (Carbondale and Edwardsville: Southern

Illinois University Press, 2002), pp. 27–47.

(15) Judith Thissen, "Jewish Immigrant Audiences in New York City, 1905–1914," p. 25.

(16) 明石紀雄・飯野正子『[新版]エスニック・アメリカ――多民族国家における統合の現実』一二五頁。

(17) ケヴィン・ブラウンロウによると、コッポラは二〇世紀初頭のイタリア系移民社会を描写する際に、一九一五年にハリウッドで公開された映画『イタリア人』(*Italian*, レジナルド・バーガー監督)を参考にしたという。映画の舞台は一九一〇年代初頭のイタリアとニューヨークであるが、実際はカリフォルニアで撮影されている。Kevin Brownlow, *Behind the Mask of Innocence* (Berkeley: University of California Press, 1990), p. 319.

(18) この演劇の原作は、コッポラ監督の母方の祖父・フランチェスコ・ペニートによって書かれた。Vera Dika, "The Representation of Ethnicity in the Godfather," in Nick Browne ed., *Francis Ford Coppola's Godfather Trilogy* (Cambridge: Cambridge University Press, 2000), p. 87.

(19) Giorgio Bertellini, "Italian Imageries, Historical Feature Films and the Fabrication of Italy's Spectators in Early 1900s New York," in Melvyn Stokes and Richard Maltby eds., *American Movie Audiences* (London: BFI, 1999), p. 32.

(20) Giorgio Bertellini, "Shipwrecked Spectators: Italy's Immigrants at the Movies in New York, 1906–1916," in *The Velvet Light Trap* (No. 44, 1999), p. 30.

(21) ベネディクト・アンダーソン『増補　想像の共同体――ナショナリズムの起源と流行』白石さや・白石隆訳、NTT出版、一九九七年、一四頁。

(22) Giorgio Bertellini, "Italian Imageries, Historical Feature Films and the Fabrication of Italy's Spectators in Early 1900s New York," p. 30.

(23) バーティリーニによると、イタリア系のエスニック新聞は、読者にイタリア南部の一地方の住民としてのアイデンティティではなく、〈イタリア国民〉としてのアイデンティティを構築させる重要な役割を果たしたという。Giorgio Bertellini, "Italian Imageries, Historical Feature Films and the Fabrication of Italy's Spectators in Early 1900s New York," p.37; Giorgio Bertellini. "Shipwrecked Spectators: Italy's Immigrants at the Movies in New York, 1906–1916," p.43.

(24) Giorgio Bertellini, "Shipwrecked Spectators: Italy's Immigrants at the Movies in New York, 1906–1916," p. 45.

(25) ロナルド・タカキ『多文化社会アメリカの歴史――別の鏡に映して』富田虎男監訳、明石書店、一九九五年、五七二頁、五八三頁、五八五頁。

（26）Mary Carbine, "The Finest Outside the Loop: Motion Picture Exhibition in Chicago's Black Metropolis, 1905–1928," in Richard Abel ed., *Silent Film*（New Brunswick: Rutgers University Press, 1996）, p. 237.

（27）Douglas Gomery, *Shared Pleasures: A History of Movie Presentation in the United States*（Madison: Wisconsin University Press, 1995）, pp.155-170. アフリカ系市民団体やアフリカ系のエスニック新聞は、一九一〇年代に白人経営劇場における差別待遇に対して活発な抗議活動を行ない、警察や市長に抗議文を送った。実際にアフリカ系の観客席と白人の席を分ける「カラー・ライン」を撤廃させた例もあった。Pearl Bowser and Louise Spence, *Writing Himself into History: Oscar Micheaux, His Silent Films, and His Audiences*（New Brunswick: Rutgers University Press, 2000）, pp.61-63. 日本語で発表された先駆的研究として、加藤幹郎「アメリカ映画史の二重化――オスカー・ミショーと黒人劇場専用映画」（『映画とは何か』みすず書房、二〇〇一年）があり、アフリカ系映画監督のパイオニアであるオスカー・ミショーを軸にして、黒人専用映画館の歴史が論じられている。

（28）Gregory A. Waller, *Main Street Amusements: Movies and Commercial Entertainment in a Southern City, 1896–1930*（Washington D.C.: Smithsonian Institution Press, 1995）, p. 162.

（29）Mary Carbine, "'The Finest Outside the Loop': Motion Picture Exhibition in Chicago's Black Metropolis, 1905–1928," pp. 234, 243-244. 一九〇五年までにアフリカ系の居住地区に変容していたニューヨーク・ハーレムには、一九一四年の段階で五万人のアフリカ系が居住していた。しかしアフリカ系の経営者による映画館がハーレムに開館したのは、ようやく一九二一年になってからである。Alison Griffiths and James Latham, "Film and Ethnic Identity in Harlem, 1896–1915," in Melvyn Stokes and Richard Maltby eds., *American Movie Audiences*（London: BFI, 1999）, pp.46-63.

（30）Mary Carbine, "'The Finest Outside the Loop': Motion Picture Exhibition in Chicago's Black Metropolis, 1905–1928," p. 241; Pearl Bowser and Louise Spence, *Writing Himself into History: Oscar Micheaux, His Silent Films, and His Audiences*, p. 63.

（31）Mary Carbine, p. 237.

（32）Mary Carbine, p. 254.

（33）いっぽうテキサス州オースティンのアフリカ系観客専用の映画館における経営者の興行実践を論じたダン・ストライブ

ルは、アフリカ系観客専用映画館の存在を、白人経営の映画館におけるアフリカ系観客の差別という現実が生み出した負の産物であるとし、カーバインとは反対の立場をとっている。Dan Streible, "The Harlem Theater: Black Film Exhibition in Austin, Texas: 1920-1973," in Manthia Diawara ed., *Black American Cinema* (New York: Routledge, 1993), pp. 221-236.

第三章

（1）Junko Ogihara, "The Exhibition of Films for Japanese Americans in Los Angeles During the Silent Film Era," in *Film History*（Vol.4, No. 2, 1990）, pp. 81-87.

（2）Steven J. Ross, *Working-Class Hollywood: Silent Film and the Shaping of Class in America*（Princeton, New Jersey: Princeton University Press, 1998）, p. 26.

（3）オギハラは、一九一〇年中葉の日本で劇映画の製作はなかったと記しているが、日本の各映画会社が撮影スタジオを建設した一九〇〇年代末までにはすでに数多くの劇映画が定期的に製作されていた。

（4）Junko Ogihara, "The Exhibition of Films for Japanese Americans in Los Angeles During the Silent Film Era," p. 81.

（5）また、オギハラは、一九二〇年代から一九三〇年代の在米日本人コミュニティを分析の対象にしているにもかかわらず、日系社会における主要なトピックであった二世の問題に触れていない。

（6）『日米年鑑（第九号）』（日米新聞社、一九一三年）、『日米年鑑（第一二号、産業号）』（日米新聞社、一九一八年）を参照。参考として一九二〇年におけるワシントン州の当該映画館数を付した。ワシントン州の情報については『在米日本人人名辞典』（日米新聞社、一九二二年）を参照した。これらの映画館は中規模の映画館・ニッケルオデオンであり、大規模なムーヴィ・パレスとは異なる。

（7）最初期の日系移民史のひとつ『在米日本人史観』（羅府新報社、一九三〇年）を執筆した鷲津尺魔は、萬国座が一九〇四年に設立されたと記述している（三五―三六頁）。アメリカにおいてはじめてニッケルオデオンが開館した年が一九〇五年であったことを考慮すれば、萬国座は極めて早い時期に開館した映画館であるといえる。ただし戦後に発行された『南加州日本人史』によると、萬国座の開館日は一九〇七年一一月二一日と記されており、「谷文五郎、磯山直吉共同にて、東第一街二二八番地に活動写真館萬国座を開く。けだし邦人にして米国において活動写真業に手を染めた最初である」（南加日系人商業會議所『南加州日本人史』南加日系人商業会議所、一九五六年、一三二頁）。本書では同時代の谷から直接話を聴いた鷲津の一九〇四年説を採用する。なお、オギハラ論文に掲載されている萬国座の写真に映しだされている映画作品名を調査した結果、この写真は一九一〇年九月頃に撮影されたと推測される。映画館の入口に、一九一〇年八月三一日封切の *Advertising for a Wife*（パテ社）、一九一〇年九月一日封切の *The Affair of an Egg*（バイオグラフ社）、一九一〇年八月一五日封切の *The Usurer*（D・W・グリフィス監督、バイオグラフ社）、一九一〇年八月三〇日封切の *Tyranny to Liberty*（エジソン社）のポスターが貼られている（おなじ萬国座の写真は、イチロウ・マイク・ムラセ『リトル・トウキョー一〇〇年』〔新潮社、一九八七年、五〇頁〕にも掲載）。また、『南加州日本人史』の一二頁に掲載されている萬国座の入口写真は、一九一二年に封切られた *Promise*（D・W・グリフィス監督、バイオグラフ社）の看板とポスターが写っていることから、一九一二年頃の撮影と推測される。各映画作品の情報は、アメリカン・フィルム・インスティテュート（American Film Institute）の無声映画カタログを参照した（The AFI Catalog Silent Film Web site〔http://www.afi.com/members/catalog/silentHome.aspx?s = 1〕：最終閲覧二〇一五年一〇月三一日）。

（8）鷲津尺魔「在米在布日本人歴史の源（一名諸業元祖しらべ）」『在米日本人史観』三五―三六頁。

（9）「古典的ハリウッド映画」については、David Bordwell, Janet Staiger, and Kristin Thompson, *The Classical Hollywood Cinema: Film Style and Mode of Production to 1960* (Columbia University Press, 1985) を参照のこと。

（10）映画学の分野における「観客性」(spectatorship) の研究は、〝映画観客であること〟の様態を考察する映画研究の一分野であり、古典的なものとして、一九一六年に応用心理学者のヒューゴー・ミュンスターバーグが執筆した『映画劇――その心理学と美学』（*The Film: A Psychological Study: The Silent Photoplay*）がある（抄訳は岩本憲児・波多野哲朗編『映画理論集成』〔フィルムアート社、一九八二年〕一一―三二頁に掲載）。観客性の研究はその後、一九七〇年代に記号学や精神分析理論を基盤にして豊穣な成果が生み出された。その時期の代表的な論客はジャン・ルイ・ボードリー、クリスチャン・メッツ、そしてローラ・マルヴィなどである。一九八〇年代以降の観客性研究は歴史的なコンテクストを重視する方向へとシフトしてゆき、「歴史的な観客性」(historical spectatorship) の研究がさかんにおこなわれている。歴史的観客性を重視した研究書として、Miriam B. Hansen, *Babel and Babylon: Spectatorship in American Silent Film* (Cambridge; Harvard University Press, 1993); Melvyn Stokes and Richard Maltby eds., *American Movie Audiences* (London: BFI, 1999); Richard Maltby and Melvyn Stokes eds., *Hollywood Spectatorship: Changing Perceptions of Cinema Audiences*

(London: BFI, 2001) などがある。

(11) ミリアム・ハンセン「初期映画/後期映画」北田暁大訳(吉見俊哉編『メディア・スタディーズ』せりか書房、二〇〇〇年、二九二頁)。引用者が訳文に一部加筆修正した。

(12) 高知新聞社編集局『アメリカ高地県人』高知新聞社、一九七五年、三〇八—三〇九頁。

(13)『新世界』一九一一年八月一一日号。

(14) 一九一五年四月二五日、ロサンゼルス南メイン街の映画館「ヒポドロム」と「レパブリック」において、アジア系移民観客に対する待遇差別が発生したため、中国系移民二世(アメリカ人)が憤慨し、「この事情を印刷して支那人全部に配布し、同座に対してボイコットをおこなうべく日本人間にも勧誘したほどであった」。中国系社会が日系社会と政治的に連帯しようと試みていたことは興味深い(南加日系人商業会議所『南加州日本人史』南加日系人商業会議所、一九五六年、三〇三頁)。

(15)「日米短歌」(『日米』一九一三年八月一三日号)。なお、新聞紙上には「荒れと男」と記載されているが、筆者は「荒くれ男」の誤植であると判断し、訂正して掲載した。

(16) 牧野守『日本映画検閲史』パンドラ、二〇〇三年、六一—六四頁。日本におけるジゴマ・ブームとその影響については、永嶺重敏『怪盗ジゴマと活動写真の時代』(新潮新書、二〇〇六年)を参照されたい。犯罪映画『ジゴマ』をめぐる言説は、日本だけでなくアメリカの日系移民地にも波及していた。『日米』の一九一二年一一月五日号には「故国の昨今 ジゴマの話」という日本の映画取締の記事が二回にわたって連載された。一九一二年一二月一五日には、サクラメントの日本人移民が経営する映画館・日本座において『ジゴマ』が上映されている(『日米』一九一二年一二月一二日号)。また、引用した短歌が掲載される直前にも、ストックトンの日本人移民が経営する富士活動写真館で『ジゴマ』が上映されている(『日米』一九一三年八月二日号、『新世界』一九一三年八月一日号)。

(17)「皆さんに望む 芝居見物に就きまして」『新世界』一九一二年一月二一日号。

(18) 服部幸雄『大いなる小屋——江戸歌舞伎の祝祭空間』平凡社、一九九四年。

(19) 南加日系人商業会議所『南加州日本人史』三〇三頁。

(20) そのほかの要因として、一九一〇年代における映画館の高級化の問題を挙げることができる。一九一〇年代、アメリカにおける映画の上映場所は、中規模の映画館ニッケルオデオンから、より快適な映画鑑賞の設備を備えたムーヴィ・パレスへと徐々に移行していった。それに合わせて、中産階級の映画観客の割合が増加し、映画館におけるマナーが問題化した可能性も考えられる。

(21) ユウジ・イチオカ『一世――黎明期アメリカ移民の物語り』(富田虎男・粂井輝子・篠田左多江訳、刀水書房、一九九二年、二〇七―二〇八頁)。また東栄一郎『日系アメリカ移民――二つの帝国のはざまで』(飯野正子監訳、明石書店、二〇一四年)の第二章も参照されたい。

(22)「排日活動写真(スタクトン)」『新世界』一九一三年五月六日号。

(23) 東栄一郎『日系アメリカ移民――二つの帝国のはざまで』七〇頁。

(24) 粂井輝子の『外国人をめぐる社会史』(雄山閣、一九九五年)にも、劇場における日本人差別の事例が記されている。サクラメントで発行されていた日系新聞『桜府日報』における一九一〇年の記事について、粂井は次のように指摘する。「〔日本人移民が劇場へゆく時に〕服装に注意するのは、女性ばかりではなかった。日本人は一流と呼ばれる劇場などでは入場を断られたり、あるいは座席を限定されたり、差別されていた」(一四三頁)。

(25)「富士活動写真場は金川保吉氏の経営にて去る一日より開業いたされ候が、表構えといい内部の構造と申し誠に結構なるものにて候、須市〔ストックトン市〕における白人経営の活動写真場より以上に候、あわし《ママ》て当場の特色は毎日原板〔フィルム〕を取り換えらるる事に候」(『新世界』一九一二年五月六日号)。

(26)「新着日本活動写真〔中略〕土曜日、日曜日の両日、南エルドラード町〔の〕富士活動写真館場において、斬新奇抜なる日本原板活動写真あれば、同胞諸氏は奮って来館ありたしと、なお当日は平素の通り白人の活動写真もあるなれば平日倍の絵数なり」(『新世界』一九一二年六月一九日号)。

(27) 一九一三年六月、富士活動写真館で浪曲師の梅中軒友右衛門が口演し「大入り」だったという(『日米』一九一三年六月三日号)。同じ月に「最新の日本物写真」も興行された。上映作品は『山中鹿之助一代記』『中将姫』『血の涙』『旧山河』『雪中の松』『禿頭』『月しろ』であったと記されているが、作品の詳細は不明である(『日米』一九一三年六月五日号)。

(28)「上町ホール建設談」『新世界』一九一三年二月二五日号。

(29)『新世界』一九一一年七月二七日号。

(30) 鷲津尺魔「在米在布日本人歴史の源(一名諸業元祖しらべ)」三六頁。

(31)『新世界』一九一二年五月二三日号。

（32）一九〇九年説と一九一〇年説があるが、本書では日本映画史家の田島良一の説を採り、一九一〇年とする。田島良一「横田永之助の自筆「年譜」について」（Aaron Gerow and Abe Mark Nornes eds., *In Praise of Film Studies: Essays in Honor of Makino Mamoru* (Kinema Club, 2001), pp.111-112を参照。

（33）「新京極繁昌記28　活動写真沿革3」『日出新聞』一九一一年九月三〇日号。

（34）『日出新聞』（一九一二年一月一日号）における横田商会の広告より。

（35）田島良一「横田永之助の自筆「年譜」について」pp.104-114。なお、田島論文に記載されていない情報をいくつか紹介すると、横田永之助は一八九〇年八月にサンフランシスコの福音会（一八七七年設立）に入会し（この頃、『日米』を創刊した安孫子久太郎も在籍）、一八九二年九月二四日の秋期大懇親会の余興として、横田永之助は太功記十段目の武智光秀を演じ、さらに能舞も披露している。そして一八九二年一〇月一日の例会において横田の送別会が開催され、同月六日の船にて「来年の閣龍〔コロンブス〕大博覧会出品準備の為め」帰国した（阪田安雄ほか編『福音会沿革史料』現代史料出版、一九九七年、一四六、一七七、二四一、二六〇、二六五―二六六、三〇六頁）。横田永之助による自筆の年譜では、福音会への入会が一八八九年となっているが、横田は後年みずからの記憶を頼りに年譜を書いているため記憶違いであろう。横田永之助については、永之助の長男・龍次氏への聞取り調査を行なった『キネマを聞くＰＡＲＴ1』（江戸クリエート、一九九四年、九―三七頁）を参照されたい。

（36）「日本活動写真映画の紹介」『新世界』一九一一年一月一二日号。

（37）『新世界』一九一一年一月一五日号。

（38）「その絵の不鮮明なる為甚だ見にくく特に時々中断して折角の興味をさましたるが日本の状況と言う所より同胞の観客甚だ多く木戸銭は他の活動写真より倍のチャージ」（『新世界』一九一一年一月一七日）。

（39）「冷汗の出る活動写真　拙さ加減話にならぬ（オークランド　二一日）」『新世界』一九一一年一月二一日号。

（40）『新世界』一九一一年一月二一日号。

（41）『新世界』一九一一年一月二一日号。

（42）『新世界』一九一一年一月二一日号。

（43）一九一〇年代の日本映画における支配的スタイルと声色弁士の関係については、拙稿「「旧劇」から「時代劇」へ――映画製作者と映画興行者のヘゲモニー闘争」（岩本憲児編『時代劇伝説――チャンバラ映画の輝き』〈日本映画史叢書4〉、森話社、二〇〇五年、八九―一一四頁）を参照されたい。

第四章

（1）時代劇スター・大河内伝次郎が演じたこの時期の国定忠次ものといえば、一九二七年に三部作が作られた無声映画『忠次旅日記』（伊藤大輔監督、日活）がもっとも有名であり、後述するようにこの作品は一九三〇年の正月にリトル・トーキョーの富士館で上映された。

（2）無声映画『斬人斬馬剣』（伊藤大輔監督、松竹京都、一九二九年）は、当時「傾向映画」と呼ばれた左翼的傾向を持つ映画ジャンルの代表作。近年九・五ミリ・フィルム（パテ・ベビー）版が「発見」され、東京国立近代美術館フィルムセンターによってデジタル修復された。発見された『斬人斬馬剣』の映画史的な意義については、拙稿「斬人斬馬剣――Curator's Choice」（『NFCニューズレター』第四九号、東京国立近代技術館フィルムセンター、二〇〇三年、四頁）を参照されたい。

（3）歌謡曲「酒は涙か溜息か」は、一九三一年九月にSPレコードが発売された（作詞・高橋掬太郎、作曲・古賀政男、唄・藤山一郎）。「酒は涙か溜息か　心のうさの捨てどころ」の歌詞で知られる。一九三一年一二月に新興キネマが同名タイトルで映画化している（川浪良太監督）。

（4）土橋治重『サンフランシスコ日本人町』国文社、一九七八年、四六―四九頁。

（5）アメリカ本土とハワイを総合した統計資料によると、一九〇〇年の日系人の男女比は八二・九（七万八四九人）対一七・一（一万四五八八人）だったが、一九二〇年にはその割合が六一・四（一三万五三五一人）対三八・六（八万四九三三人）に変化している。「表10・2　日系アメリカ人総人口」（アケミ・キクムラ＝ヤノ編『アメリカ大陸日系人百科事典　写真と絵で見る日系人の歴史』明石書店、二〇〇二年、四一二頁）を参照。

（6）「桑港興行が二五万ドルに増資してスターフィルム株式会社」『新世界』一九二四年一月一日号。なお、川島伊佐美編『北米中加日本人写真帖』（中加タイムス、一九二六年、一四一頁）に、桑港興行の事務所の写真が掲載されている。ただし、その写真のキャプションには、桑港興行の設立年が一九一六年と記されている。本書では、フレズノの新聞社『中加タイムス』の情報よりも、地元サンフランシスコの新聞社『新世界』に掲載された情報を採用し、桑港興行の設立年を一九二〇年とする。

（7）『新世界』一九二二年一月二七日号。

（8）「桑港興行が二五万ドルに増資してスターフィルム株式会社」前掲。

（9）日米興行は広島県福山市出身の藤本安三郎が創業し、一九二五年に「東京倶楽部」の親分であった安田義哲が譲り受けた。一九三〇年には横浜に支社を設立して日本映画の輸入をさらに本格化させた（『キネマ旬報』第三六九号、一九三〇年六月二一日号、八頁）。日米興行の副社長でかつ富士館の支配人であった井谷長次は、その後日本へ帰国し、和歌山市で築地映画劇場を経営した（森野正一『私の思い出』〔日貿出版社、一九七一年〕および、『映画年鑑　一九五五年版』〔時事通信社、一九五五年〕を参照）。日米興行の安田義哲は、一九三〇年六月九日に暗殺され、世良良一が後を継いだ。さらに桑港興行の奥定吉が一九三二年一〇月一三日に暗殺されると、カリフォルニア州の興行会社は「日米興行」の一社のみとなった（伊藤一男『続・北米百年桜（復刻版）』ＰＭＣ出版、一九八二年、二八六、二九一頁、および、森野正一『私の思い出』八三―八五頁を参照）。

（10）「桑港興行が二五万ドルに増資してスターフィルム株式会社」前掲。

（11）もっとも有名なのは、京都で人入れ稼業を受け持っていた千本組と映画業界の密な関係である。千本組の子分・永田雅一はのちに大映の社長にまでのし上った。また、千本組の笹井末三郎は、一九三六年にトーキー映画製作を目論んで「マキノ・トーキー」（マキノ正博所長）を設立した。日本映画史における千本組の位置については、柏木隆法『千本組始末記』（海燕書房、一九九二年）や、板倉史明・冨田美香「洛西地域映画史聴き取り調査報告1　伊藤朝子氏談話」（『アート・リサーチ』創刊号、立命館大学アート・リサーチセンター、二〇〇一年、一二七―一三八頁）を参照のこと。

（12）Steven J. Ross, *Working-Class Hollywood: Silent Film and the Shaping of Class in America* (Princeton, New Jersey: Princeton University Press, 1998), p. 234.

（13）森野正一『私の思い出』七七頁。

（14）森野正一『私の思い出』七八頁。

（15）Douglas Gomery, *Shared Pleasures: A History of Movie Presentation in the United States* (Madison: Wisconsin University Press, 1995), p. 179.

（16）メキシコ映画史を執筆したカール・モラによると、一九五〇年までに、アメリカ全土にスペイン語映画の専門館が三〇〇館ほど存在し、ほかにもスペイン語映画を一週間に一、二回上映する映画館が一〇〇〇館ほどあったという。Carl J.

Mora, *Mexican Cinema: Reflections of a Society 1896–1988* (Revised Edition), (Berkeley: University of California Press, 1989), p. 199.

(17)「日米興行会社の藤本氏主導し、市内下町有志の投資により、市内東一番街桂林楼シナ料理店となりに新設中の活動写真常設館工事は、その後ますます進ちょくし、本月下旬には落成の予定で来月早々にぎにぎしく開館式をおこないおもに日本物を観せるはず」(「邦人経営活動常設館工事進歩」『新世界』一九二五年九月一五日号)。

(18)「館内のシーツは三八〇でフロントに自動ピアノを設け毎日三回フィルムを転回するよし、映画は米国一流の会社と契約して年中無休で開場すると」(「富士館落成近し」『新世界』一九二五年一〇月七日号)。

(19)「富士館開館」『新世界』一九二五年一〇月二六日号。

(20)『新世界』一九二五年一〇月一六日号。

(21) Junko Ogihara, "The Exhibition of Films for Japanese Americans in Los Angeles During the Silent Film Era," in *Film History* (Vol.4, No. 2, 1990), p. 84.

(22) 真珠湾攻撃直前まで上映されていたのは、『女医絹代先生』(野村浩将監督、松竹、一九三七年)と『修羅山彦(前篇)』(萩原遼監督、千恵蔵プロダクション、一九三七年)であった(『羅府新報』一九四一年一二月一日号、五面)。『羅府新報』によると、その次の週に『男の魂』(曽根千晴監督、新興キネマ、一九三八年)と『修羅山　完結篇』(萩原遼監督、千恵蔵プロダクション、一九三七年)を一二月九日から上映予定であったが、上映されることはなかった。ロサンゼルス公共図書館(Los Angeles Public Library)には一九四二年に撮影されたリトル・トーキョーの写真が所蔵されているが、その写真の背景に『女医絹代先生』のポスターが貼られているのが確認できる。つまり『女医絹代先生』の上映期間中に真珠湾攻撃が起こって上映が中断したあと、ポスターが張り替えられることもないまま、多くの日系人が強制収容されたのである(写真のタイトルは "Businesses under new management"〔Order Number: 00068523〕。なお同写真はインターネットでも閲覧することができる(〔http://jpg3.lapl.org/pics38/00068523.jpg:最終閲覧二〇一五年一二月一日〕)。

(23) Junko Ogihara, "The Exhibition of Films for Japanese Americans in Los Angeles During the Silent Film Era," p. 87.

(24)「映画は米国一流の会社と契約して昼夜五回回転、年中無休で開場するよし。なおきたる一七・一八日後からは開館祝賀の意味で、下町商店から本月三〇日まで有効の無料切符を顧客その他に進呈、同胞はもちろん墨国人、白人をも吸収の計画であるといえば、開館早々大盛況を呈すること必定で、引続ける不景気の声にさびれ気味であった邦人街もおおいに活気を呈しきたることであろう」(『新世界』一九二五年一〇月一六日号)。

(25) 南川文里「エスニック・ニッチの確立と移民のエスニック化――ロサンゼルス日系移民都市商業の歴史的展開を通して」『日本都市社会学会年報』第一八号、二〇〇〇年、八三―九九頁。

(26) 一九一〇年代の日本で邦画が興行される場合、複数の声色弁士がスクリーン脇で蔭科白《かげぜりふ》を発していた。それが単独の弁士の解説に変化するのは、一九一〇年代末の「純映画劇運動」によって、日本映画興行の改革が積極的に進められてからである(それでも旧劇〔時代劇〕の興行は一九二三年ごろまで声色弁士のパフォーマンスがついていた)。ハワイや北米に日本の弁士が数多く渡った時期が、日本で邦画上映に単独弁士の解説スタイルが導入されはじめた時期であった点は興味深い。詳細は拙稿「「旧劇」から「時代劇」へ――映画製作者と映画興行者のヘゲモニー闘争」を参照されたい。

(27) 「活弁の元老――西村楽天渡米」『新世界』一九二五年一二月二七日号。

(28) たとえば、一九二二年の『新世界』に桑港興行の広告が掲載されており、「女弁士 松葉美佐子」の名が載っている(『新世界』一九二二年一月二九日号)。同じく一九二二年には「新渡米女弁士 秋山みどり嬢」というふれこみで、顔写真つき広告が掲載されている(『羅府新報』一九二二年七月一六日号)。ちなみに、ハワイでは、無声映画最盛期に一五人ほどの弁士がいた。"The Benshi: On Making People Weep," in Leonard Lueras ed. *Kanyaku Imin: A Hundred Years of Japanese Life in Hawaii* (Honolulu: International Saving and Loan Association, 1985). pp. 40-41を参照。

(29) 伊藤一男『続・北米百年桜(復刻版)』(PMC出版、一九八四年、二七三―二九四頁)、伊藤一男『桑港日本人列伝』(PMC出版、一九九〇年、五四一―五六五頁)、太田宏人『知られざる日本人――世界を舞台に活躍した日本人列伝』(オークラ出版、二〇〇七年)の2章「桃中軒浪右衛門と奥定吉」(八一―一二三頁)を参照した。

(30) 二〇〇三年二月二日に桃中軒浪右衛門の子息・檜枝茂信氏に聞取り調査をした際、浪右衛門と亦右衛門が一緒に写った写真を拝見した。聞取り調査に協力くださった檜枝茂信氏、山城和徳氏、山城廣呂子氏に感謝申し上げたい。

(31) 戦後、サンフランシスコの日本語学園である金門学園で開催されていた日本映画の上映に関わっていた松浦茂氏に対する聞取り調査による(二〇〇二年一〇月一日、サンフランシスコのジャパン・タウンにて)。貴重な時間を割いてお話くださった松浦茂氏に記して感謝申し上げる。「松井翠民」という芸名は、無声映画時代の人気弁士だった松井翠声(一九〇〇―一九七三)にちなんでつけられたものにちがいない。

(32) 「謙遊の浪花節」『布哇報知』一九一三年一〇月二一日号。

(33) ハワイ生まれの日系三世であるカヨ・ハッタ監督の『ピクチャー・ブライド』(*Picture Bride*, 一九九五年)には、ハワイのプランテーションで、無声日本映画の上映会が開催されているシーンがある(五〇分三九秒〜五二分三八秒)。この映画は一九二〇年ごろを舞台にしているが、シーンのなかで上映されているのは『血煙高田馬場』(伊藤大輔監督、日活、一九二七年)である。ハッタはこの映画を製作するにあたって日系人の歴史を綿密に調査した。この無声映画の上映シーンでは三船敏郎が演じる弁士が語り、女性が三味線の伴奏音楽をつけている様子が描かれている。

(34) 浪右衛門の波乱に満ちた生涯に触発され、ハワイ移民二世の母をもつ小説家・梶山李之は一九七一年に『カポネ大いに泣く』(講談社)という小説を執筆した(全四章中の第二章「ルーズベルト大いに笑う」において、桃中軒海右衛門という主人公が登場する)。さらに梶山の小説は、一九八五年に『カポネ大いに泣く』(鈴木清順監督、ケイエンタープライズ=C・C・J)として映画化された。

(35) 『新世界』一九二四年一月三日号。

(36) ただし一九三〇年三月に、富士館をはじめとしてカリフォルニア州一帯で浪右衛門が巡回興行した『陸の王者』(牛原虚彦監督、松竹、一九二八年)の上映時には、レコード音楽による伴奏がつけられていた。一九三〇年三月にメンロパーク、モントレー、サリナス、リドレー、富士館の順番で巡回興行が行なわれたが、広告によると「浪花節入説明　拡声音楽機応用」と記されている(『日米』一九三〇年三月一〇日号)。

(37) 北米の弁士からハワイの興行会社社長として活躍した木村宗雄については、権藤千恵「ハワイ日米キネマにみる戦後ホノルルの日本映画上映」(『アート・リサーチ』第四号、二〇〇四年、一三九―一四八頁)を参照のこと。木村宗雄の遺族に対する聞取り調査によって、ハワイにおける映画興行史の一面が解明されている。その他、権藤千恵「日本映画館に見る日系文化の変容――ハワイ島ホノカアの事例から」(山本岩夫・ウェルズ恵子・赤木妙子編『南北日系アメリカの日系文化』人文書院、二〇〇七年、二二五―二三二頁)、権藤千恵「ハワイ日系コミュニティにおける日本映画の経験」(米山裕・河原典史編『日系人の経験と国際移動』人文書院、二〇〇七年)、権藤千恵「ホノルルの日本映画上映と日本人町の発展」(『立命館言語文化研究』第一六巻三号、二〇〇五年、二九―四四頁)も参照されたい。

(38) 作品数のカウント方法について、前篇と後篇に分かれた〈連続もの〉はまとめて一本としてカウントした。明治維新を扱ったものも時代劇に分類した。短篇ニュース映画も散発的に併映されたが、カウントしていない。各作品の同定作業に「日本映画データベース」(http://www.jmdb.ne.jp/:最終閲覧二〇一五年一〇月一二日)を参照した。弁士のひとりジョージ桑（一八八五―没年不詳）について補足しておく。ジョージ桑は映画俳優であるが、主演作である『愛する者の道』の興行時のみ特別に弁士を担当した。本名は桑原鷗一。広島県出身のジョージは一九〇八年に渡米し、ロサンゼルスでタバコ屋を経営するが失敗。その後、早川雪洲主演の『チート』（*The Cheat*, 一九一五年）に脇役として出演。『イエロー・ポーン』（*The Yellow Pawn*, ジョージ・メルフォード監督、パラマウント、一九一六年製作。日本未封切）が出世作で、『激浪の響』（*After the Storm*, ジョージ・サイツ監督、コロンビア、一九二八年製作。同年日本封切）までに一二〇本の映画に出演した。母の一三回忌のため日本へ帰国したときにマキノプロに入社（『在米広島県人史』在米広島県人史発行所、一九二九年、一四四頁＝『在米県人史①［復刻版］』日本図書センター、一九九四年、を参照）。『大化新政』（牧野省三監督、マキノ御室、一九二九年）や『愛する者の道』（二川文太郎監督、マキノ御室、一九二九年）に出演。なお、ダグラス・フェアバンクスが来日した際に世話をしたのもジョージ桑だった（『日米』一九三〇年三月二二日号）。一九三〇年三月五日、ジョージは『灰燼』（村田実監督、日活太秦、一九二九年）と『愛する者の道』のフィルムを携えて神戸港を浅間丸で出港し、三月二〇日にロサンゼルスに到着した（『日米』一九三〇年三月一一日号。『キネマ旬報』一九三〇年二月二一日号、一二頁）。

(39) この上映会の主催は「桑港学生会」であり、学生会の運営費を調達するための寄付興行として開催された（『日米』一九三〇年一月二七日号）。

(40) Junko Ogihara, "The Exhibition of Films for Japanese Americans in Los Angeles During the Silent Film Era," p. 87. なお、設置されたのは、アメリカ製の「ウエスタン・エレクトリック社」のトーキー設備であった。

(41) 森野正一『私の思い出』七五頁。

(42)『新世界』一九二五年一〇月一五日号。日系新聞には日本映画の上映会を名目にした勧進興行の記事が頻出する。以下にいくつかの具体例を挙げてみよう。一九二五年のサンフランシスコでは、金門学園の「母の会」が主催した「校舎新築後援活動写真会」が開催されて建設費の勧進興行が実施された。上映作品は国活の『寒椿』（一九二一年）で、弁士は木村宗雄であった（『新世界』一九二五年一〇月二一日号）。また、一九三〇年のカリフォルニア州マウンテンヴューにおける日本語学園主催の上映会は、『忠次旅日記』（伊藤大輔監督、日活、一九二七年）が桃中軒浪右衛門の弁士つきで上映された。この興行は、「校舎のペイントがはげていて、近くぬりかえを行なわなければならぬので今回の収入はあげて右のぬり替費《ママ》にふりあてる」ために開催された（『日米』一九三〇年二月一五日号）。特にキリスト教会や仏教会に属していない日本語学園は、基本的に独立経営を行なっていたので、経費はすべて自力で集めなければならない。その資金収集の有効な方法が映画上映会の開催であった。

(43) 南加州日本人七十年史刊行委員会『南加州日本人七十年史』南加日系人商業会議所、一九六〇年、六七九頁。

(44) ロサンゼルスの賭場組織については、イサミ・アリフク・ウォーの先駆的研究が存在する。Isami Arifuku Waugh, *Hidden Crime and Deviance in the Japanese-American Community, 1920-1946* (Ph. D dissertation of University of California, Berkeley, 1978).

(45) 合同教会の歴史については、以下の文献がもっとも詳しい。Brian Masaru Hayashi, *'For the Sake of Our Japanese Brethren': Assimilation, Nationalism, and Protestantism Among the Japanese of Los Angeles, 1895-1942* (Stanford: Stanford University Press, 1995).

(46)『羅府新報』一九二二年七月二六日号。

(47)『餓えたる心』『マイ・ボーイ』『ユーモレスク』の梗概は、American Film Institute ed., *Within Our Gates: Ethnicity in American Feature Films, 1911-1960* (University of California Press, 1997), pp. 475-477, 689を参照した。『マイ・ボーイ』については市販されたビデオも参照した。なお、一九二〇年の『ユーモレスク』は、一九四七年にジーン・ネグレスコ監督、ジョン・ガーフィールド主演でリメイクされたが、ファニー・ハーストの原作や一九二〇年版に濃厚であったユダヤ的な痕跡は完全に抹消されており、妖艶なメロドラマの要素が強調される作品となった。ただし、主演のガーフィールドや、音楽を担当したフランツ・ワックスマンがユダヤ系であることを知っている観客にとってはそのかぎりではなかったが。

(48) Brian Masaru Hayashi, *'For the Sake of Our Japanese Brethren': Assimilation, Nationalism, and Protestantism Among the Japanese of Los Angeles, 1895-1942*, p. 55.

(49) ただし一九三一年の満州事変以降、日系社会の一部では日本に対するナショナリズムが高揚し、一部の日系キリスト教会も日本映画の上映をはじめる。詳しくは次章を参照されたい。

(50) もちろん、ここでいう「自律」とは、白人を頂点とするアメリカ社会の人種形成のなかで、日系人が被っていた隷属状態と表裏一体で構築されていたものである。

第五章

(1)「一九三〇年代研究」の歴史性と政治学については、第一章を参照されたい。関連する先行研究として以下のものを挙げることができる。ユージ・イチオカ「「第二世問題」1902-1941――二世の将来と教育に対して変換する一世の展望と見解の歴史的考察」(阪田安雄訳、同志社大学人文科学研究所「海外移民とキリスト教会」研究会編『北米日本人キリスト教運動史』PMC出版、一九九一年、七三一―七八四頁)、粂井輝子「国民の創生――在米日本人移民の第二世教育と米化運動」(『白百合女子大学研究紀要』第三四号、一九九八年、一一九―一四四頁)、松本悠子「内在する「他者」と「国民化」――20世紀前半のロサンジェルスにおける日本人移民の「米化」」(『中央大学文学部紀要』第一八二号、二〇〇〇年、一―六二頁)、南川文里「移民ナショナリズムとエスニシティ――一九三〇年代末の在米日本人社会における「民族」」(山脇直司ほか編『ライブラリ相関社会学7　ネイションの軌跡――20世紀を考える(1)』新世社、二〇〇一年、一八三―二〇二頁)、Eiichiro Azuma, *Between Two Empires: Race, History, and Transnationalism in Japanese America* (Oxford: Oxford University Press, 2005) =東栄一郎『日系アメリカ移民――二つの帝国のはざまで』飯野正子監訳、明石書店、二〇一四年。

(2) Michael Omi and Howard Winant, *Racial Formation in the United States: From the 1960s to the 1990s* (New York: Routledge, 1994), p. 55.

(3) 阪田安雄「戦後50年と日系アメリカ人史研究」『移民研究年報』創刊号、一九九五年、三〇―三一頁。

(4) 米山裕「「日系アメリカ人」の創造――渡米者〈在米日本人〉の越境と帰属」(西川長夫・姜尚中・西成彦編『20世紀をいかに越えるか――多言語・多文化主義を手がかりにして』平凡社、二〇〇〇年、一二〇―一四三頁)。

(5) 南川文里「アメリカの人種エスニック編成とアジア系移民」(『国際社会4　マイノリティと社会構造』東京大学出版会、二〇〇二年)四九、六二頁を参照。なお南川は以下の論文において「人種/民族編成」の概念を理論化している。南川文里「アメリカ社会における人種エスニック編成――エスニシティのナショナルな条件」(『社会学評論』第五五巻一号、日本社会学会、二〇〇四年)。

(6) 東栄一郎『日系アメリカ移民――二つの帝国のはざまで』二〇―二二頁。

(7) Eiichiro Azuma, "The Politics of Transnational History Making: Japanese Immigrants on the Western 'Frontier,' 1927–1941," in *Journal of American History* (vol. 89, no. 4, 2003), pp. 1401–1430 を参照。東栄一郎は、在米日本人の「歴史制作」

の初期の著作物のひとつとして鷲津尺魔の『在米日本人史観』（一九三〇年）を挙げている。東はこの鷲津の著作について具体的に論じてはいないが、筆者の考えでは、鷲津による「歴史制作」の政治学がもっとも鮮明になるのは、末尾の「在米在布日本人歴史の源（一名　諸業元祖しらべ）」である。これはアメリカの日系移民地における各職業の〈創業者〉を特定するものであり、たとえば、活動写真館の「元祖」は一九〇四年にリトル・トーキョーの「萬国座」を設立した谷文五郎であると記される（三五―三六頁。萬国座については第三章の注（7）も参照のこと）。このような「元祖」調べがもつ機能とは何か。それは、日本人移民社会に存在していた諸職業に対して、故国日本から時間的に断絶した日系社会独自の〈起源〉を遡及的に創造することによって、日系社会内に持続する「歴史」を制作することにほかならない。こうして鷲津による「元祖」探しは、日系コミュニティの〈歴史的連続性〉を実体化し、故国の日本人とは異なる「在米日本人」としてのアイデンティティを構築・強化する機能をになう「歴史制作」となった。

（8）『加州毎日』一九三八年三月二〇日号。

（9）参照したおもな文献は、松本本光『加州人物大観　南加之巻』（加州羅府昭和時報社、一九二九年、一〇八―一〇九頁）、日本基督教會同盟年鑑委員編『基督教年鑑 昭和一六年版［復刻版］』（日本図書センター、［原本一九四一年］、復刻一九九四年、四四九頁）、および、伴ウォーレス信郎『太平洋に橋をかけよ』（現代教育出版研究所、一九八二年）である。なお、全米日系人博物館（Japanese American National Museum）には伴武の遺品が収蔵されており、彼の蔵書、一九三〇年代の日記、戦前の映画興行のチラシや伴奏レコード、日米興行や日本映画興行者と交わした私信、そして一六ミリの日本映画のフィルムも残されていた。日本映画のフィルムは二〇〇七年に東京国立近代美術館フィルムセンターに寄贈された（後述）。

（10）『新天地』第四巻一二号、一九一三年一二月一日、一一頁。

（11）伴武『基督教の美観』日本人独立基督協会、一九一七年、八―九頁。

（12）Los Angeles Pacific College。一九〇三年に創立され、一九六五年に現アズサ大学（Azusa Pacific University）に統合された。

（13）太平洋文化教育会『創立五周年　躍進文教の記念事業　文教映画積立資金規約書』太平洋文化教育会、一九三七年、全米日系人博物館所蔵［96.5.173］。

（14）『加州毎日』一九三八年四月一六日号。

(15)アメリカ人に対しても英語で同様の「映画と講話」運動をおこなったようであるが、証拠となる資料は見つかっていない。伴ウォーレス信郎『太平洋に橋をかけよ』三九、七〇―七一頁。

(16)『加州毎日』一九五六年二月一日号、『羅府新報』一九五六年二月一日号。

(17)枚挙にいとまがないが、本書に直接関連する代表的な成果を以下に挙げる。同志社大学人文科学研究所「海外移民とキリスト教会」(研究会編『北米日本人キリスト教運動史』PMC出版、一九九一年)、吉田亮『アメリカ日本人移民とキリスト教社会――カリフォルニア日本人移民の排斥・同化とE・A・ストージ』(日本図書センター、一九九五年)、Brian Masaru Hayashi, *"For the Sake of Our Japanese Brethren": Assimilation, Nationalism, and Protestantism Among the Japanese of Los Angeles, 1895-1942* (Stanford: Stanford University Press, 1995)、澤田泰紳「日本に於けるメソジスト教会の自給について」(『キリスト教社会問題研究』第四七号、一九九八年、一―二九頁)。

(18)東栄一郎『日系アメリカ移民――二つの帝国のはざまで』二二八、三〇八―三一〇頁。

(19)小崎弘道(一八五六―一九三九)は熊本生まれのキリスト教指導者。一八七九年に同志社を卒業後、一八八〇年に植村正久(一八五八―一九二五)らと東京基督教青年会を組織した。

(20)小崎弘道『七十年の回顧』警醒社書店、一九二七年、一七五―一八三頁。

(21)澤田泰紳は日本の教会を「包括型教会」と「分離型教会」の二つのタイプに分類した。海外から来日した宣教師が属する本国の教会の一部に日本の教会が統合されている場合は「包括型教会」であり、「本国教会の組織には包括されず、その政治体制から切り離されて日本独自の教会(教派)として設立されたもの」が「分離型教会」である。日本基督教会や日本組合基督教会、そして伴武の日本人独立教会は「分離型教会」に当てはまる。澤田泰紳「日本に於けるメソジスト教会の自給について」の二六―二七頁を参照されたい。

(22)「日本のキリスト教が外国宣教師の力を藉《か》らず、その資力に仰ぐところなく、純粋なる自己の経営によりて神学思想を修め、伝道の重任を帯ぶべき人物を養成するの学校を有せずして、今日に至れるは、すでに久しくその時期を失したるの感なくんばあらず。教会の独立を企図するものは、神学研究においてもこれと同じき必要あるを忘るるべからず」(植村正久「東京神学社」『福音新報』第四八七号、一九〇四年一〇月二七日＝『植村正久著作集6　教会と伝道』新教出版社、一九六七年、一七六―一七七頁)。なお、佐渡亘編『植村正久と其の時代　第三巻(復刻版)』(教文館、一九六六年)の五五二頁には、一九〇八年九月に開催された東京神学社の「新学年始業の記念撮影」写真に伴武が植村正久らとともに写っている。東京伝道学校がハワイ伝道会社の援助打切りによって閉校となった直後に、伴は東京神学社に入学した可能性が高い。東京神学社については『植村正久と其の時代　第三巻（復刻版）』の五三二—五四三頁を参照。

(23) 五十嵐喜和「日本基督教会史」同志社大学人文科学研究所編『日本プロテスタント諸教会派史の研究』〈同志社大学人文科学研究所研究叢書XXVI〉教文館、一九九七年、九〇頁。

(24) 植村正久は一九〇六年の日本基督教会大会において、「征露の戦い国運進展の結果甚だ裕《ゆた》かにその終局を告げたる本年において、その歴史に第五の時期を画すべき重大なる決議をなせり」として、自給独立を達成できない教会は日本人のための〈教会〉ではないという厳しい決議を行なった（植村正久「日本基督教会の解決すべき問題」『福音新報』第五八四号、一九〇六年九月六日＝『植村正久著作集6　教会と伝道』新教出版社、一九六七年、一八一—一八六頁）。なお、この時期のアメリカにおいて日本人の自給独立教会を設立したのは伴だけではない。E・A・ストージは一九一三年にサンフランシスコの教会合同を主導し、日本人移民による自給独立の教会を勧めた。また、オークランドの大久保真次郎が一九〇八年に第一会衆教会から独立して日本人独立組合教会（Japanese Independent Congregational Church）を設立し、一九一二年には自給教会になったという（吉田亮『アメリカ日本人移民とキリスト教社会——カリフォルニア日本人移民の排斥・同化とE・A・ストージ』二〇五頁）。また、安武留美によれば、一八九九年にメアリー・ボーエンがサクラメントで「日本人独立ミッション」を設立している（安武留美「北カリフォルニア日本人移民社会の日米教会婦人達」『キリスト教社会問題研究』第四九号、二〇〇〇年、四六—七六頁）。

(25) 伴武『基督教の美観』日本人独立基督協会、一九一七年、九—一〇頁。

(26) 同上書、五頁。

(27) 同上書、四七頁。

(28) 同上書、四頁。

(29) Brian Masaru Hayashi, *'For the Sake of Our Japanese Brethren': Assimilation, Nationalism, and Protestantism Among the Japanese of Los Angeles, 1895-1942*, p. 71.

(30) 筆者が一九二〇年代の『日米』『新世界』『羅府新報』紙を調べたかぎり、キリスト教会で日本映画が上映されることはほとんどなかった。在米日本人の仏教受容と日系コミュニティの文化変容については、島田法子「ハワイにおける日系人仏教にみる文化変容とアイデンティティ」（『立教アメリカン・スタディーズ』第二五号、二〇〇三年）三三—五一頁や、守屋友江『アメリカ仏教の誕生――20世紀初頭における日系宗教の文化変容』（現代史料出版、二〇〇一年）を参照されたい。

（31）Brian Masaru Hayashi, *'For the Sake of Our Japanese Brethren': Assimilation, Nationalism, and Protestantism Among the Japanese of Los Angeles, 1895-1942*, pp. 62-63.

（32）関口野薔薇「伴博士の永眠を悼む（上）」（『加州毎日』一九五六年二月一一日号）。関口野薔薇「伴博士の永眠を悼む（下）」（『加州毎日』一九五六年二月一三日号）も参照。

（33）Eichiro Azuma, "Racial Struggle, Immigrant Nationalism, and Ethnic Identity: Japanese and Filipinos in the California Delta, 1930-1941," in *Pacific Historical Review*（Vol. 67, No. 2, 1998）, p. 166. 東が参照したドークの論文は以下の二つの論文である。Kevin Doak, "Ethnic Nationalism and Romanticism in Early Twentieth-Century Japan," in *The Journal of Japanese Studies*,（Vol.22, No.1, 1996）, pp. 77-103; Kevin Doak, "What is a Nation and Who Belongs? National Narratives and the Ethnic Imagination in Twentieth-Century Japan," in *The American Historical Review*（Vol.102, No.2, 1997）, pp. 283-309.

（34）粂井輝子「国民の創生――在米日本人移民の第二世教育と米化運動」一三九頁。

（35）全米日系人博物館所蔵バン・コレクション中、松本本光『加州人物大観　南加之巻』（加州羅府昭和時報社、一九二九年）のなかに挟まれていた栞より。一九三〇年代に制作されたと推測される。

（36）伴ウォーレス信郎『太平洋に橋をかけよ』二四頁。

（37）『日米』紙（一九三四年一〇月から一一月）の新聞記事調査から、伴の「映画と講話」のスケジュールは以下の通りである。「日本民族文化講演と映画」（『日米』一九三四年一〇月八日号）や「博学なる博士の直面せる第二世問題につき講演」（『日米』一九三四年一〇月二五日号）といった見出しで伴の上映実践が紹介されている。一〇月一九日・二〇日・二一日は桑港金門学園ホール、一〇月二三日はオークランドの「湾東ホール」、二四日はギルロイの「学園ホール」、三一日はサンマテオの「仏教会ホール」、一一月二日・三日はサクラメントの「河下ホール」、一一月一一日・一二日はサクラメントの「昭和ホール」。なお、この上映会の「収益は今回太平洋文化教育会が購入した会館の払込みにあてるから観覧料はそのまま寄付金になる性質である」（「日本精神教育を高調　二大名画上映」『日米』一九三四年一〇月一〇日号）と記されていることから、伴の「太平洋文化教育会」の活動にとっての重要な資金源は、「映画と講話」によって集められた「寄付金」であったことが分かる。もちろん伴の上映会は一九二〇年代の映画興行と同様に、コミュニティの基金募集上映会として企画されたことが多く、「エスニック経済」の循環のなかで重要な役割を果たしていた。たとえばパサデナのボーイスカウト主催の「慈善映画会」として開催されたり（『加州毎日』一九三八年三月八日号）、「聖市合同教会婦人会主催」の上映会の「純益は本夏合同協会において開催される沿岸美以《みい》〔メソジスト〕、長老、組合各年会代表歓迎接待費の一部」にあてられたりした（『加州毎日』一九三八年三月九日号）。

(38)『日米』紙には、伴の講演内容が一〇回にわたる連載記事によって報告されている。天川勤「教育講座　青春の危機に臨める二世への警鐘　伴武博士の講演概要」『日米』一九三四年一〇月四日号、一〇月五日号、一〇月六日号、一〇月七日号、一〇月一九日号、一〇月二〇日号、一〇月二三日号、一〇月二四日号、一〇月二五日号、一〇月二六日号、の計一〇回の連載。

(39)『キネマ旬報』第四九九号、一九三四年三月一一日号、一一〇頁。

(40)外務省亜米利加局第一課は、仮に結婚対象年齢を男性二五歳以上、女性一八歳以上とすれば、ロサンゼルス領事館が管轄する地域内の結婚適齢者は、一九三五年一〇月現在で男子八五〇人、女子二〇〇〇人となり、女性過剰になると指摘している（亜米利加局第一課『「ロサンゼルス」事情　米一調書第四号（昭和十二年）』外務省亜米利加局第一課、一九三七年、一三五—一三六頁）。亜米利加局第一課『北米日系市民概況　米一調書第四号（昭和十一年）』（外務省、一九三六年、六一—六六頁）も参照。

(41)『日米』一九三四年一〇月二三日号。東栄一郎は、一九三〇年代のカリフォルニア州でフィリピン人男性と日系二世女性が結婚したことをきっかけに、フィリピン系移民の日系人商店に対するボイコット運動へと発展した事件をとりあげ、在米日本人の「エスニック・ナショナリズム」を分析している。東栄一郎『日系アメリカ移民――二つの帝国のはざまで』の第八章を参照されたい。

(42)『日米』一九三四年一〇月二六日号。日系人のインターマリッジについては、Paul R. Spickard, *Mixed Blood: Intermarriage and Ethnic Identity in Twentieth-Century America* (Madison: The University of Wisconsin Press, 1989) の特に第三章と第四章、Eileen H. Tamura, *Americanization, Acculturation, and Ethnic Identity: The Nisei Generation in Hawaii* (Urbana and Chicago: University of Illinois Press, 1994), pp. 183-187、そして Eiichiro Azuma, "Racial Struggle, Immigrant Nationalism, and Ethnic Identity: Japanese and Filipinos in the California Delta," pp. 170-172 などを参照され

たい。インターマリッジの問題は、アメリカ本土とハワイでは社会的文化的背景が異なるために区別して論じる必要があるだろうが、一世の文化的影響を受けた二世のインターマリッジの割合は、ほかのエスニック・グループに比べると極めて低かった。

（43）『日米』一九三四年一〇月二六日号。

（44）さらに同じ講演で伴は、「印度人や支那人にまで金で売られた日本娘、第二世の娘」（一〇月二四日号）の例を持ち出し、インド人と「支那人」の道徳心のなさを強調して、雑婚の不幸を語っている。

（45）Brian Niiya, ed., *Encyclopedia of Japanese American History* (Updated Edition), (New York: Checkmark Books, 2001), p. 398.

（46）タムラは戦前の日系社会における被差別部落出身者や沖縄県人に対する差別を指摘している。Eileen H. Tamura, *Americanization, Acculturation, and Ethnic Identity: The Nisei Generation in Hawaii*, pp. 192-195; Paul R. Spickard, *Mixed Blood: Intermarriage and Ethnic Identity in Twentieth-Century America*, pp. 94-98, 103-106も参照されたい。

（47）Etienne Balibar, "Nationalism and Racism," in *Race, Nation, Class: Ambiguous Identities* (London and New York: Verso, 1991), p. 37. なお映画学におけるナショナリズムとレイシズムの関連については、拙稿「アイヌ表象と時代劇映画――ナショナリズムとレイシズム」（加藤幹郎編『映画学的想像力――シネマ・スタディーズの冒険』人文書院、二〇〇六年、一三二―一四九頁）で論じたことがある。

（48）松本本光『加州人物大観　南加之巻』（加州羅府昭和時報社、一九二九年）のなかに挾まれていた栞より（全米日系人博物館所蔵のバン・コレクション）。

（49）"Foreign Fund Control Material Removed from Seized Property File of Closed San Francisco FFC Office," file in RG131-67A10-Box 523A, NARA.

（50）『日本の象徴』チラシ、太平洋文化教育会、発行年不詳〔一九五一年頃と推定〕、全米日系人博物館所蔵。なお、この『日本の象徴』のフィルムは東京国立近代美術館フィルムセンターに収蔵されている。

（51）本節の内容の一部は、拙稿「伊藤大輔生誕一一〇周年にあたって――『薩摩飛脚』の復元を中心に」（『NFCニューズレター』第八一号、東京国立近代美術館、二〇〇八年、二―三頁）の一部を追加・改訂したものである。

（52）「第十二号　フィルム検閲時報　輸出フィルムノ部」（『復刻版　映画検閲時報』第三三巻、不二出版、一九八六年、四六―四七頁)。同日、新興キネマは『晩春三日の夢』(伊奈精一監督、一九三八年)という現代劇映画も検閲申請をしており、同じく露木海蔵が「荷受人」として指定されている。

(53) 田村紀雄『海外の日本語メディア』(世界思想社、二〇〇八年)を参照されたい。

(54)『大陸日報』一九三九年一〇月五日、四面。

(55) いつ、どのような経緯で『薩摩飛脚』のフィルムが、ヴァンクーヴァーの露木海蔵からロサンゼルスの伴武へわたったのかはいまのところ不明であるが、このことは逆に、北米大陸における日本映画興行者たちのネットワークが、カナダとアメリカの国境を越えて構築されていたことを意味している。なお、東京国立近代美術館フィルムセンターは、寄贈された〈無声版〉『薩摩飛脚』のフィルムを二〇〇八年に修復して上映会を実施した。その際に、バン・コレクションのフィルムがたどってきた歴史を尊重する立場から、〈無声版〉を上映するさいに、弁士の澤登翠氏によるライヴ・パフォーマンスを付す選択を行なった。これはすなわち、『薩摩飛脚』の〈無声版〉が、一九三九年のヴァンクーヴァーの日系移民社会で上映された時のコンテクストを再現するという意味において、映画のオーセンティックな復元行為と位置づけることができる。映画復元における「歴史的価値」の重視については、拙稿「映画復元の倫理とテクノロジー——四つの価値の百分率」(塚田幸光編『映画とテクノロジー』〈映画学叢書〉ミネルヴァ書房、二〇一五年、二六九―二九〇頁)を参照されたい。

第六章

(1) 戦時下における敵国の財産は、当時の日本において「敵性財産」と呼称されており、一九四二年七月一四日に「敵性特許権処理要綱」が閣議決定された。Alien Property を「外国人財産」と訳すことも可能であるが、日本における通例を考慮して、本書では「敵性財産」と訳した。

(2) 関連する先行研究として、アメリカの議会図書館と国立公文書館に保管されている日本映画フィルムのコレクションを調査した宮本陽一郎の研究を挙げることができる。宮本は、占領期にGHQが日本で日本映画を没収したプロセスについて解説しているが、戦時下にアメリカ政府がアメリカ国内において日本映画を接収したプロセスについては不明だとし、仮説としてアメリカの占領地域か南米の日系社会において接収したのではないかと推測している。しかし本書で示すように、戦中に接収した日本映画の大部分は、アメリカ国内の日系人興行者が保有していたものである(宮本陽一郎「合衆国議会図書館および公文書館所蔵の接収日本映画の調査・同定研究」（*Cinemagazinet!*, No.6, http://www.cmn.hs.h.kyoto-u.ac.jp/CMN6/miyamoto.html：最終閲覧二〇一六年二月一二日）。

（3）大蔵省『第二次大戦における連合国財産処理　戦時篇』大蔵省、一九六六年、三頁。

（4）同上書、一六九頁。

（5）Office of Alien Property Custodian, *Annual Report for the Period March 11, 1942 to June 30, 1943*, in U. S. Office of the Alien Property Custodian, *Annual Reports: 1942–1946* (New York: Arno Press, 1977), p. 84.

（6）Ibid., p. 12.

（7）Ibid., p.16. なお、アメリカ政府が接収する財産は、（一）銀行預金や有価証券などの購買力となる財産と、（二）敵国企業の財産としての生産資源（Productive Resources）に分けることができるが、日本映画の著作権は（二）のカテゴリーに含まれる。

（8）戦時下における日系人の財産の損失については、村山裕三『アメリカに生きた日本人移民――日系一世の光と影』（東洋経済新報社、一九八九年）の第九章や、Leonard Bloom and Ruth Riemer, *Removal and Return: The Socio-Economic Effects of the War on Japanese American* (Berkeley and Los Angeles: University of California Press, 1949) を参照されたい。

（9）Office of Alien Property Custodian, *Annual Report for the Fiscal Year Ending June 30, 1944*, pp.111–112.

（10）Office of Alien Property Custodian, *Annual Report for the Fiscal Year Ending June 30, 1945*, in U. S. Office of the Alien Property Custodian, *Annual Reports: 1942–1946* (New York: Arno Press, 1977), p. 128.

（11）サンフランシスコ連邦準備銀行の主任銀行聴聞官アーウィン・ライトより、サンフランシスコ連邦準備銀行副支配人R・E・エヴァーソンへ。タイトルは「松竹会社について」。In “Foreign Funds Control. Film” file of RG131 (Record of the Office of Alien Property), Motion Picture Subject Files: 1942–1969 , Box 1, NARA.

（12）木村宗雄の生涯については、第四章の注（37）を参照。

（13）海外資産管理局の内部文書。ウォルター・デイからオーヴィス・シュミットへ。タイトルは「閉鎖された企業によって所有され、管理されていたフィルム」。In “Foreign Funds Control. Film” file of RG131 (Record of the Office of Alien Property), Motion Picture Subject Files: 1942–1969, Box 1, NARA.

（14）海外資産管理局のオーヴィス・シュミットより、サンフランシスコ連邦準備銀行副支配人・H・F・スレイドへ。In “Foreign Funds Control. Film” file of RG131（Record of the Office of Alien Property）, Motion Picture Subject Files: 1942-1969, Box 1, NARA.

（15）Anthony Slide, *Nitrate Won't Wait: A History of Film Preservation in the United States*（Jefferson: McFarland, 1992）, pp. 39-40. 一三〇〇万フィートという数値について、仮に長篇映画一本が九〇分（八一〇〇フィート）の作品だとすると、約一六〇〇本の敵国映画を接収したことになるが、これは先述した表5の数値に近いものである。

（16）Vesting order NO. 1639（8F.R. 8574, June 22, 1943）in RG 131（Record of the Office of Alien Property）, stack area B190, row 80, compartment 9, shelf 1, Box 360, NARA.

（17）Ibid..

（18）Ibid..

（19）Office of Alien Property Custodian, *Annual Report for the Fiscal Year Ending June 30, 1945*, pp. 127-128.

（20）Vesting order NO. 1639（8F.R. 8574, June 22, 1943）in RG 131（Record of the Office of Alien Property）, stack area B190, row 80, compartment 9, shelf 1, Box 360, NARA.

（21）サンフランシスコ外国資産管理局のトルーマン・マックレア調査官より、ワシントンDCの外国資産管理局のT・H・ボール調査官へ（一九四四年一〇月三一日付）。“Foreign Fund Control Material Removed from Seized Property File of Closed San Francisco FFC Office”File in RG131（Record of the Office of Alien Property）, Motion Picture Subject Files: 1942-1969 Box 1, NARA.

（22）一九四四年一一月二七日付　サンフランシスコ外国資産管理局のトルーマン・マックレア調査官より、ワシントンDCの外国資産管理局の chief of office service であるウォルター・ウィンドザーへの書簡。In “Foreign Fund Control Material Removed from Seized Property File of Closed San Francisco FFC Office,”File in RG131（Record of the Office of Alien Property）, Motion Picture Subject Files: 1942-1969 Box 1, NARA.

（23）接収映画は、敵国の国民性を研究する材料として利用された。ドイツ映画を分析したグレゴリー・ベイトソンの『大衆プロパガンダ映画の誕生』（一九四三年）や、ジークフリート・クラカウアーの『カリガリからヒトラーへ』（一九四七年）は、この学派の影響を受けて、戦中のニューヨーク近代美術館（MOMA）において調査・執筆された敵国国民性研究の成果である。Siegfreid Kracauer, *From Caligari to Hitler: A Psychological History of the German Film* (New Jersey, Princeton University Press, 1946 ＝クラカウアー『カリガリからヒトラーへ――ドイツ映画1918-1933における集団心理の構造分析』丸尾定訳、みすず書房、一九七〇年); Gregory Bateson, "An Analysis of the Nazi Film "Hitlerjunge Quex," in *Studies in Visual Communication* (Vol.6, No.3), 1943 ＝ベイトソン『大衆プロパガンダ映画の誕生――ドイツ映画『ヒトラー青年クヴェックス』の分析』宇波彰・平井正訳、御茶の水書房、一九八六年)。

(24) Office of Strategic Services Research and Analysis Branch, *Japanese Films: A Phase of Psychological Warfare: An Analysis of the Themes, Psychological Content, Technical Quality, and Propaganda Value of Twenty Recent Japanese Films* (Repot No. 1307), (Washington D.C.: Office of Strategic Services, 1944). この報告書に関する現時点でもっとも詳細な日本語文献として、長谷川倫子「研究ノート　戦時下アメリカにおける日本映画研究――『Japanese Films: A Phase of Psychological Warfare』を事例として」(『コミュニケーション科学』第二一号、二〇〇四年、九三―一三〇頁) がある。報告書の全訳が掲載されている長谷川論文は、本書の表6を作成するさいに参照した。

(25) Ruth Benedict, *The Chrysanthemum and the Sword: Patterns of Japanese Culture* (Boston: Houghton Mifflin Co., 1946. ＝ベネディクト『定訳　菊と刀――日本文化の型』長谷川松治訳、社会思想社、一九六七年)。

(26) ウォルター・ウィンドザーのメモランダム (一九四五年四月一三日付)。"Foreign Fund Control Material Removed from Seized Property File of Closed San Francisco FFC Office"File in RG131 (Record of the Office of Alien Property), Motion Picture Subject Files: 1942-1969 Box 1.

(27) ドナルド・キーン『日本との出会い』篠田一士訳、中央公論社、一九七二年、一二三―一二六頁。

(28) Donald Keene, "Kurosawa," in *Grand Street* (Vol. 1, No.4, Summer 1982), pp. 140-145.

(29) ハーバート・パッシン『米陸軍日本語学校――日本との出会い』加藤英明訳、ＴＢＳブリタニカ、一九八一年、七五―七六頁。

(30) 同上書。

(31) Office of Alien Property Custodian, *Annual Report for the Fiscal Year Ending June 30, 1946*, in U. S. Office of the Alien Property Custodian, *Annual Reports: 1942-1946* (New York: Arno Press, 1977), pp. 114-115.

(32) Office of Alien Property Custodian, *Annual Report for the Fiscal Year Ending June 30, 1945*, p.127.

（33）敵性財産管理局調査局（ワシントンＤＣ）のホーマー・ジョーンズより敵性財産管理局実行委員会（executive committee）へ。"Investigation Matters-Los Angeles" file in RG131（Record of the Office of Alien Property）, Motion Picture Subject Files: 1942–1969 Box 1, NARA。

（34）Ibid..

（35）イチロウ・マイク・ムラセ、米谷ふみ子、景山正夫『リトル・トーキョー一〇〇年』新潮社、一九八七年、一〇六―一〇八頁。

（36）富士館営業再開のチラシ（バン・コレクション、全米日系人博物館所蔵）。

（37）「日米興行の最新トーキー　国際劇場で続々上映」『ハワイ・タイムズ』一九四六年七月二六日、四面。

（38）『灰燼』興行チラシ（バン・コレクション［91.61.2］、全米日系人博物館所蔵）。

（39）『新世界』（一九二二年三月六日号）に、サンフランシスコの興行会社桑港興行の広告が掲載されており、桑港興行に所属する「第二巡業部」の弁士として、秋田遊民と松葉美佐子の名前が記載されている。

（40）司法長官補佐のデヴィッド・L・バゼロンが作成した一九四七年一〇月二七日付けの司法省敵性財産局（Department of Justice, Office of Alien Property）書類「日米キネマ会社の要求［要求番号四八〇〇］について」（in RG131, Box 341, vo. 246, NARA）。

（41）一九四六年九月三一日付け新聞切抜き（新聞名不祥）「敵性財産の疑い晴れて　日米キネマフィルム返還」（バン・コレクション［91.61.2］、全米日系人博物館所蔵）。

（42）司法長官補佐のデヴィッド・L・バゼロンが作成した一九四七年一〇月二七日付けの司法省敵性財産局書類「日米キネマ会社の要求［要求番号四八〇〇］について」。

（43）Ibid..

（44）一九四六年一二月二日に、大統領命令第九七八八号によって敵性財産管理局のすべての機能と権限は、司法長官に移管された（ただし実務上は、司法長官の代理として、「外国人財産局」〔Office of Alien Property〕が責任を負っていた Martin Domke, *The Control of Alien Property. Supplement to Trading with the Enemy in World War II*（New York: Central Book, 1947）, p. 302.

（45）Ibid..

(46) アメリカの映画人は、敵性財産管理局に使用許諾申請をおこなって許可されれば、敵国の接収映画を利用することができた。使用許諾の種類としては、配給権、商業的興行権、テレビ放映権、ストック・フッテージの使用権、リメイク権、一六ミリ・フィルムの配給権などに分類されていた。Office of Alien Property, *Motion Pictures of German Origin: Subject to Jurisdiction of Office of Alien Property* (Washington: U.S. Department of Justice, Office of Alien Property, 1952), p. iii.

(47) *United States Statutes at Large 1962*, Volume 76 (Washington: United States Government Printing Office, 1963), pp. 1107–1117, 1139–1140.

(48) 福間敏矩「米国議会図書館に保管されていた日本映画の返還について」『東京国立近代美術館年報(昭和45年度)』東京国立近代美術館、一九七二年、八三―九三頁。

(49) 現在アメリカ議会図書館に収蔵されている日本映画は、敵性財産管理局が戦中に接収したフィルムだけでなく、戦後に占領軍のGHQが没収した数多くの日本の戦中映画も収蔵されている。GHQによる日本の戦中映画の没収については、竹前栄治・中村隆英監修『GHQ日本占領史19　演劇・映画』(日本図書センター、一九九六年)や、平野共余子『天皇と接吻――アメリカ占領下の日本映画検閲』(草思社、一九九八年)を参照のこと。

(50) 阿部慎一「ワシントンで見た日本の接収映画」『朝日新聞(夕刊)』一九六四年一一月一八日号、五面。

(51) 福間敏矩「米国議会図書館に保管されていた日本映画の返還について」八九頁。

(52) 同上、八七頁。

(53)『朝日新聞(夕刊)』一九六七年一一月九日号。

(54)『朝日新聞』一九六八年五月二八日号。なお、一九六〇年代の三カ年計画の後、一九八四年に「第四次返還映画」として一〇〇作品弱の可燃性フィルムが追加で議会図書館から日本へ運ばれた。不燃化されたフィルムは現在東京国立近代美術館フィルムセンターに収蔵されている。

(55) 岡島尚志「アメリカで発見された『乳姉妹』」『NFCニューズレター』第三号、東京国立近代美術館フィルムセンター、一九九五年、七頁。

(56) 日本政府も、戦時にアメリカのコダック社が保有していたカラーフィルムの特許権を接収し、当時立ち遅れていたカラーフィルムの開発に流用した。詳細は、拙稿「昭和13・14年度の都をどりにおけるカラー・フィルム媒体――コダクロームと国産カラーフィルム開発」『芸能・演劇分野の無形文化財保存の方法に関する基礎的研究』立命館大学アート・リサーチセンター、二〇〇一年、一三一—一三六頁。

第七章

（1）American Film Institute ed., *Within Our Gates: Ethnicity in American Feature Films, 1911-1960*（University of California Press, 1997）, pp. 1567-1568. この書名は、アフリカ系アメリカ人映画監督のパイオニアであるオスカー・ミショーの監督作品に同名のタイトルがあり、それにちなんでつけられた書名である。なお、この『我らが門の内にて』という書名は、加藤幹郎『映画とは何か』（みすず書房、二〇〇一年）における邦訳にならった。

（2）Judith N. Goldberg, *Laughter Through Tears: The Yiddish Cinema*. London（Toronto: Associated University Presses, 1983）; Eric A. Goldman, *Visions, Images, and Dreams: Yiddish Film Past and Present*（Ann Arbor, MI: UMI Research Press, 1983）; J. Hoberman, *Bridge of Light: Yiddish Film Between Two Worlds*（Philadelphia: Temple University press, 1995）。日本語文献としては、上田和夫『イディッシュ文化——東欧ユダヤ人のこころの遺産』（三省堂、一九九六年、六四—六七頁）にイディッシュ映画史の概説がある。また、柳下毅一郎はアメリカで制作された「人種向け映画」として、イディッシュ映画とアフリカ系観客をターゲットしたブラックスプロイテーション映画を挙げている。柳下は、ゴールドマンやホバーマンによる主要な先行研究を参照しつつ、イディッシュ映画の監督であるジョゼフ・サイデンやジョゼフ・グリーン、エドガー・G・ウルマーを紹介している。柳下毅一郎『興行師たちの映画史——エクスプロイテーション映画全史』青土社、二〇〇三年、二一〇—二四七頁。

（3）Joseph Cohen, "Yiddish Film and the American Immigrant Experience," in Sylvia Paskin ed., *When Joseph Met Molly: A Reader on Yiddish Film*（Nottingham: Five Leaves Publications, 1999）, p. 12.

（4）Ibid., p. 14.

（5）Richard Koszarski, *An Evening's Entertainment: The Age of the Silent Feature Picture, 1915-1928*（New York: Scribner, 1990）, p. 48.

（6）Patricia Erens, "The Yiddish Cinema in America," in *Film Comment*（January-February, 1976）, p. 53.

（7）Ibid., p. 48.

（8）代表的アンソロジーとして以下のものが挙げられる。Russell Leong ed., *Moving the Image: Independent Asian Pacific American Media Arts* (Los Angeles: UCLA Asian American Studies Center Press, 1992); Jun Xing, *Asian America through the Lens: History, Representations, and Identity* (California: AltaMira Press, 1998).

（9）在米日本人会事蹟保存部『在米日本人史』（在米日本人会、一九四〇年、七〇三—七〇五頁）。戦後に書かれた多くの「日系人史」は、この『在米日本人史』（一九四〇年）の情報を転載したものが多い。たとえば、越後道順編『南加州日本人史』（南加日系人商業会議所、一九五七年）の「映画」（一〇二—一〇四頁）の情報は、『在米日本人史』の情報を部分的に再録したものにすぎず、新たな情報はまったくない。

（10）新日米新聞社『米国日系人百年史——在米日系人発展人士録』新日米新聞社、一九六一年、一五九—一六三頁。

（11）『日米』一九一二年一〇月二〇日号。

（12）Doug Katagiri ed., *Nihonmachi: Portland's Japantown Remembered* (Portland: Oregon Nikkei Legacy Center, 2002), p. 8.

（13）「一九一二年頃には央州社より映画雑誌『ヤマトクラブ』〔中略〕を発行していた」（原文ママ。強調は引用者。『米国日系人百年史——在米日系人発展人士録』一六八頁）。引用文中の「ヤマトクラブ」は「ヤマトグラフ」の誤りであろう。

（14）『日米』一九一三年六月七日号。

（15）成沢玲川『音と影——ラジオとカメラの随筆集』三省堂、一九四〇年、一頁。

（16）「成澤氏の須市〔ストックトン〕行　ポートランド央州日報社員成澤金兵衛氏は、活動写真にて在米同胞の発展状況を故国に紹介せんがため、過日来滞桑各方面の撮影中なりしが、ひとまず当地を切り上げ、昨日スタクトンに向け出発したり、なお同氏は同地方の撮影を終りたる後、桜府〔サクラメント〕布市〔フレズノ〕経て、羅府に赴き、本月下旬更に当地に引き返す予定なりという」（『日米』一九一三年六月一八日号）。その後の新聞記事によると、成沢氏はフレズノには赴かず、サクラメントを二度訪れた。

（17）「昨一八日牛島農園を訪いたるが、本日帰りての談に依れば、牛嶋農園においてツラ《マ》クシヨ《マ》ン園の荒地開墾の痛快なる光景をはじめ溝掘り、アニオン種の摘み取り仕事、ヘイ刈りおよび夕方の馬車の引上げ等、一〇数種七〇〇フィートに□〔一字判読不能〕りて撮影したるが、今まで撮り来りたる日本人市街等の活動物少なき性質のものに反し、大仕掛けの同胞活動ぶりは確かに故国において大歓迎を受くるに相違なかるべしといいおれし、氏は本日夕刻桜府へ向け出発せる」（『日

米』一九一三年六月二一日号)

(18)『日米』一九一三年六月二三日号。

(19)「昨日加州州庁及びその他重なる白人区域を撮影し後、仏教青年会をも撮りたるがタウンの同胞商業区は羅府よりの帰路に再び立ち寄り撮影することとしたりという、ちなみに本日は午前一〇時より日本人小学校の模様を撮影すと」(『新世界』一九一三年六月二三日号)。

(20)「一昨日来羅せる央州日報社支配人成澤金兵衛氏は、在米同胞の実況を故国に知らせんため活動写真のフィルムに納むる目的にて来たりたるよしなるが、本日は佐村氏のいるドミングスの飛行学校を撮影のはずなりと」(『日米』一九一三年六月二七日号)。

(21)「一昨日ポート・ロサンジェルスの同胞漁業村光景と漁船桟橋の配合など写し、遠山氏の太平洋丸に搭乗し近海を周遊し、海上より望みし遠景の漁村などフィルムに収め、南加の同胞が斯業に発達しおるに驚き、コヴナに至り同地在住の同胞が経営する養豚場の実況を撮影して夕方帰羅せしが、昨日は午前一〇時頃ドミングス原頭の飛行学校の□□〔二字判読不能〕と同胞飛行学生が練習の模様を実写し帰羅したり」(『日米』一九一三年六月二九日号)。

(22)『日米』の一九一三年七月一五日号(第一回)、一九一三年七月一九日号(第二回)、一九一三年七月二〇日号(第三回)、一九一三年七月二二日号(第四回)、一九一三年七月二六日号(第五回)、一九一三年七月二九日号(第六回)に連載された。

(23)『日米』一九一三年八月二三日号。仮に九〇〇〇フィートを当時の標準的回転速度である一秒間一六コマで映写すると、約一五〇分(二時間半)の上映時間になる。もちろんフィルムのかけかえ作業の時間もあるので、興行時間の総計が三時間以上あってもおかしくはない。

(24)『朝日新聞』一九一二年一〇月二九日、四面。

(25)「同胞活動写真大好評　央州日報社の成澤金兵衛氏は、在留同胞発展状態を撮影したる活動写真画は、故国において非常なる好評を博し、各新聞とも筆をそろえてその有益なるを賞賛し、なかにも排日の策源地たる加州庁やフローリンのブラウン嬢の写真なぞはもっとも深き印象をあたえるものなりと国際的活動写真なりとまで賞賛したる新聞もありたりと」(『新世界』一九一四年一月六日号)。

(26)Daisuke Miyao, *Sessue Hayakawa: Silent Cinema and Transnational Stardom* (Durham, N.C.: Duke University Press,

2007), pp. 26–28；鳥海美朗『鶴子と雪洲――ハリウッドに生きた日本人』海竜社、二〇一四年、八五頁。

(27)「近頃活動写真においては日白〔日本人と白人〕間にまたがり新演劇が非常に喝采を博せるをもって活動写真会社は競争的に日本婦人を雇い入れる由なるが、それがため青木鶴子を目下引っ張りだことなりあれやこれやと選択中、今回松本マツという婦人の周旋にて俳優マクネルとかいう者と組になり、過日谷活動写真〔谷文五郎の経営する映画館・萬国座〕にて開演したる『恋か忠か』にやや似寄りたる演劇をなす事となり、目下ポートロサンジェルスの活動写真劇場において演習中なるよしなり、なおまた松本マツ婦人は演劇用日本服調製のため同会社に雇われ目下裁縫中なる由なるが、同会社にては今回日本服（男女両服共）一切を新調する由なり、このほか各所のデーウオークボーイを引っぱり出し劇中に雇い入れる事もおうおうある由なるが、これが少し考え物にていたずらに賃金のみに眩惑し見苦しき日本醜態の劇などには加わらざるよう注意せらるべし」（『新世界』一九一三年一一月一四日号）。一九一三年にはそのほかにもアメリカ・フィリピン戦争（一八九九―一九〇二）をテーマにしたアメリカ映画の製作に、日本人移民が「フィリピン土人」の役として出演したことが明らかになり、「国民の面目を潰すようなことは辞めてほしい」とその役者を非難する新聞記事が掲載された（「活動写真の役者　下らぬ役に使わるるな」『新世界』一九一三年一一月二五日号）。

(28) ヤマトグラフはアメリカの排日運動に対する反応として政治的な目的のもとに生まれた映画会社である。そのいっぽうで、日系コミュニティの集団的な記憶を記録し、コミュニティの結束を強化する役割をになった日系移民による映画制作会社も存在した。遅くとも一九一三年にはハワイのホノルルに平野活動写真会社という映画制作会社が設立されており、日系社会の出来事や行事を撮影しては、その数日後に日系人の劇場で上映をおこなっていた。一九一三年九月、ホノルルの日系新聞『布哇報知』が主催する「慰労遠足会」が開催され、その様子を平野活動写真が撮影した。遠足会の映像は約一〇日後に、日系人が経営する劇場「ホノルル座」において上映され、入場者は一〇〇〇人を越える盛況だった（『布哇報知』一九一三年九月八日号）。同年一一月にも平野活動写真は「布哇中学女学」と「本願寺小学校」の連合運動会の様子を撮影し、同じ「ホノルル座」で上映している（『布哇報知』一九一三年一一月一五日号）。

(29)「日米活動　フィルム会社の設立はいよいよ確実となり過日その創立式〔を〕八重園において挙行せり。資本金五万ドル。長谷川定次氏を社長とし、松本ほか五名の諸氏重役となり予定の活動に着手するに至れり。なお来る八日出帆の春洋丸にて同社社員を故国に派遣してよって撮影したる在留同胞奮闘の実況を故国民に紹介すると同時にさらに故国民の美風を撮影しそれを米国に輸入してもって彼の交換教授の轍にならい日米親交上に大々的資する処あるべしと」（『新世界』一九一四年一月八日号）。

(30)「活動写真撮影　南加に設立したる日本フィルム会社の高田氏およびほか二名の人々は桑港市内日本人の状態を始め大博建築その他各方面のフィルムを作らんため一昨日桑港目下滞在中なるが本日は大博会社を訪い同会社の紹介にて市内各商店等の撮影をなすべしと」（『新世界』一九一四年二月一三日号）。

(31)「撮影したる活動画を日本に送り大正博出品する手続をなしおりしが、許可せられたるをもって、本日羅府に帰り本月中に日本に還る準備をなすよしにて、それまでには桑港において一度公衆に観覧せしむる考えなりと」（『新世界』一九一四年三月七日号）。「フィルム社副社長帰国　加州同胞の発展状態および墨国の同胞実状、特にまた服部氏葬儀の模様までも撮影したる日米フィルム会社の副社長本村軍太郎氏は、該写真を大正博覧会にて縦覧に供するため昨日出帆の満州号にて帰国せり」（『新世界』一九一四年四月三〇日号）。

(32)『新世界』一九一四年三月二一日号。

(33) アケミ・キクムラ＝ヤノ編『アメリカ大陸日系人百科事典――写真と絵で見る日系人の歴史』明石書店、二〇〇二、三七四―三七五頁。

(34) 写真結婚については、イチオカ・ユウジ『一世――黎明期アメリカ移民の物語り』（刀水書房、一九九二年、一八二―一九五頁）や、柳澤幾美「『写真結婚』移民禁止の経緯―日米外交の視点から」（『移民研究年報』第一〇号、二〇〇四年、九七―一〇七頁）を参照。一九一八年に『布哇報知』に連載された連載小説「呼寄ロマンス」は、写真結婚をテーマにしたものである。この小説と映画『ピクチャー・ブライド』（一九九五年）を分析した論文として、矢口祐人「「ピクチャーブライド」のポリティクス」（『立教アメリカン・スタディーズ』第二二号、二〇〇〇年、一一七―一四六頁）がある。

(35)「弁士付き活動写真」（『新世界』一九一四年三月二八日号）。上映は午後七時より開演で、興行時間は三時間以上あり、入場料は二五セント、と同日号の広告に記載されている。

(36)『新世界』一九一四年三月二八日号。

(37) 原題は *Marriage by the Portraits* で、九一五フィート（一五～一六分。一六コマ換算）、製作・配給会社は日米フィルムと記されている。ほかにも日米フィルムが制作した『米国加州ロサンゼルス市日本人幼稚園』(*Japanese Kinder-Garten at Los Angeles, Cal ,USA*) も日本で封切られている（一九一五年七月上旬、横浜オデオン座）。世界映画史研究会編『舶来キネマ作品辞典』（科学書院、一九九七年、一〇一四、一九九一頁）を参照のこと。

（38）"Japanese-American Film Company," in *Moving Picture World* (Vol.22, No.3, 1914. Oct.17), p. 314.

（39）Anthony Slide, *The New Historical Dictionary of the American Film Industry* (Lanham, Maryland, and London: The Scarecrow Press, 2001), p. 179. ソイヤー配給会社が設立された一九一四年五月以降、日米フィルムの作品は、アメリカ人の配給会社によって、アメリカの映画館で興行されていた可能性が高い。二年後に横浜で公開された時も、このソイヤー配給会社が日本に配給した可能性があるだろう。

（40）日米フィルムは一九一四年初頭に設立されているので、この記事が執筆された一九一四年一〇月時点で実際はまだ一年も経過していないが、この記事で言及されている日本人の映画会社が、『写真結婚』を制作した日米フィルムと同一であることは間違いないだろう。さらに、『ムーヴィング・ピクチャー・ワールド』誌の記事によると、日米フィルムの社長はK・ヌマモト、秘書はJ・タナカ、主演女優は二〇歳のヒサヌマであるという。また男優で三〇歳のトミモリはもともと日本の舞台俳優（a star of the Japanese legitimate stage）で、過去二シーズンはブロンコ・フィルム（Broncho Film）で活躍しているという。ブロンコ・フィルムとは、トーマス・インスが経営していたプロダクションのひとつである。そのほかにも女優のコハノ・アラキと青年俳優のジャック・Y・アベの名が記載されている。「ジャック・Y・アベ」とは、のちの映画監督・ジャック阿部（阿部豊　一八九五―一九七七）である。宮城県に生まれた阿部は一九一二年に叔父を頼ってロサンゼルスへ渡る。演劇学校で学び、一九一四年にトーマス・インスの撮影所のエキストラとして出演しはじめる（『日本映画監督全集（キネマ旬報増刊一二・二四号）』第六九八号、キネマ旬報社、一九七六年、一六頁）。阿部はトーマス・インスの撮影所に入る前に、日米フィルムの俳優として活躍していたのである。

第八章

（1）『地軸を廻す力』に関する情報は以下の文献を参照した。『羅府新報』（一九二九年一一月三〇日号、一九二九年一二月二日号〔英語欄〕、一九三〇年四月二五日号、一九三〇年四月二八日号〔英語欄〕、一九三〇年六月一四日号、一九三〇年六月二〇日号、一九三〇年六月二二日号、一九三〇年六月二三日号〔英語欄〕、一九三〇年六月二五日号、一九三〇年六月二六日号、一九三〇年六月二七日号、一九三〇年七月一日号、一九三〇年九月二〇日号、一九三〇年九月二二日号〔英語欄〕）、『日米』（一九三〇年三月二五日号）、*Within Our Gates: Ethnicity in American Feature Films, 1911-1960*, p. 197.

（2）「日本語のトーキー近く撮影開始」『羅府新報』一九二九年一一月三〇日号。特に言及がないかぎり、本段落の情報はすべてこの記事からとっている。
（3）一九三二年の正月に、松本若葉が主催するハリウッド日本芸術協会が「移民劇」を上演した（『羅府新報』一九三二年一月七日号）。
（4）『羅府新報』の一九二九年一一月二六日号および一九二九年一一月二七日号を参照。また前田照男は、一九三〇年に東京で発行された『アメリカ文芸集』（山崎一心編、新生堂）に、「HollyWood の投影」という小説を執筆しており、小説も書いていたようだ。
（5）「NIPPON TALKIES START HERE」『羅府新報』一九二九年一二月二日号、英語欄。
（6）ハウの回想によれば、『地軸を廻す力』の制作資金は一万二〇〇〇ドルであり、そのうち四五〇〇ドルをハウみずから負担したという。"James Wong Howe," in *Films in Review*.（April. 1961）. p. 219 を参照。
（7）『地球を廻す力』の英語タイトルは、その後「Turning the Earth's Axis」から「Eternal Passion」（永遠の情熱）に変更され、さらに「The Tragedy of Life」に変更された。『羅府新報』一九三〇年四月二八日号（英語欄）、および一九三〇年九月二二日（英語欄）を参照。
（8）「出来ました『地軸を廻す力』が」『日米』一九三〇年三月二五日号。
（9）「日本トーキー撮影済み」『羅府新報』一九三〇年四月二五日号。
（10）「All-Nippon Talkie near Completion」『羅府新報』一九三〇年四月二八日、英語欄。特に言及がないかぎり本段落の情報はすべてこの出典から取った。ヘンリー・オオカワは、日本生まれの映画俳優大川平八郎（一九〇五―一九七一）の可能性が高い。大川は一九二三年から一九三三年までアメリカに滞在し、ハリウッド映画に出演していた。一九五七年の英米合作映画『戦場にかける橋』（*The Bridge on the River Kwai*）に出演したときの芸名はヘンリー大川であった。『日本映画俳優全集・男優編』キネマ旬報社、一九七九年、九六頁。
（11）原作・脚本が実際に日本人からアメリカ人へ変わったのかどうかは不明である。というのは、ワーウィックの名前はその後の英語欄記事に一度もでてこなければ、〔意図的かどうかは分からないが〕日本語版の新聞記事に一度も取りあげられていないからである。
（12）「地軸を廻す力は予想以上の出来」『羅府新報』一九三〇年六月一四日号。
（13）「日本人のトーキー」『羅府新報』一九三〇年六月二〇日号。

（14）「Brooklyn Theatre Books Nippon Talkie」『羅府新報』一九三〇年六月二三日号、英語欄。

（15）『羅府新報』一九三〇年六月二五日号。

（16）「発声映写機到着し『地軸を廻す力』上映」『羅府新報』一九三〇年九月二〇日号。

（17）富士館で公開された『大都会　労働篇』の新聞広告には「弁士　木村宗雄」の名前があることから、このフィルムは弁士の語りを必要とするサウンド版であったことがわかる。『大都会　労働篇』が効果音や主題歌のみをサウンドとして挿入した「サウンド版」であったことは、岩崎昶『映画史』（東洋経済新報社、一九六一年、九五頁）にも記載されている。サウンド版については、拙稿「映画館における観客の作法――歴史的な受容研究のための序論」（黒沢清・四方田犬彦ほか編集『日本映画は生きている』第一巻、岩波書店、二〇一〇年、二二七―二四九頁）を参照されたい。

（18）Junko Ogihara, "The Exhibition of Films for Japanese Americans in Los Angeles During the Silent Film Era," in *Film History*（Vol.4, No. 2, 1990）, p. 87.

（19）一九三〇年の一〇月四日と五日に西本願寺ホールで興行されて以降、『地軸を廻す力』が日本へ輸出されたという記録も残っていなければ、ほかの日系社会で上映された記録すら見あたらない。なお、『キネマ旬報』の一九三〇年一月二一日号に「ハリウッドで邦語トーキー制作」という記事が掲載されているが（一一頁）、これは一九二九年一二月二日付『羅府新報』の英語欄記事をもとにした制作予定の記事にすぎない。

（20）一九二〇年代初頭までのハリウッドの世界戦略については、Kristin Thompson, *Exporting Entertainment: America in the World Film Market, 1907-34*（London: British Film Institute, 1985）を参考されたい。

（21）複数言語ヴァージョンについては、Ginette Vincendeau, "Hollywood Babel," in *Screen*（Vol. 20, No. 2, 1988）, pp. 24-39; Natasa Durovicova, "Translating America: Hollywood Multilinguals 1929-1933," in Rick Altman ed., *Sound Theory Sound Practice*（New York: Routelege, 1992）, pp. 138-153; Donald Crafton, *The Talkies: American Cinema's Transition to Sound, 1926-1931*（New York: Scribner, 1997）, pp. 418-441; 北田理恵「サイレントからトーキー移行期における映画の字幕と吹き替えの諸問題」（『映像学』第五九号、一九九七年、四一―五六頁）などを参照されたい。

（22）映画の一部分のみ各国語を話す俳優が出演する場合もあった。たとえば『パラマウント・オン・パレイド』（*Paramount on Parade*, 一九三〇年、同年に日本でも封切）という歌をメインにしたレビュー映画は、スペイン語版、フランス語版、ドイツ語版、イタリア語版、スウェーデン語版、日本語版など計一三のヴァージョンが作成された。日本語版の場合、当時の日本における人気弁士であった松井翠声（日系社会で活躍した弁士・松井翠民とは別人）が日本語による司会役として部分的に出演した。Harry Waldman, *Hollywood and the Foreign Touch: A Dictionary of Foreign Filmmakers and Their Films from America, 1910-1995* (Lanham, Md. & London: The Scarecrow Press, 1996) p. 115 ; Donald Crafton, *The Talkies: American Cinema's Transition to Sound, 1926-1931* (Berkeley and Los Angeles : University of California Press, 1999), p. 424を参照されたい。

（23）*Within Our Gates: Ethnicity in American Feature Films, 1911-1960*, p. 860を参照。*La Rosa de Fuego*（一九三〇年三月二九日に初公開）は、『地軸を回る力』の制作以前に撮影されたようだ。ハウの回想によると、トム・ホワイトのモンロヴィア撮影所は「オレンジの箱詰め小屋」のような粗末な撮影所であったという。"James Wong Howe", p. 219.

（24）数値は、David K. Yoo, *Growing Up Nisei: Race, Generation, and Culture among Japanese Americans of California, 1924-1949* (Urbana and Chicago: University of Illinois Press, 2000) p. 5に掲載された表「一九〇〇年から一九四〇年におけるカリフォルニア州の二世人口数」より、筆者が計算したものである。

（25）二世の問題化は、一九二〇年代における日系新聞の英語欄の変化からも確認できる。一九二五年二月、『新世界』紙に全文英語による漫画「フィリックス」（*Felix*）が、毎週日曜日に連載されることになった。新聞社がこの連載開始にあたって意図したことは、二世のための娯楽を提供するとともに、言語的な壁が存在した一世と二世をつなぐ架け橋を提供することであった。それゆえ「御可愛らしい坊ちゃま嬢ちゃまのお口から黒猫の活動を御聞き下さい」（『新世界』一九二四年二月一六日号）という宣伝文句が掲載されることになったのである。

（26）日本の代表的映画雑誌『キネマ旬報』や、世界映画史研究会編『舶来キネマ作品辞典』（科学書院、一九九七年）を調査したかぎり、『地軸を廻す力』は日本で公開されていない。

（27）"James Wong Howe," p.219.

（28）北田は、アメリカで制作されたフランス語版の複数言語ヴァージョンがフランス人観客の失笑を買ってしまったことを指摘している。「吹き替えにも共通する問題であるが、外国で制作された作品の台詞には、翻訳文であれそのままの口語であれ当時のフランス国内での表現や発音の仕方とどうしても多少のずれが生じ、それが現地［フランス］の観客の失笑を買うことも少なくなかった」（北田理恵「サイレントからトーキー移行期における映画の字幕と吹き替えの諸問題」五〇頁）。

(29)「地軸を廻す力は予想以上の出来」（『羅府新報』一九三〇年六月一四日号）。同様の指摘は英語欄の記事でもなされている。"Talkie will Received by Many Critics."（『羅府新報』一九三〇年六月一六日号、英語欄）。

(30)「ラジオKSY」『羅府新報』一九三〇年七月一日号。

(31) 小森陽一『日本語の近代』岩波書店、二〇〇〇年、二三四―二三五頁。

(32) 安田敏朗『〈国語〉と〈方言〉のあいだ――言語構築の政治学』（人文書院、一九九九年）の序論および第一章を参照されたい。

(33)「放送子」自身が『地軸を廻す力』を実際に見て／聴いていないまま執筆していることは重要で、そのためより一層、「放送子」の言説における〈日本語〉のヒエラルキーが鮮明に浮かび上がってくる。「放送子」は、映画のなかで発せられた具体的な一世と二世の俳優の台詞を聞いていない。もし聞いたとすれば、日本の地方出身者が多くを占めていた移民社会のなかで〈標準語〉で発話していない一世俳優の台詞も問題にしたのではないだろうか。

(34)「ラジオKSY」『羅府新報』一九三〇年七月一日号。

(35) 一九三六年にロサンゼルスで、二世俳優が出演した映画『伸び行く二世』（*The Growing Nisei*、ハリウッド映画研究会制作）が制作されたが、この作品は一九三六年というトーキー映画時代であるにもかかわらずサイレント映画として制作された。『伸び行く二世』については、東栄一郎が分析をしており、「移民世代の視点から第二世問題のおもな側面を描いており、それは世代間の衝突から、異人種間の恋愛の悲劇、アメリカ都市部での機会の少なさ、青少年犯罪、道徳的堕落、そして復活をかけて農業に戻る必要性」が描かれたサイレント映画であった（東栄一郎『日系アメリカ移民――二つの帝国のはざまで』飯野正子監訳、明石書店、二〇一四年、二〇五頁）。

おわりに

(1) Yuji Ichioka, "A Study in Dualism: James Yoshinori Sakamoto and the Japanese American Courier, 1928-1942," in *Amerasia*, 13: 2 (1986-1987), pp.49-81. ただしこの先駆的なイチオカ論文は、補償問題が解決する前に発表されたものであるために二世の問題に限定されており、一世の日本に対するナショナリズムを真正面から論じることはない。この論文はイチオカの死後、二〇〇六年に英語の論文集にまとめられ、二〇一三年に日本語版が出版された。Yuji Ichioka, *Before Internment: Essays in Prewar Japanese-American History* (Stanford: Stanford University Press, 2006). ＝イチオカ（ゴー

ドン・H・チャン、東栄一郎編）『抑留まで——戦間期の在米日系人』彩流社、二〇一三年。

（2）Giorgio Bertellini, “Ethnic Self-Fashioning at the Café-Chantant,” in William Boelhower and Anna Scacchi eds., *Public Space, Private Lives: Race, Gender, Class and Citizenship in New York, 1890-1929* (Amsterdam: VU University Press, 2004), pp. 40-41.

（3）Etienne Balibar, “Nationalism and Racism” in *Race, Nation, Class: Ambiguous Identities*, p. 37.

（4）米山裕「国内問題としての移民研究とアメリカ史の伝統」『移民研究年報』第五号、一九九八年、九〇頁。

（5）Benedict Anderson, “The New World Disorder,” in *New Left Review* 193 (1992), pp. 3-13＝アンダーソン、抄訳「〈遠隔地ナショナリズム〉の出現」関根政美訳（『世界』一九九三年九月号、一七九—一九〇頁）。

（6）イーストマン・コダック社が一九二八年年から一九三八年まで発売していたカラーフィルムで撮影されている。撮影時と映写時に特殊なフィルターをレンズの前に装填することでカラー映像になる。神戸映画資料館には、コダカラーで撮影されたアマチュア映画のフィルムが一五本程度収蔵されている。

（7）ドリームランド・オーディトリウムは、サンフランシスコの日本人街のとなりに位置する会堂であった。戦後は「ウィンター・ランド」という劇場になり、一九六〇年代から一九七〇年代にかけては大規模なロック・コンサートが数多く行なわれた。

（8）『日米』一九三三年四月一二日（三）。このフィルムの発見は、二〇一五年一一月二〇日の『朝日新聞』（夕刊）において「国際連盟退席の松岡洋右、カラー動画発見　米で演説の姿」の記事として報道された（執筆は編集委員の永井靖二）。

あとがき

本書は、戦前にアメリカへ渡った日本人移民たちが、アメリカで映画というメディアとどのように関わったのかという点を、移民たちのアイデンティティの構築と変容という観点から考察したものである。本書の特徴は、筆者の専門である映画学の方法論をベースに、映画観客の歴史、映画を受容することの歴史、そして映画が消費される歴史に注目し、エスニック研究（特に日系アメリカ人研究）や地域研究（特に日本学）といった学問領域の先行研究を積極的に導入した点である。このような領域横断的なアプローチは、近年の映画史研究におけるひとつの潮流になりつつある。みずから「ニュー・シネマ・ヒストリー」（新しい映画史）を標榜する映画学者のリチャード・モールトビーは、二〇一一年に刊行された書籍において、「過去一〇年の間に、映画史研究のなかで生まれつつある国際的な流行は、映画作品のコンテンツに注目することから、映画作品の循環や消費の考察へ、さらに映画を社会的・文化的な交換の場として考察することへとシフトした」と述べた。そしてこのような研究領域の成果は、映画学やメディア研究だけでなく、隣接するほかの学問領域——歴史学、地理学、カルチュラル・スタディーズ、経済学、社会学、人類学など——との協力によって生みだされているとモールトビーはいう（Richard Maltby, Daniel Biltereyst and Philippe Meers eds., *Explorations in New Cinema History: Approaches and Case Studies* Chichester: Wiley-Blackwell, 2011, p. 3）。本書がどこまで批判に耐えうる領域横断的な学術成果を達成できたのかは、実際に本書をお読みになった方々に評価していただくしかないが、本書がこのようなグローバルな映画研究の流れのなかで生まれたことは間違いない。

筆者がアメリカの人種・民族問題をはじめて意識したのは、中学一年生（一九八八年）の時にテレビで見た

『青い目　茶色い目』(*A Class Divided*)というアメリカのドキュメンタリー番組だったように思う。一九六〇年代末のアメリカの小学校において、白人の先生が人種差別を教えるためにある実験を行なった。先生が白人の生徒たちに対して、青い目の子は賢く、茶色の目の子は劣っていると教える。すると青い目の子供たちはすぐに茶色の目の子どもを差別しはじめる。翌日、先生は逆に、茶色の目の子が賢く、青い目の子のほうが劣っているのだと教えると、子どもたちの立場はすぐに逆転してしまう……。この番組を見たことがきっかけで、筆者はアメリカの人種問題に興味をもち、同時に一九六〇年代の映画やポピュラー音楽をはじめとしたアメリカ文化にどっぷりとはまってしまったが、今になって振り返ると、あの番組を見たときから筆者の心のなかでずっと引っ掛かっていたのは、差別する側と差別される側のあいだに横たわる〈境界〉、あるいはマジョリティとマイノリティを分け隔てる〈境界〉だったのかもしれない。そのときに感じたわだかまりは、これまで筆者が考察してきた研究テーマ(時代劇映画におけるアイヌ表象、男装する美空ひばりのスターイメージ、アマチュア映画研究など)となって持続している。そして本書で論じたアメリカの日本人移民の研究に筆者がたどり着いたのも、やはり、移民たちが保持する複雑なアイデンティティの〈境界〉が気になったからである。本書が論じたように、日本人移民たちのアイデンティティの特徴は、日本とアメリカというナショナルな境界線、日系や中国系といった多様なエスニック・グループ間の境界線、そして帝国日本における出身地や民族間の境界線を、それぞれどのように引き直して、みずからの立ち位置を調整してゆくかという日々の実践にある。そして、映画というメディアが、移民たちが実践したボーダーラインの政治学と密接に関わっていたことは、本書を通じて証明できたはずである。

本書は二〇〇六年に京都大学から博士号(人間・環境学　甲第一二四〇四号)を授与された博士論文『映画に見る戦前の米国日系移民』を全面的に改訂・増補したものである。本書の内容や分析の責任はすべて私にあるが、本書を完成させるにあたり、数多くの方々に大変お世話になったので、この場をお借りしてお礼を申し上げたい。

京都大学大学院時代から現在までご指導いただいている加藤幹郎先生からは、大学院に入りたての筆者に映画学の面白さと厳しさを一から教えていただき、博論の完成まで懇切丁寧なご指導をいただいた。就職後も筆者の研究活動を暖かく見守ってくださり、いくら感謝してもし尽くせないほどである。また、博論の審査をご担当いただいた高橋義人先生とブライアン・ハヤシ先生、そして院生時代にヒッチコック論のゼミに参加させていただき、博論執筆中にもご指導いただいた松田英男先生からも、たくさんの有益な助言をいただいた。また、大学院時代のゼミのみなさん、特にゼミや勉強会などで濃密な議論の場を共有させてもらった藤井仁子さん、石田美紀さん、大澤浄さん、今井隆介さん、北田理惠さん、韓燕麗さん、森村麻紀さん、藤岡篤弘さんたちから多くの刺激を受けた。

映画研究をはじめたきっかけは、筑波大学比較文化学類時代に書いた、映画におけるフリーズ・フレームの機能とその変遷に関する卒論である。そのときにご指導いただいた増成隆士先生、青柳悦子先生、宮本陽一郎先生にも感謝申し上げたい。特に青柳先生には、新曜社の編集者・渦岡謙一さんをご紹介いただき、本書の出版のきっかけをいただいた。渦岡さんには、なかなか進まない筆者の改訂作業と校正作業でたくさんのご迷惑をおかけしてしまった。限られた期間で刊行までたどりつくことができたのは、ひとえに渦岡さんのおかげである。

二〇〇五年四月から二〇一二年九月まで在籍していた東京国立近代美術館フィルムセンターでは、映画フィルムや関連資料に触れながら、映画研究のフィールドを大幅に拡張させることができた。岡島尚志さんはじめ、とちぎあきらさん、入江良郎さん、岡田秀則さん、大傍正規さん、映画室のスタッフ、技能補佐員の方々など、当時のすべてのスタッフに、お礼を申し上げたい。フィルムセンター研究員として、ロサンゼルスの全米日系人博物館が所蔵するバン・コレクションのフィルム調査を実施することができ、「失われた」と思われていた日本映画の発掘と復元の業務にたずさわれたことは幸いであった。

また、日々快適な研究環境を提供してくれる現在の所属機関・神戸大学大学院国際文化学研究科の同僚および事務スタッフのみなさんにも感謝を申し上げたい。

日本国内の調査では、関西圏で日系移民研究がさかんな立命館大学と同志社大学に所蔵されている日系新聞のマイクロフィルムを閲覧させていただいた。国外での調査は、サンフランシスコとロサンゼルスのほか、ホノルルとワシントンDCでもおこなった。サンフランシスコの調査では、当時『北米毎日新聞』の社長だった乗元恵三さんに多くの文献や関係者をご紹介いただいた。また当時の記者・田中真太郎さんにもお世話になった。また、当時『日米タイムズ』社長の岡田幹夫さんはじめ、和田尚さん、宮田麻紀さんにもお世話になった。そして、日米史料館の故・岡省三さんにも心からの感謝を捧げたい。また聞取り調査にご協力くださった、ロバート・冽・水野さん、ロバート・雄志・井上さん、松浦茂さん、チェリー・西岡さん、ノリ・マスダさん、タズミさん夫妻は貴重な時間を私のために割いてくださった。カリフォルニア大学バークレー校のパシフィック・フィルム・アーカイブでは、キュレーターのモナ・ナガイさんとスーザン・ゴールドマンさんにたくさんの関連資料をご紹介いただいた。また、二〇〇三年当時、サンフランシスコのアジアン・アメリカン映画祭のコーディネーターをされていた後藤太郎さんからも、多くの助言をいただいた。

ロサンゼルスでは、おもに全米日系人博物館と映画芸術科学アカデミー・マーガレット・ヘリック図書館で調査をおこなった。全米日系人博物館では、バン・コレクションをご紹介いただいたトシコ・マッカラムさんとロバート・ディーリッヒさんに、そしてバン・コレクションのフィルムをフィルムセンターに寄贈するプロセスでは、クリス・パスチャイルドさんにお世話になった。また、当時南カリフォルニア大学で研究されていた板津木綿子さんには、資料調査でアドバイスをいただき、またロサンゼルスの日本文化情報誌『カルチュラル・ニュース』の編集長である東繁春さんや女優の杉葉子さんをご紹介いただいた。また、当時カリフォルニア大学ロサンゼルス校で在外研究をされていた中村秀之さんからも、本書執筆のプロセスでたくさんの刺激と助言をいただいた。

近年のアメリカにおける映画学とエスニック研究との関係については、南カリフォルニア大学の映像芸術研究科博士課程の渡部宏樹さんから貴重なアドバイスをいただいた。また、本書ではあまり触れなかったが、早川雪洲について鳥海美朗さんから多くの情報をいただいた。なお本書には含めなかったが、早川雪洲と日系移民の関係については、拙稿「メアリー・フェノロサの小説 *The Dragon Painter*（一九〇六年）の映画化——日系人社会に向けた早川雪洲の戦略」（『ＬＯＴＵＳ』第二七号、二〇〇七年、九—一八頁）も参照されたい。音楽研究者の大西秀紀さんからは、アメリカで活躍した弁士が吹き込んだＳＰレコードに関する貴重な情報をいただいた。また京都在住のアーティスト・吉田晃良さん、恵子さんご夫妻にも、論文執筆中にさまざまなサポートをいただいた。弁士・桃中軒浪右衛門の調査については、ご子息の檜枝茂信さんにお話を伺うことができた。面会の機会を作ってくださった山城和徳さんと山城廣呂子さんに感謝申し上げたい。

本書は、京都大学の「平成二七年度総長裁量経費人文・社会系若手研究者出版助成」を受けて出版されたものである。完成から長い年月が過ぎてしまった博論の出版を助成してくださった京都大学に感謝申し上げる。本書には以下の二つの科研費の成果が含まれている。「日系移民の海外における映画受容とナショナル・アイデンティティの形成に関する研究」（研究代表者：板倉史明、特別研究員奨励費、二〇〇二年度—二〇〇四年度）、「米国に残存する戦前・戦中の日本映画フィルムの調査および復元に関する保存学的研究」（研究代表者：板倉史明、若手研究（スタートアップ）、二〇〇六年度—二〇〇七年度）。

本書第三章「一九一〇年代のアメリカにおける日本映画上映」と、第八章「日本語トーキー映画『地軸を廻す力』と〈真正な〉日本語」は、それぞれ立命館大学アート・リサーチセンターの紀要『アート・リサーチ』の第三号（二〇〇三年）と第四号（二〇〇四年）に掲載されたものである。執筆の機会を与えてくださったアート・リサーチセンターと、当時立命館大学に勤務されていた冨田美香さんに感謝申し上げたい。

本書第五章「一九三〇年代の日本映画上映運動と「人種形成」」の内容は、日本移民学会第一四回年次大会

（二〇〇四年六月二六日、早稲田大学所沢キャンパス）で口頭発表させていただき、たくさんの有益なコメントをいただいた。その時に、本書で引用させていただいた日系アメリカ人研究者の東栄一郎さんとお話させていただいたことは、本書を完成させるうえで大きな励みになった。

本書第六章「真珠湾攻撃以降のアメリカ政府による日本映画接収」は、もともと奥村賢編『映画と戦争――撮る欲望／見る欲望』（日本映画史叢書⑪、森話社、二〇〇九年）に掲載された「米国政府による日本映画の接収と軍事利用」を改訂したものである。執筆の機会を与えてくださった奥村賢さんと、転載を許諾いただいた森話社に感謝を申し上げたい。

図版について、ロサンゼルス公共図書館、全米日系人博物館、メディア・ヒストリー・デジタル・ライブラリーから提供していただいた。掲載を快諾いただいた各機関に感謝申し上げる。また、松岡洋右がサンフランシスコのドリームランド会館で講演したときのアマチュア映像は、神戸映画資料館が所蔵する一六ミリフィルムである。キャプチャー画像の掲載を許諾してくださった館長の安井喜雄さんに感謝申し上げる。

最後に私事ながら、いつも苦労ばかりかけている妻と二人の息子、そしてこれまで応援してくれた両親に、心からの感謝を伝えたい。

二〇一六年二月八日

板倉史明

主要参考文献

阿部慎一「ワシントンで見た日本の接収映画」『朝日新聞』一九六四年一一月一八日号（夕刊）

Abel, Richard. *Red Rooster Scare: Making Cinema American, 1900-1910*. Berkeley: University of California Press, 1999

Abel, Richard. "That Most American of Attractions, the Illustrated Song," in Richard Abel and Rick Altman eds. *The Sounds of Early Cinema*. Bloomington: Indiana University Press, 2001, pp. 143-155

明石紀雄・飯野正子『〔新版〕エスニック・アメリカ――多民族国家における統合の現実』有斐閣、一九九七年

Allen, Robert C. "Motion Picture Exhibition in Manhattan, 1906-1912: Beyond the Nickelodeon," in Joyce Atwood ed. *The American Movie Industry*. Southern Illinois University Press, 1982, pp. 12-24

亜米利加局第一課『北米日系市民概況　米一調書第四号（昭和十一年）』外務省、一九三六年

亜米利加局第一課『「ロサンゼルス」事情　米一調書第四号（昭和十二年）』外務省、一九三七年

アンダーソン、ベネディクト『増補　想像の共同体――ナショナリズムの起源と流行』白石さや・白石隆訳、ＮＴＴ出版、一九九七年

Anderson, Benedict. "The New World Disorder," in *New Left Review* 193, 1992, pp. 3-13＝アンダーソン、抄訳「〈遠隔地ナショナリズム〉の出現」関根政美訳『世界』一九九三年九月号、一七九―一九〇頁

綾部恒雄「エスニシティの概念と定義」『文化人類学』二、一九八五年、八―一九頁

綾部恒雄「「民族集団」の形成と多文化主義」五十嵐武士編『アメリカの多民族体制――「民族」の創出』東京大学出版会、二〇〇〇年、一一五―一四四頁

Azuma, Eiichiro. "Racial Struggle, Immigrant Nationalism, and Ethnic Identity: Japanese and Filipinos in the California Delta, 1930-1941," in *Pacific Historical Review* 67: 1998, pp. 163-200

Azuma, Eiichiro. "The Politics of Transnational History Making: Japanese Immigrants on the Western 'Frontier,' 1927-1941," in *The Journal of American History*, 89 (4), 2003, pp. 1401-1430

Azuma Eiichiro. "'The Pacific Era Has Arrived': Transnational Education among Japanese Americans, 1932-1941," in *History*

of Education Quarterly, Vol. 43, No. 1, 2003, pp. 39–73
Azuma Eiichiro, *Between Two Empires: Race, History, and Transnationalism in Japanese*, New York: Oxford University Press, 2005
伴ウォーレス信郎『太平洋に橋をかけよ』現代教育出版研究所、一九八二年
伴武『基督教の美観』日本人独立基督協会、一九一七年
伴武「網島博士と其の使命」『基督教世界』第二一六九号、一九二五年七月一六日、五頁
Balibar, Etienne, "Nationalism and Racism," in *Race, Nation, Class: Ambiguous Identities*, London, New York: Verso, 1991, pp. 37–67
Bateson, Gregory. "An Analysis of the Nazi Film 'Hitlerjunge Quex,'" in *Studies in Visual Communication*, Vol.6, No.3, 1943 ＝ベイトソン『大衆プロパガンダ映画の誕生――ドイツ映画『ヒトラー青年クヴェックス』の分析』宇波彰・平井正訳、御茶の水書房、一九八六年
Benedict, Ruth, *Patterns of Culture*, Boston: Houghton Mifflin Company, 1934 ＝ベネディクト『文化の型』米山俊直訳、社会思想社、一九七三年
Benedict, Ruth, *The Chrysanthemum and the Sword: Patterns of Japanese Culture*, Boston: Houghton Mifflin Co., 1946 ＝ベネディクト『定訳・菊と刀――日本文化の型』長谷川松治訳、社会思想社、一九六七年
Bernardi, Daniel. ed., *The Birth of Whiteness: Race and the Emergence of U.S. Cinema*, New Brunswick, N.J.: Rutgers University Press, 1996
Bernardi, Daniel. ed., *Classic Hollywood, Classic Whiteness*, Minneapolis: University of Minnesota Press, 2001
Bertellini, Giorgio, "Italian Imageries, Historical Feature Films and the Fabrication of Italy's Spectators in Early 1900s New York," in Melvyn Stokes and Richard Maltby eds., *American Movie Audiences*, London: British Film Institute, 1999, pp. 29–45
Bertellini, Giorgio, "Shipwrecked Spectators: Italy's Immigrants at the Movies in New York, 1906–1916," in *The Velvet Light Trap*, No.44, 1999, pp. 39–53
Bertellini, Giorgio, "Southern Crossings: Italians, Cinema, and Modernity," Dissertation for New York University, 2001

Bertellini, Giorgio, "Ethnic Self-Fashioning at the Café-Chantant," in William Boelhower and Anna Scacchi eds., *Public Space, Private Lives: Race, Gender, Class and Citizenship in New York, 1890–1929*, Amsterdam: VU University Press, 2004, pp. 39–66

Bloom, Leonard and Ruth Riemer, *Removal and Return: the Socio-Economic Effects of the War on Japanese American*, Berkeley and Los Angeles: University of California Press, 1949

Bowser, Pearl, Jane Gaines and Charles Musser, *Oscar Micheaux & His Circle: African-American Filmmaking and Race Cinema of the Silent Era*, Bloomington: Indiana University Press, 2001

Bowser, Pearl and Louise Spence, *Writing Himself into History: Oscar Micheaux, His Silent Films, and His Audiences*, New Brunswick: Rutgers University Press, 2000

Brownlow, Kevin, *Behind the Mask of Innocence*, Berkeley: University of California Press, 1990

Bruno, Giuliana, *Streetwalking on a Ruined Map: Cultural Theory and the City Films of Elvira Notari*, Princeton: Princeton University Press, 1993

Carbine, Mary, "The Finest Outside the Loop: Motion Picture Exhibition in Chicago's Black Metropolis, 1905–1928," in Richard Abel. ed., *Silent Film*, New Brunswick: Rutgers University Press, 1996, pp. 234–262

チューマン、フランク・F『バンブー・ピープル』小川洋訳、サイマル出版会、一九七六年

Dika, Vera, "The Representation of Ethnicity in the Godfather," in Nick Browne. ed., *Francis Ford Coppola's Godfather Trilogy*, Cambridge: Cambridge University Press, 2000, pp. 76–108

Doak, Kevin, "Ethnic Nationalism and Romanticism in Early Twentieth-Century Japan," in *The Journal of Japanese Studies*, Vol. 22, No. 1, 1996, pp. 77–103

Doak, Kevin, "What is a Nation and Who Belongs? National Narratives and the Ethnic Imagination in Twentieth-Century Japan," in *The American Historical Review*, Vol.102, No.2. 1997, pp. 283–309

Doherty, Thomas, *Projections of War: Hollywood, American Culture, and World War II*, New York: Columbia University Press, 1993

Domke, Martin, *The Control of Alien Property. Supplement to Trading with the Enemy in World War II*, New York: Central

Book, 1947
同志社大学人文科学研究所「海外移民とキリスト教会」研究会編『北米日本人キリスト教運動史』ＰＭＣ出版、一九九一年
Dyer, Richard, *White*, New York: Routledge, 1997
Erens, Patricia, "Mentshlekhkayt Conquers All: The Yiddish Cinema in America," in *Film Comment*, January-February, 1976, pp. 48-53
Erens, Patricia, *The Jew in American cinema*, Bloomington: Indiana University Press, 1984
Ewen, Elizabeth, "City Lights: Immigrant Women and the Rise of the Movies," in *Signs: Journal of Women in Culture and Society*. 5(3), 1980, S45-66
Feng, Peter X ed., *Screening Asian Americans*, New Brunswick, New Jersey; Rutgers University Press, 2002
Friedman, Lester D. ed., *Unspeakable Images: Ethnicity and the American Cinema*, Urbana and Chicago; University of Illinois press, 1991
Gevinson, Alan ed., *Within Our Gates: Ethnicity in American Feature Films, 1911-1960: American Film Institute Catalog*, Berkeley: University of California Press, 1997
Goldberg, Judith N., *Laughter Through Tears: The Yiddish Cinema*, London, Toronto: Associated University Presses, 1983
Gomery, Douglas, *Shared Pleasures: A History of Movie Presentation in the United States*, Madison: Wisconsin University Press, 1992
Griffiths, Alison and James Latham, "Film and Ethnic Identity in Harlem, 1896-1915," in Melvyn Stokes and Richard Maltby. ed., *American Movie Audiences*, London: BFI, 1999, pp. 46-63
Hamamoto, Darrell Y. & Sandra Liu eds., *Countervisions; Asian American Film Criticism*, Philadelphia: Temple University Press, 2000
Hansen, B Miriam, *Babel and Babylon: Spectatorship in American Silent Film*, Cambridge; Harvard University Press, 1993
Hansen, B Miriam, "Early Cinema, late Cinema: Transformations of the Public Sphere," in Linda Williams. ed., *Viewing Positions: Ways of Seeing Film*, New Brunswick: Rutgers University Press, 1994, pp. 134-152 = ハンセン「初期映画／後期映画」北田暁大訳・吉見俊哉編『メディア・スタディーズ』せりか書房、二〇〇〇年、二七九—二九七頁

長谷川倫子「研究ノート：戦時下アメリカにおける日本映画研究――『Japanese Films: A Phase of Psychological Warfare』を事例として」『コミュニケーション科学』第二一号、二〇〇四年
早川雪州『早川雪州　武者修行世界を行く（人間の記録87）』日本図書センター、一九九九年、九三―一三〇頁
Hayashi, Brian Masaru, *'For the Sake of Our Japanese Brethren': Assimilation, Nationalism, and Protestantism Among the Japanese of Los Angeles, 1895–1942*, Stanford: Stanford University Press, 1995
Hayashi, Brian Masaru, *Democratizing the Enemy: The Japanese American Internment*, Princeton, NJ: Princeton University Press, 2004
平野共余子『天皇と接吻――アメリカ占領下の日本映画検閲』草思社、一九九八年
Hoberman, J., *Bridge of Light: Yiddish Film Between Two Worlds*, Philadelphia: Temple University Press, 1995
細川周平『シネマ屋、ブラジルを行く――日系移民の郷愁とアイデンティティ』新潮社、一九九九年
福間敏矩「米国議会図書館に保管されていた日本映画の返還について」『東京国立近代美術館年報（昭和45年度）』東京国立近代美術館、一九七二年、八三―九三頁
Ichioka, Yuji, "A Study in Dualism: James Yoshinori Sakamoto and the Japanese American Courier, 1928–1942," in *Amerasia*, 13:2 (1986–1987), pp. 49–81
Ichioka, Yuji, *The Issei: The World of the First Generation Japanese Immigrants, 1885–1924*, New York: The Free Press, 1988＝イチオカ『一世――黎明期アメリカ移民の物語り』富田虎男・粂井輝子・篠田左多江訳、刀水書房、一九九二年
Ichioka, Yuji, "Japanese Immigrant Nationalism: The Issei and the Sino-Japanese War 1937–1940," in *California History* 69, 1990, pp. 260–275
イチオカ、ユージ「「第二世問題」1902–1941――二世の将来と教育に対して変換する一世の展望と見解の歴史的考察」阪田安雄訳、同志社大学人文科学研究所「海外移民とキリスト教会」研究会編『北米日本人キリスト教運動史』ＰＭＣ出版、一九九一年、七三二―七八四頁
五十嵐喜和「日本基督教会史」同志社大学人文科学研究所編『日本プロテスタント諸教会派史の研究』（同志社大学人文科学研究所研究叢書ＸＸⅥ）教文館、一九九七年、七五―一二〇頁
飯岡詩朗「パッシング映画とは何か――「白い黒人」によるアメリカ映画史」『立教アメリカン・スタディーズ』第二一号、一

九九九年、一三七—一九六頁

飯野正子『もう一つの日米関係史——紛争と協調のなかの日系アメリカ人』有斐閣、二〇〇〇年

Itakura, Fumiaki, "Benshi in the U.S.," in *Japanese Silent Cinema and the Art of the Benshi*, Berkeley: Pacific Film Archive, 2003, p. 13

板倉史明「アメリカ日系移民と日本映画」in *Cinemagazinet!*, No.7 二〇〇三年

伊藤一男『北米百年桜』日貿出版社、一九六九年

伊藤一男『続・北米百年桜（復刻版）』ＰＭＣ出版、一九八四年

伊藤一男『桑港日本人列伝』ＰＭＣ出版、一九九〇年

Jacobs, Lewis. *The Rise of the American Film*. New York: Teachers College Press, [1939] 1969

垣井道弘『ハリウッドの日本人——「映画」に現れた日米文化摩擦』文藝春秋、一九九二年

加藤幹郎『視線のポリティクス』筑摩書房、一九九六年

加藤幹郎『映画とは何か』みすず書房、二〇〇一年

キーン、ドナルド『日本との出会い』篠田一士訳、中央公論社、一九七二年

Keene, Donald, "Kurosawa," in *Grand Street* 1, No.4 (Summer 1982), pp. 140-145

北田理恵「サイレントからトーキー移行期における映画の字幕と吹き替えの諸問題」『映像学』第五九号、一九九七年、四一—五六頁

高知新聞社編集局『アメリカ高地県人』高知新聞社、一九七五年

粂井輝子『外国人をめぐる社会史——近代アメリカと日本人移民』雄山閣、一九九五年

粂井輝子「国民の創生——在米日本人移民の第二世教育と米化運動」『白百合女子大学研究紀要』第三四号、一九九八年、一一九—一四四頁

Kurashige, Lon, "The Problem of Biculturalism: Japanese American Identity and Festival before World War II," in *Journal of American History*, Vol. 86, No.4, 2000, pp. 1632-1654

Kurashige, Lon, *Japanese American Celebration and Conflict: a History of Ethnic Identity and Festival, 1934-1990*, Berkeley: University of California Press, 2002

松宮一也『日本語の世界進出』婦女界社、一九四二年
松本本光『加州人物大観　南加之巻』加州羅府昭和時報社、一九二九年
松本悠子「1936年ロサンゼルス・セロリ・ストライキと日系農業コミュニティ」『史林』第七五巻第四号、一九九二年
松本悠子「アメリカ人であること、アメリカ人になること――二十世紀初頭の「アメリカ化」運動におけるジェンダー・階級・人種」『思想』第八八四号、一九九八年、五二―七五頁
松本悠子「内在する『他者』と『国民化』――二〇世紀前半のロサンジェルスにおける日本人移民の『米化』」『中央大学文学部紀要』第一八二号、二〇〇〇年、一―六二頁
Merritt, Russell, "Nickelodeon Theaters, 1905-1914: Building an Audience for the Movies," in Tino Balio. ed. *The American Film Industry*, University of Wisconsin Press, 1976, pp. 83-102
南川文里「エスニック・ニッチの確立と移民のエスニック化――ロサンゼルス日系移民都市商業の歴史的展開を通して」『日本都市社会学会年報』第一八号、二〇〇〇年、八三―八九頁
南川文里「移民ナショナリズムとエスニシティ――1930年代末の在米日本人社会における『民族』」山脇直司他編『ライブラリ相関社会学七　ネイションの軌跡――二〇世紀を考える(1)』新世社、二〇〇一年、一八三―二〇二頁
南川文里「アメリカの人種エスニック編成とアジア系移民」『国際社会4　マイノリティと社会構造』東京大学出版会、二〇〇二年、四五―六六頁
南川文里「エスニック・タウンにおける人種編成――一九一〇年代末ロサンジェルス日系移民による矯風運動を中心に」『アメリカ史研究』第二六号、二〇〇三年、七一―八七頁
Miller, Randall M. ed. *The Kaleidoscopic Lens : How Hollywood Views Ethnic Groups*, Englewood: Jerome S. Ozer, 1980
宮本陽一郎「合衆国議会図書館および公文書館所蔵の接収日本映画の調査・同定研究」（*Cinemagazinet!*, No.6, http://www.cmn.hs.h.kyoto-u.ac.jp/CMN6/miyamoto.html：最終閲覧二〇一五年一〇月一二日）
Model, John, *The Economics and Politics of Racial Accommodation: The Japanese of Los Angeles, 1900-1942*, Urbana: University of Illinois Press, 1977
守屋友江『アメリカ仏教の誕生――二〇世紀初頭における日系宗教の文化変容』現代史料出版、二〇〇一年
村上由見子『イエロー・フェイス――ハリウッド映画に見るアジア人の肖像』朝日選書、一九九三年

森野正一『私の思い出』日貿出版社、一九七一年
ムラセ、イチロウ・マイク、米谷ふみ子、景山正夫『リトル・トーキョー一〇〇年』新潮社、一九八七年
村山裕三『アメリカに生きた日本人移民――日系一世の光と影』東洋経済新報社、一九八九年
内藤篤『ハリウッド・パワーゲーム――アメリカ映画産業の「法と経済」』ＴＢＳブリタニカ、一九九一年
日米新聞社『日米年鑑』第九号、一九一三年
日米新聞社『日米年鑑（産業号）』第一二号、一九一八年
日米新聞社『在米日本人人名辞典』日米新聞社、一九二二年
南加日系人商業會議所『南加州日本人史』南加日系人商業会議所、一九五六年
南加州日本人七十年史刊行委員会『南加州日本人七十年史』南加日系人商業會議所、一九六〇年
Negra, Diane, *Off-White Hollywood: American Culture and Ethnic Female Stardom*, New York: Routledge, 2001
日本基督教會同盟年鑑委員編『基督教年鑑 昭和16年版［復刻版］』日本図書センター、一九四一［一九九四］年
Niiya, Brian. ed., *Encyclopedia of Japanese American History*（Updated Edition）, New York: Checkmark Books, 2001.
野上英之『聖林の王　早川雪州』社会思想社、一九八六年
Office of the Alien Property, *Motion Pictures of German Origin: Subject to Jurisdiction of Office of Alien Property*, Washington: U.S. Department of Justice, Office of Alien Property, 1952
Office of the Alien Property Custodian, *Annual Reports: 1942-1946*, New York: Arno Press, 1977
Office of Strategic Services Research and Analysis Branch, *Japanese Films: A Phase of Psychological Warfare: An Analysis of the Themes, Psychological Content, Technical Quality, and Propaganda Value of Twenty Recent Japanese Films*（Repot No. 1307）. Washington D. C.: Office of Strategic Services, 1944
Ogawa, Dennis M., *From Japs to Japanese: An Evolution of Japanese-American Stereotypes*, Berkeley: McCutchan, 1971
Ogihara, Junko, "The Exhibition of Films for Japanese Americans in Los Angeles During the Silent Film Era." in *Film History*, Vol. 4, No. 2, 1990, pp. 81-87
岡島尚志「アメリカで発見された『乳姉妹』」『ＮＦＣニューズレター』第三号、東京国立近代美術館、一九九五年、七頁
大蔵省『第二次大戦における連合国財産処理　戦時篇』大蔵省、一九六六年

大蔵省『第二次大戦における連合国財産処理　戦後篇』大蔵省、一九六六年
大蔵省『第二次大戦における連合国財産処理　資料篇』大蔵省、一九六六年
Omi, Michael and Howard Winant, *Racial Formation in the United States: From the 1960s to the 1990s*, New York: Routledge, 1994
小崎弘道『七十年の回顧』警醒社書店、一九二七年
Paik, Irvin, "That Oriental Feeling: A Look at the Caricatures of the Asians as Sketched by American Movies," in Amy Tachiki, Eddie Wong, Franklin Odo with Buck Wong eds. *Roots: An Asian American Reader*, Los Angeles: UCLA Asian American Studies Center, 1971, pp. 30-36
パッシン、ハーバート『米陸軍日本語学校――日本との出会い』加藤英明訳、TBSブリタニカ、一九八一年
Reid, Mark A., *Redefining Black Film*, Berkeley: University of California Press, 1993
Rosenzweig, Roy, *Eight Hours for What We Will: Workers and Leisure in an Industrial City, 1870-1920*, Cambridge: Cambridge University Press, 1983
Ross, Steven J., *Working-Class Hollywood: Silent Film and the Shaping of Class in America*, Princeton, New Jersey: Princeton University Press, 1998
佐渡亘編『植村正久と其の時代』第三巻（復刻版）教文館、一九三八［一九六六］年
坂口満宏「移民のアイデンティティと二つの国家――北米における日本人移民史研究序説」『日本史研究』第四二八号、一九九八年、一三四―一五六頁
坂口満宏『日本人アメリカ移民史』不二出版、二〇〇一年
酒井直樹「西洋の脱臼と人文科学の地位」葛西弘隆訳、『トレイシーズ』第一号（別冊思想 九一八号）、岩波書店、二〇〇〇年、一〇六―一三〇頁
阪田安雄「戦後五〇年と日系アメリカ人史研究」『移民研究年報』創刊号、一九九五年、三―四二頁
澤田泰紳「日本に於けるメソジスト教会の自給について」『キリスト教社会問題研究』第四七号、一九九八年、一―二九頁
関口野薔薇「伴博士の永眠を悼む（上）」『加州毎日』一九五六年二月一一日号
関口野薔薇「伴博士の永眠を悼む（下）」『加州毎日』一九五六年二月一三日号

Sewell Jr., William H., "The Theory of Structure: Duality, Agency, and Transformation," in *American Journal of Sociology* 98, 1992, pp. 1-29
島田法子「ハワイにおける日系人仏教にみる文化変容とアイデンティティ」『立教アメリカン・スタディーズ』第二五号、二〇〇三年、三三―五一頁
Sollors, Werner. ed., *The Invention of Ethnicity*, New York: Oxford University Press, 1992
Spickard, Paul R., *Mixed Blood: Intermarriage and Ethnic Identity in Twentieth-Century America*, Madison: The University of Wisconsin Press, 1989
Streible, Dan, "The Harlem Theater: Black Film Exhibition In Austin, Texas: 1920-1973," in Manthia Diawara ed., *Black American Cinema*, New York: Routledge, 1993, pp. 221-236
Takahashi, Jere, "Japanese American Responses to Race Relations: The Formation of Nisei Perspectives," in *Amerasia* 9:1, 1982, pp. 29-57
Takahashi, Jere, *Nisei* ＼ *Sansei: Shifting Japanese American Identities and Politics*, Philadelphia: Temple University Press, 1997
タカキ、ロナルド『多文化社会アメリカの歴史――別の鏡に映して』富田虎男監訳、明石書店、一九九五年
竹前栄治・中村隆英監修『ＧＨＱ日本占領史19　演劇・映画』日本図書センター、一九九六年
谷川建司『アメリカ映画と占領政策』京都大学出版会、二〇〇二年
竹沢泰子『日系アメリカ人のエスニシティ――強制収容と補償運動による変遷』東京大学出版会、一九九四年
田島良一「横田永之助の自筆「年譜」について」in Aaron Gerow, Abe Mark Nornes eds., *In Praise of Film Studies: Essays in Honor of Makino Mamoru*, Kinema Club, 2001, pp. 104-114
Tamura, Eileen H., *Americanization, Acculturation, and Ethnic Identity: The Nisei Generation in Hawaii*, Urbana and Chicago: University of Illinois Press, 1994
Thissen, Judith, "Jewish Immigrant Audiences in New York City, 1905-1914," in Melvyn Stokes and Richard Maltby. ed., *American Movie Audiences*, London: British Film Institute, 1999, pp. 15-28
Thissen, Judith, "Charlie Steiner's Houston Hippodrome: Moviegoing on New York's Lower East Side, 1909-1913," in Gregg

Bachman and Thomas J. Slater. eds., *American Silent Film: Discovering Marginalized Voices*, Carbondale and Edwardsville: Southern Illinois University Press, 2002, pp. 27-47

辻内鏡人「多文化パラダイムの展望」油井大三郎・遠藤泰生編『多文化主義のアメリカ――揺れるナショナル・アイデンティティ』東京大学出版会、一九九九年

土橋重治『サンフランシスコ日本人町』国文社、一九七八年

植村正久「東京神学社」『福音新報』第四八七号、一九〇四年一〇月二七日（＝『植村正久著作集6　教会と伝道』新教出版社、一九六七年、一七六―一七七頁）

植村正久「日本基督教会の解決すべき問題」『福音新報』第五八四号、一九〇六年九月六日（＝『植村正久著作集6　教会と伝道』新教出版社、一九六七年、一八一―一八六頁）

United States Statutes at Large 1962, Volume 76, Washington: United States Government Printing Office, 1963

安武留美「北カリフォルニア日本人移民社会の日米教会婦人達」『キリスト教社会問題研究』第四九号、二〇〇〇年、四六―七六頁

米山裕「太平洋戦争前の在米日本人移民とナショナリズム（Japanese Immigrants in the United States and Their Nationalism, 1870-1941）」『東洋女子短期大学紀要』第二七号、一九九五年、一〇五―一一五頁

米山裕「国内問題としての移民研究とアメリカ史の伝統」『移民研究年報』第五号、一九九八年、八六―九一頁

米山裕「『日系アメリカ人』の創造――渡米者〈在米日本人〉の越境と帰属」西川長夫・姜尚中・西成彦編『二〇世紀をいかに越えるか――多言語・多文化主義を手がかりにして』平凡社、二〇〇〇年、一二〇―一四三頁

Yoo, David K., *Growing Up Nisei: Race, Generation, and Culture among Japanese Americans of California, 1924-49*, Urbana: University of Illinois Press, 2000

Yoshida, George, *Reminiscing in Swingtime: Japanese Americans in American Popular Music, 1925-1960*, San Francisco: National Japanese American Historical Society, 1997

吉田亮『アメリカ日本人移民とキリスト教社会――カリフォルニア日本人移民の排斥・同化とE・A・ストージ』日本図書センター、一九九五年

鷲津尺魔『在米日本人史観』羅府新報社、一九三〇年

Wong, Eugene Franklin, *On Visual Media Racism: Asians in the American Motion Pictures,* New York: Arno Press, 1978

ま　行

や　行

ら　行

わ　行

人名索引

さ　行

た　行

な　行

は　行

ま　行

や　行

ら　行

わ　行

事項索引

さ 行

た　行

な　行

は　行

図版出典一覧

図1　松本本光『加州人物大観　南加之巻』加州羅府昭和時報社、1929年、143頁
図2　景山正夫『リトル・トウキョー100年』新潮社、1987年、50頁
図3　開原五雨編『桜府平原之錦　写真帖』櫻錦社、1911年、7頁
図4　『日出新聞』1912年1月1日号
図5　『新世界』1911年1月18日号
図6　川島伊佐美編『北米中加日本人写真帖』中加タイムス、1926年、84頁
図7　川島伊佐美編『北米中加日本人写真帖』中加タイムス、1926年、20頁
図9　川島伊佐美編『北米中加日本人写真帖』中加タイムス、1926年、141頁
図11『羅府新報』1927年5月4日号
図12 羅府新報社編『奉祝記念大鑑――紀元二千六百年』羅府新報社、1940年、ページ記載なし
図13 ロサンゼルス公共図書館所蔵（"Fuji Kan Theatre, Little Tokyo" in Herald-Examiner Collection, Courtesy of Los Angeles Public Library）
図23 松本本光『加州人物大観　南加之巻』加州羅府昭和時報社、1929年、108頁
図24 ウォーレス・N・バン『太平洋に橋をかけよ――日米両国民の相互理解に生涯を捧げた日本人移民の指導者伴武博士の足跡』現代教育出版研究所、1982年、71頁
図27 全米日系人博物館所蔵。Courtesy of Japanese American National Museum（Gift of Ban family, 96.61）
図30『羅府新報』1941年12月1日号
図32 "Japanese-American Film Company," in *Moving Picture World*（Vol. 22, No. 3, New York: Chalmers Publishing Company, 1914. Oct.17）, p.314. Courtesy of the Media History Digital Library（http://mediahistoryproject.org/）
図33『羅府新報』1930年6月27日号
図35 神戸映画資料館所蔵

著者紹介

板倉史明（いたくら　ふみあき）

1974 年、熊本市生まれ。京都大学大学院人間・環境学研究科博士課程修了。現在、神戸大学大学院国際文化学研究科准教授、専門、映画学。博士（人間・環境学）。

論文：「映画復元の倫理とテクノロジー ── 四つの価値の百分率」（塚田幸光編『映画とテクノロジー』〈映画学叢書〉ミネルヴァ書房、2015 年）、「視線と眩暈 ── 美空ひばりの異性装時代劇」（四方田犬彦・鷲谷花編『戦う女たち ── 日本映画の女性アクション』作品社、2009 年）、「アイヌ表象と時代劇映画 ── ナショナリズムとレイシズム」（加藤幹郎編『映画学的想像力 ── シネマ・スタディーズの冒険』（人文書院、2006 年）など。

共訳書：D. ボードウェル、K. トンプソン『フィルム・アート ── 映画芸術入門』（藤木秀朗監訳、名古屋大学出版会、2007 年）。

新曜社

映画と移民

在米日系移民の映画受容とアイデンティティ

初版第 1 刷発行　2016 年 3 月 31 日

著　者　板倉史明

発行者　塩浦　暲

発行所　株式会社　新曜社

〒101-0051　東京都千代田区神田神保町 3-9

電話 (03)3264-4973(代)・FAX(03)3239-2958

E-mail：info@shin-yo-sha.co.jp

URL：http://www.shin-yo-sha.co.jp/

印　刷　長野印刷商工(株)

製　本　渋谷文泉閣

ISBN978-4-7885-1472-0　C1074

好評関連書

日比嘉高 著
ジャパニーズ・アメリカ 移民文学・出版文化・収容所
かつてブームだったアメリカへの日本人移民。しかし、日米開戦とともに日系人は強制収容所に入れられる。その苦難の時代を支えたのは日本語の文学・書物だった。
Ａ５判３９０頁
本体４２００円

辻本昌弘 著
語り―移動の近代を生きる あるアルゼンチン移民の肖像
沖縄に生まれ、アルゼンチンに渡った一人の男の生々しい体験の語り。生活史研究の可能性。
四六判２３２頁
本体２６００円

阿部純一郎 著
〈移動〉と〈比較〉の日本帝国史 統治技術としての観光・博覧会・フィールドワーク
一九世紀のグローバリゼーションが、植民地帝国・日本の統治技術に与えた重大な影響。
Ａ５判４００頁
本体４２００円

中山弘明 著
第一次大戦の〈影〉 世界戦争と日本文学
第一次大戦が日本社会にもたらした意味を当時の新聞雑誌、講談、演劇、短歌、落首等に探る。
四六判３３６頁
本体３２００円

鶴見俊輔・上野千鶴子・小熊英二 著
戦争が遺したもの 鶴見俊輔に戦後世代が聞く
戦中から戦後を生き抜いた行動派知識人が、戦後六十年を前にすべてを語る瞠目の対話集。
四六判４０６頁
本体２８００円

小熊英二 著
〈日本人〉の境界 沖縄・アイヌ・台湾・朝鮮 植民地支配から復帰運動まで
〈日本人〉とは何か。沖縄・アイヌ・台湾・朝鮮など、近代日本の植民地政策の言説を詳細に検証することで、〈日本人〉の境界とその揺らぎを探究する。領土問題の必読文献。
Ａ５判７９０頁
本体５８００円

（表示価格は税を含みません）